KLJUČ BUBNJA TAMA

Amila Sulejmanović

Knjiga je izdata u Velikoj Britaniji 2018

Izdavač: IngramSpark UK

Registered with UK Copyright Service

Reg.No: 284718459

Copyright © Amila Welland Dodd 2017

Registered With
UK Copyright Service   **UK CS**
Reg. No.: 284718459

Lektor: Jasmina Murga

Dizajn: Tatjana Vukoja

Goranu Ipetu Ivandiću

Vareš 10/12/1955 – Beograd 12/01/1994

Predgovor

Kada sam se prvi put odlučila da napišem knjigu o mojoj muzičkoj karijeri u bivšoj Jugoslaviji i o Goranu Ipetu Ivandiću, o vremenu koje je sada možda već zaboravljeno, a radnja se dešava osamdesetih godina, reakcija moje mame je bila: "Pa, sine, malo ko sada čita."

Međutim, kada sam je ubijedila, moja mama je od početka bila moja najveća potpora. Mama je imala zadatak da čita svaki novi "ključ" koji bih napisala i bila je u funkciji iskrene kritike.

Knjiga je nastala uz veliku podršku mojih prijatelja koji su duboko vjerovali u moj talenat naratora (iako ništa do sada nisam napisala). Moj suprug Patrick Dodd me je svaki put, kada bih mu pričala o mojoj muzičkoj karijeri u bivšoj Jugoslaviji i mojoj vezi sa Ipetom Ivandićem, podsticao da pišem i zabilježim svoja sjećanja. Mnogo mi je značilo kada je moja prijateljica iz Londona Amira Mujaković Bates među prvima sugerisala da se što prije prihvatim posla i pisanja knjige. Amira je od devedesetih godina radila u muzičkoj industriji u Engleskoj i upoznala poznate muzičke zvijezde iz UK, a moja priča o jugoslovenskom rokenrolu joj je uvijek bila interesantna.

Beskrajno se zahvaljujem Jasmini Murga koja je lektorisala moju knjigu i koja je bila jedina kojoj sam se apsolutno literarno predala. Neka mjesta iz Sarajeva sam sada i zaboravila, ali zahvaljujući Nerminu Tuliću, kojeg sam svaki put kontaktirala kada bih negdje zapela, sjetila bih se objekata i restorana kojih više nema i nastavila bih da pišem. Pred završetak pisanja zapadala sam u iskušenja, misleći: "Zaista, zašto to pišem?". Tako sam Dunji Kulenović poslala jedan "ključ", uvjerena da mi se Dunja više nikada neće javiti. Zahvaljujem se Dunji što mi je dala vjetar u leđa da nastavim.

Ova lista ne bi bila potpuna bez mog dragog virtualnog prijatelja Bože Bulatovića, urednika i vlasnika Radija Titograd iz Crne Gore. Božo me je još prije 8 godina uvjerio da bi bilo dobro da učestvujem u dokumentarnom filmu "Izgubljeno Dugme". Tako je polako počeo da se odmotava u meni film o vremenu koje je prohujalo. Božo je među prvima rekao da jedva čeka da vidi moju knjigu "Ključ bubnja Tama" u štampi.

Hiljadu puta sam do sada znala reći da, kada nešto iz srca poželimo, univerzum ima odgovor na tu želju. Zahvaljujem se duboko Tanji Vukoja, dizajnerici omota knjige jer sam upravo takav željela. Tanju sam upoznala preko svoga druga iz Sarajeva, Zorana Radulovića, njenog supruga koji je sve vrijeme vjerovao da bi moja naracija mogla biti izuzetno interesantna širokim masama. Zahvaljujem se Mireli Misirlić, supruzi Damira Misirlića, koja se bolje od Damira sjetila naše turneje po Rusiji i interesantnih detalja koje bih trebala navesti u knjizi.

Hvala Lejli Karahmet-Pujagić i redakciji lista "Dnevni avaz" koji su pokazali interesovanje za moju priču i za pisanje knjige "Ključ bubnja Tama" i možda jedini u BiH objavljivali intervjue sa mnom nakon 30 godina.

I na kraju, jedno ogromno hvala Dženani Bregović od koje sam imala stopostotnu podršku, kao i Goranu Bregoviću koji je odvojio vrijeme i pročitao moje memoare.

SADRŽAJ

KLJUČ 1

Odlazak u SSSR

Bio je kraj juna 1983. godine. Naš bend se okupio na željezničkoj stanici u Beogradu jednog toplog ljetnog jutra. Iz Sarajeva smo krenuli vozom navečer da bismo ujutro stigli na Beogradsku željezničku stanicu. Sjećam se i sada tog našeg prvog susreta na peronu kad smo izašli iz voza pospani i pomalo izgužvani.

Ipe, visok, vitak, viši od mene za glavu. Imao je šmek nekog nedodirljivog. Meni je tada bilo samo 19 godina i nisam znala kako da čitam ljude, ali sam osjećala tu jak temperament, nešto što bih htjela dotaći u njemu; tu neku enigmu koja me je neodoljivo privlačila. Imao je Ipe oreol zvijezde, neku posebnost koju nisam mogla tačno da definišem; usto taj njegov šeretski šmek, pomalo pripit. Volio je Ipe da "cirka", čisto radi dobrog raspoloženja.

U svakom slučaju bio je u dobrom raspoloženju i tog ljetnog jutra. Mislim da smo svi bili ushićeni zbog odlaska u Rusiju, a ja sam na sve moguće načine pokušavala sakriti koliko mi je bilo stalo do Ipeta. U mojoj glavi je sve bubnjalo od njegove blizine, tako da ga nikako nisam mogla pogledati u oči dok smo stajali u grupi i ćaskali.

Ja sam se već bila dogovorila sa svojom drugaricom Ivanom Marković da se vidimo na par sati u Beogradu.

Ivana je bila novinarka magazina PopRock i velika prijateljica Pece Popovića, poznatog rock novinara i urednika PopRock magazina. Ivanu sam upoznala u Sarajevu jer je često dolazila da radi intervjue za magazin. Nedavno mi je rekla da je u Sarajevo dolazila po nagovoru Pece Popovića da pokupi neku novost u vezi s Bijelim dugmetom i objavi u novinama.

Naš voz za Moskvu je kretao kasno navečer sa perona broj 2. Zgrada Beogradske željezničke stanice je izgrađena 1884. godine po uzoru na željezničke stanice velikih evropskih gradova, sa širokim peronima i sa nizom kafaničica unutra koje su okrenute prema peronima sa kojih polaze vozovi.

Takve vrste kafana mi smo nazivali bircuzi i u njima je bilo normalno vidjeti gosta, putnika namjernika u 9 sati ujutro kako pije Zvečevo konjak ili rakiju. Pilo se onako snogu iz čašica zvanih štamplići. Između svih tih kafanica stajala je biletarnica za kupovinu karata. Šalteri ili prozorčići, kroz koje smo se mi putnici obraćali uposlenicima, obično su bili jako niski, kao da je to bio neki standard.

Šalteri su, iz nepoznatih razloga, izazivali kod ljudi osjećaj akutne nervoze; posebno kod nas gdje su vozovi maestralno kasnili tako da posao šalterskog radnika na željezničkoj stanici nije nimalo bio lagodan. Pravdali su, već iznerviranim putnicima, kašnjenja ili iznenadne odlaske vozova. Ako svemu tome dodamo i dozu našeg južnjačkog temperamenta, ti razgovori informativne prirode su završavali putnikovim mahanjem ruku u zraku, a šalterski radnik bi jednostavno zatvorio prozorčić kroz koji se komuniciralo.

Još uvijek mogu da osjetim na koži vrelinu beogradskog asfalta i vrući vjetar što žeže sa juga Srbije. Ja sam bila tinejdžerica, studentica prve godine Pravnog fakulteta u

Sarajevu i tako sam i izgledala. Moja prijateljica Ivana bila je mnogo glamuroznija, odlična stilistica i prijateljica Bebi Dol, poznate interpretatorke pop-rock muzike. Ivana je imala hiljadu malih pletenica upletenih u kosu, taj "new wave look", sva u crnom, u dugoj suknji, opasana remenjem sa nitnama. Bila sam spremna da se potpuno predam njoj u ruke za moj makeover. Odvela me je frizeru u Novom Beogradu koji je tamo imao svoj salon. Tek se vratio iz Londona, pun novih ideja. Znao je šta treba da uradi sa mojom kosom. Onako plav i oblajhan jako me podsjećao na pjevača grupe The Human League. Slijepo sam mu vjerovala. Poslijepodne, kad sam se vratila na stanicu da se sastanem sa grupom i ukrcam u voz prema Moskvi, članovi moje grupe nisu mogli da me prepoznaju; postala sam oficijelno plavuša. Imala sam modernu frizuru koju sam morala održavati hektolitrima gela kako bi moja punk frizura stajala uspravno. Kad mi je ponestalo gela, koristila sam šećernu vodicu ili pivo za održavanje frizure u stilu koji mi je frizer u Beogradu kreirao za moj novi look. Koristila sam alternativne proizvode jer tada u Rusiji nije bilo moguće kupiti tako nešto "luksuzno" kao što je gel za kosu.

Bili smo raspoređeni po kupeima. Ipe Ivandić je bio sa Goranom Kovačevićem, njegovim dobrim prijateljem. Kroz aferu "Droga" su se zbližili i Goran Kovačević se držao Ipeta čvršće nego Ipe njega. Kovačević se Ipetu obraćao nadimkom "Kumašine". U beskonačnom prostranstvu kosmosa Ipe je bio jedna svjetlucava zvijezda koja je plovila što nebeskim, što terestrijalnim prostorom. I kao što golim okom sa zemlje možemo vidjeti sazviježđa u kojima one obitavaju, tako u terestrijalnom životu zvijezde kao Ipe imaju svoja mala sazviježđa.

Više takvih zvijezda čine galaksiju. Recimo da je Bijelo dugme galaksija, taj Mliječni put ovdje na zemlji. Dakle, pored pomenute galaksije, postoje mnogi drugi svemirski oblici, čak tajanstveni, koji prate zvijezde, tj. osim zvijezda postoje planete, sateliti, planetoidi, komete, meteori, crne rupe i neutronske zvijezde. Goran Kovačević je u Ipetovom životu definitivno bio nešto između meteora i neutronske zvijezde; kasnije se pokazalo da je bio i "crna rupa". On je bio pjevač grupe Teška industrija. Nažalost, nije bio slavan kao Ipe, pa je uz njega pokušavao da bude, pošto-poto, dio sarajevske pop-rock scene.

Selver Brdarić je bio sa Enesom Bajramovićem. To je bilo normalno jer su obojica bili članovi grupe COD. Grupa COD je osnovana 1972. godine, ali se tek dolaskom Enesa Bajramovića 1974. proslavila hitovima "Bagremi bijeli" i "Dođi mi na čaj". No, moja najdraža pjesma je "Moja mala na popravni pala", objavljena 1978.godine. To je savršena pop-disko numera. Imala je šmek grupe Bee Gees, fenomenalno odsvirana i otpjevana. Muziku za prva dva hita je komponovao Enes Bajramović, a tekstove je pisao Ranko Boban. Selver Brdarić je bio izuzetan pjevač. Imao je savršen glas, prilično neobičan i upečatljiv način pjevanja. Bio je i izuzetan čovjek, uvijek jako vedar i ljubazan. Meni je izgledom i imidžom ličio na nekog diplomatu jer je za nastupe nosio cilindre i crne smokinge sa bijelim košuljama. Inače su imali taj engleski "dandy look", nešto između James Bonda i savršenog džentlmena sa Wall Streeta. Sa njima je bio i naš tehničar Amko koji je bio posebno vezan za Selvera. Damir Misirlić, klavijaturist i Nikša Bratoš su bili raja. I u Sarajevu su bili fini momci, odlični studenti i vrsni muzičari. Damir Misirlić je svirao u grupi Bonton Baya. Nikša, jedan svestran muzičar, u našoj grupi je svirao gitaru i sax. Ne bi me iznenadilo da je svirao i bubnjeve.

Obojica vrhunski profesionalni muzičari, pored toga što su bili i odlični studenti. Damir je studirao ekonomiju, a Nikša elektrotehniku. Tada su bili na završnoj godini studija. Ja sam bila sama i cijeli kupe je bio moj. Putovanje do Moskve je trajalo jako dugo. Trebalo je da pređemo 2500 km. Ruta kojom smo putovali bila je Beograd, Budimpešta, pa kroz Ukrajinu pored Kijeva do Moskve. Vozili smo se ekspresnim vozom "Puškin". Iz Beograda smo krenuli u 23 sata. Putovali smo četiri dana.

I danju i noću furao je "Puškin" kroz ruska prostranstva: tajge, stepe, livade, brda, ravnice, rijeke i jezera. Prolazili smo kroz široka slavenska polja ukrašena zlatnim klasjem žita. Ovo klasje me podsjećalo na grb moje države na kome klasje obuhvata šest baklji i petokraku.

Život u kupeu je bio prilično monoton. Ustvari, to su bila spavaća kola. Svaka kola su imala četiri kreveta na sprat, sa svježe uštirkanim jastučnicama na kojima je plavim slovima utisnut amblem JŽ (Jugoslovenska željeznica).Na svakom prozoru je bio mali metalni znak sa upozorenjem "Ne naginji se kroz prozor", a ispod je stajala mala metalna pepeljara sa ugraviranim znakom JŽ. Postoje neke stvari koje vidimo u životu, a ne pridajemo im naročitu važnost u tom trenutku, koje ostaju ugravirane u našem sjećanju zauvijek.

Te stvari uzimamo zdravo za gotovo, misleći da će one trajno biti tu, baš kao taj simbol koji je krasio pepeljaru u mom kupeu. Znak JŽ ću pamtiti do kraja života. Pitam se gdje su te pepeljare sada i da li su završile na deponijama starog željeza.

Željno sam iščekivala da Ipe pokuca na moja vrata, ali uzaludno. Vidjeli smo se samo par puta. I tada me je, moram priznati, onako ispod oka mjerkao. Viđali smo se u hodniku kad bismo izašli da udahnemo malo čistog vazduha koji je mirisao na svježe podmazano ulje sa uglačanih točkova voza, pomiješano sa mirisom opušaka nabacanih u metalnu pepeljaru ispod znaka "Ne naginji se kroz prozor". Pepeljare su uredno čistili stjuardi ili stjuardese koji su radili za Jugoslovensku željeznicu. Njihove uniforme su uvijek bile uredno ispeglane: tamnoplave jakne koje su ličile na oficirski šinjel i tamnoplave hlače sa linijom od pegle po sredini.

Možda su imali neku tajnu kako da izgledaju savršeno uredno, stečenu dugim iskustvom dok su krstarili neprekidno tim prostranstvima, a mi smo počeli pomalo da se gužvamo kao vrećice tetrapaka iz kojih smo pili mlijeko.

Ja sam bila bliža Enesu, Selveru, Damiru i Nikši. Podijelili smo se u dvije grupe: Ipe i Goran Kovačević na jednoj strani, a mi ostali na drugoj. Samo sam ja kasnije postala izdajnik. Preko Ipeta sam se kretala kao "nezavisna" između te dvije grupe. Ipe nije želio podjele, ali ga je Kovačević neprekidno vukao na svoju stranu.

Dok je Ipe bio voljen i poštovan od strane drugih muzičara, Goran Kovačević nije bio omiljen. Od samog početka megalomanski nastrojen, stvarao je jaz između sebe i ostalih članova benda.

Ja sam, po ko zna koji put, čitala knjigu J.D. Salingera "Lovac u žitu " i maštala o Americi putujući kroz slavenska polja u ruskom vozu prema Moskvi. Silno sam željela da baš ja budem Bambi Kramer, jedan od likova iz romana"Za Esme"J.D Salingera. U to vrijeme bilo je popularno reći: "Volim više američko govno, nego rusku tortu". Ovakvo razmišljanje pripisujem svojoj apsolutnoj naivnosti i političkoj neinformisanosti jer ja u Americi do tada nisam bila. Šta reći? Mladost - ludost.

Naš put od Beograda ka Moskvi vodio je preko Ukrajine. Na granici između Mađarske i Rusije je voz iznenada stao u mjestu koje se zove Čop. Pojma nismo imali šta se dešava dok nam kondukteri nisu objasnili da se na tom prelazu mijenjaju tračnice. Šine na kojima smo se vozili do ovog prelaza su bile mnogo uže. Ta dimenzija je bila evropski standard tj. 1435 mm, a u Rusiji se svi vozovi prebacuju na kolosijek širine 1520 mm, dakle, željeznički standard Sovjetskog Saveza. Znači, ako bi neko pokušao osvojiti Rusiju željezničkim putem, ne bi mogao preći granicu.

Dolazak u Moskvu

U Moskvi nas je dočekala i preuzela delegacija lenjingradske koncertne agencije predvođena Vladimirom Kaufmanom, našim menadžerom i vodičem po SSSR-u. Vladimir Kaufman ili Volođa, kako smo ga mi zvali, bio je osrednjeg rasta. Meni je ličio pomalo i na Lenjina i na Leonarda Cohena. Imao je bradu, uredno podšišanu, a kosa mu je već tada bila proriđena, tako da mu je frizura bila kratka, počešljana unatrag. Veći dio lica pokrivale su široke naočale koje su ličile na Ray-Ban kopiju. Putujući noću komentarisali smo između sebe kako će nas u Rusiji preuzeti neko ko radi za Rusku državnu bezbjednost tj. KGB. I kad smo upoznali Vladimira Kaufmana, naše sumnje su pale na njega.

Takve sumnje su donekle bile opravdane jer smo dolazili iz Jugoslavije. Naša zemlja je bila socijalistička, ali sa boljim životnim standardom od Rusije u to vrijeme. Sa jugoslovenskim pasošem mi smo mogli putovati kuda smo htjeli i kada smo htjeli.

Iako su obje zemlje imale jednopartijski sistem (komunistička partija) mi smo bili, svojim načinom života, više okrenuti zemljama Zapadne Evrope, kao i ostalim razvijenim kapitalističkim zemljama. Na tome smo mogli zahvaliti drugu Titu.

Rezolucijom Informbiroa 1948. godine Komunistička partija Jugoslavije na čelu sa drugom Titom ogradila se od Staljinovog SSSR-a. To je dovelo do neprijateljstva prema zemljama Istočnog bloka, povlačenje kreditnih ugovora, ekonomske blokade i vojne napetosti. Neprijateljstvo sa Sovjetima je trajalo do juna 1953. kada u SSSR-u počinje proces političkih reformi i razmjena ambasadora sa Jugoslavijom.

Jugoslavija je 1979. postala članica Nesvrstanih zemalja, pokreta koji je imao 120 članica. Svrha pokreta, kako je napisano u Havanskoj deklaraciji, bila je da osigura nacionalnu nezavisnost, suverenitet, teritorijalni integritet i bezbjednost nesvrstanih zemalja u njihovoj borbi protiv imperijalizma, kolonijalizma, neokolonijalizam, aparthejda, rasizma, uključujući cionizam i sve oblike strane agresije, okupacije, dominacije, miješanja ili hegemonije kao i blokovske politike. Eh, sa teškim bolom u duši mogu reći da mi je žao što je nestalo tako nešto plemenito.

Dakle, u tome je razlika između Jugoslavije i SSSR-a. Geopolitički je to vrijeme bilo obilježeno željeznom zavjesom između Istoka i Zapada. Rusi nisu mogli tako lako putovati van svoje zemlje. Samo u izuzetnim prilikama im je bilo dozvoljeno da napuste svoju zemlju. Morali su biti dobro politički provjereni da bi im dopustili takav korak.

Mislim da su Rusi bili oprezni i koga primaju. Mi Jugosloveni smo imali sreću da možemo putovati u Rusiju u vrijeme kad nijedan bend iz Amerike ili Engleske nije mogao ni da sanja o odlasku tamo. Otkrili smo da je Đorđe Marjanović tada u Rusiji bio velika zvijezda, čak super zvijezda, kao i Vladimir Savičić Čobi. Obojica su bili poznati pjevači i zvijezde u Jugoslaviji, možda u Jugi na kraju karijere, ali su u Rusiji harali.

Ja sam dijete socijalizma i bilo mi je jasno da će nam mjeriti malo i politički puls u toj zemlji. Volođu sam odmah zavoljela i mi smo se super kapirali. U početku smo nešto tuc-muc pokušavali da se razumijemo na nekom bezveznom engleskom jeziku, dok nakon nekoliko sati ja nisam to batalila i koncentrisala se da razumijem šta mi Volođa govori na čistom ruskom jeziku, a ja njemu na svom srpskohrvatskom.

Volođa je radio sa poznatim ruskim zvijezdama kao jedan od menadžera Lenjingradske koncertne agencije, kako se tada zvala, a sad Koncertna agencija Sankt Peterburga. Znao je sve važne ljude u Rusiji: od poznatih zvijezda do političara, glumaca, glumica i djece utjecajnih političara. Odradio je milion koncerata širom SSSR-a kao menadžer poznatim izvođačima tako da je Volođa znao kao svoj džep sva mjesta na koja nas je vodio: od hotela, restorana, kafića i barova.

Naš prvi koncert bio je u Moskvi, u ljetnom koncertnom teatru u parku Maksim Gorki. Od Gorana Ipeta Ivandića ni traga ni glasa. On je uglavnom bio sa Goranom Kovačevićem. Srećemo se na prvoj tehničkoj probi, a kad tamo haos. Svi naši instrumenti koji su prešli granicu bili su rastavljeni na carini. U to vrijeme su Rusi kopirali tehničke stvari sa Zapada, kao klavijature, gitare itd. Jedino Ipetov bubanj nisu dirali. Prvi naš koncert je organizovan te večeri. Muzičari su bili u panici: kako će svirati na oštećenim instrumentima? Volođa im je preko Agencije obezbijedio alternativu. Kad su muzičari ugledali instrumente, bili su zapanjeni. Ti instrumenti su ličili na dječije igračke.

Damir je dobio klavijaturu koja je imala zvuk ksilofona ili dječijeg metalofona, a da ne govorim o Nikšinom saksofonu sa zvukom usne harmonike. Jedini instrument koji je mrak zvučao bio je Ipetov bubanj. Njegovi bubnjevi su bili nešto posebno. Ipe je proizvodio fenomenalan zvuk zato što je on štimao bubnjeve na specijalan način. Recimo, njegovi timpani nisu bili zategnuti, nego malo opušteni ili kako bismo mi u Sarajevu rekli "landarali" i kumst je svirati na takvim timpanima. Svirač mora imati dosta jak udarac da bi proizveo dobar ton i tu je Ipe bio pravi majstor. Njegovi bubnjevi su zvučali "boli glava". Naš tehničar Amko imao je zaista težak zadatak te noći. Nikša Bratoš se sjeća da je Amko bio toliko uspaničen, ne bez razloga, da je u toku koncerta u Moskvi protrčao po sredini scene i zalegao iza miks pulta. Vjerovatno je htio spasiti nešto što se nije moglo spasiti jer stvari nisu uopšte štimale za vrijeme svirke. Nakon te večeri muzičari su mu dali nadimak: više ga nismo zvali Amko nego "Samaljot". Bio je visok, plav i plavook, ma mogao je komotno proći i kao Rus. Bio je pravi Sarajlija, kao i Selver Brdarić sa Kovača, jednog starog naselja iznad Baščaršije.

Mislim da je Amko pošao sa nama na turneju jer je bio komšija Selvera Brdarića. Zato je bio tako vezan za njega.

Ponekad bi Selveru dobro došao kao lični batler. Jednom ga je Selver zamolio da mu pomogne pronaći u Rusiji savršenu fudbalsku loptu koju je obećao svom sinu. Ja sam bukvalno bila sva u suzama od smijeha slušajući njihove razgovore o toj lopti. Selver je fudbalsku loptu zvao "fuca" pa je od Amka tražio da mu pronađe "savršenu fucu" u gradu u kome se zadesimo. U tim njihovim razgovorima Selver je zvučao mnogo inteligentnije od jadnog Amka. Koliko sam mogla da ukapiram, uvijek je bio neki problem sa nesretnim "fucama" koje je Amko tražio po ruskim prodavnicama.

A ruske prodavnice su tek bile priča za sebe.

Takoreći nigdje ništa. Samoposluge su bile apsolutno prazne. Frižideri i police za hranu zvrljali su prazni. Kad bismo ugledali samoposlugu, vidjeli bismo ispred nje red ljudi koji se protezao unedogled. Redovi za hranu su bili samo za najpotrebnije životne namirnice kao što je hljeb. Povrća nije bilo, niti sam vidjela voće. U Moskvi sam upoznala jednu mladu pijanisticu koja je došla na naš koncert. Ona mi je pričala da dok svira klavir fantazira da jede piletinu koja je bila prava rijetkost. Ne sjećam se da sam igdje vidjela prodavnicu odjeće. Zato taj poslić koji je Amko trebao da odradi za Selvera, da pronađe "fucu", nije bio nimalo lak. Selver je bio porodičan čovjek i silno je želio da obraduje svog sina poklonom.

Ja sam se držala Volođe kao pijan plota, a i on mene. Imao je rafiniran osjećaj za fine stvari kao što su moda i slikarstvo. Živio je sa mamom u Lenjingradu. Vjerujem da je bio dobar sin. Poznavao je mnogo ljudi.

Vodio nas je i vjerno čuvao i pažljivo pratio svaku našu riječ. Čim smo stigli u Soči, dočekalo nas je nekoliko njegovih drugova i bio je jako ponosan da me upozna sa njima. U početku nas je Volođa vodio u barove i restorane u koje je on odlazio. Ta mjesta bila su puna muškaraca, na veliku žalost mojih pratilaca u bendu koji su sanjali da što prije upoznaju neke božanstvene Ruskinje. Rusija je imala tu nevjerovatnu gay scenu.

Kasnije, kada sam došla u London i počela da zalazim po gay klubovima Londona, uvidjela sam da je to bilo jako slično. Jedina razlika je bila u tome što su ovi u Londonu slušali bolju muziku. Moram priznati da mi u Sarajevu nismo imali ništa slično, nikakve gay klubove, mada su mi mnogi bili sumnjivi i u Sarajevu. Možda zbog male sredine, mom oku, izverziranom u Rusiji, nisu mogli promaći neprimijećeni. Nakon Moskve otišli smo pravo u Soči, mondensko ljetovalište ruske elite 1983. godine. Grad se nalazi na obali Crnog mora, blizu granice sa Gruzijom, odnosno Abhazijom. Soči leži u jednom izuzetnom predjelu blizu Kavkaza. S plaže se mogu vidjeti vrhovi planine prekriveni snijegom.

Sjećam se da smo jedan dan išli na plažu, ali ponovo sve sami muškarci. Nigdje nijedne žene. Meni lično je to super odgovaralo, ali sam mudro šutjela. Neke stvari su mi bile mnogo jasnije i prije nego što mi je Volođa ispričao svoju ljubavnu priču. Imali smo dosta toga zajedničkog. Oboje smo bili zaljubljeni u muškarce koji su nam bili nevjerni. On je bio ludo zaljubljen u jednog divnog mladića iz Lenjingrada koji se zvao Olek Rudenčenko.

Bilo je planirano da nam se uskoro pridruži. Volođa je njegov dolazak željno iščekivao. Momci u mom bendu niti su sanjali, niti pomišljali da je Volođa gay dok sam ja mudro čuvala tajnu.

Mi smo bili smješteni u hotelu "Primorskaja" na samoj obali. Duga i šljunkovita plaža protezala se ispred hotela.

Svako je imao svoju sobu, a na svakom spratu su sjedile redarke. Njihov zadatak je bio da prate da nema bluda među gostima. Zaista, nigdje u Jugoslaviji nisam vidjela takvu vrstu redara po hotelima. Dakle, suština njihovog posla je bila da vide ko šta radi i ko se s kim sastaje po sobama. Tokom turneje, dok smo obilazili i druge gradove, uočila sam da je ta vrsta posla pripadala isključivo ženama. Nisam nigdje vidjela redara. Možda ih je i bilo u drugim mjestima u kojima mi nismo imali koncerte. Redarke su bili starije žene, ugodno popunjene, što od stalnog sjedenja na stolici sa natpisom "redar", što od prekomjernog škroba unesenog u organizam, kao što su krompir ili hljeb, jer se povrće i voće nigdje nije moglo kupiti. Redarka na mom spratu ličila je na okruglu "griotu", napudranog lica i sa usnama premazanim ružom jarke crvene boje. Kad god sam prolazila, ja sam joj se smiješila, a i ona meni. Mene je gledala kao čudo zbog moje frizure i garderobe na meni, posebno moje mini suknje od teksas tkanine sa milion nitni i kaiševa sa metalnim šiljcima koju mi je mama donijela prethodne godine iz Londona.

Od Ipeta nigdje traga, a i ja se trudim da ga vješto izbjegnem.

Koncertna dvorana je bila veličanstvena, čuvena Festivalska ljetna dvorana na otvorenom sa 2.500 sjedišta.

Ostala sam zapanjena tom koncertnom kulturom u SSSR-u, predivna bina, široka i pokretna. Rusi su majstori scene i svjetlosti. Nisam ni primijetila momka koji je radio na osvjetljavanju za vrijeme naše probe. Ali kada je počeo koncert, moj nastup je bio vizualno fenomenalan. Za vrijeme probe taj momak zadužen za rasvjetu je markirao svaki moj korak i pjesmu je prikladno osvjetljavao. Svlačionice za umjetnike su isto tako bile luksuzne. Svaka svlačionica je imala klavir, velika ogledala i adekvatno svjetlo za šminkanje, te baldahin da umjetnik može predahnuti pred i nakon nastupa.

U mom bendu je vladala slatka nervoza, momci su bili spremni za akciju, a Ruskinja nigdje. Tako su se tokom noći svi razmilili oko hotela „Primorskaja" u Sočiju. Noć je. I mene hvata dosada. Odem do Volođe, ali me on brzo ispraši iz sobe jer mu je došao drug u posjet.

Dok prolazim kroz hotelski lobi, u mom pravcu ide Goran Ipe Ivandić, ni manje, ni više, sasvim sam bez svoga vjernog pratioca Gorana Kovačevića. Kako su samo zablještali svi ti kristali na lusteru u hotelskom lobiju! Koja se količina svjetlosti sručila na nas!

Kaže da je presretan da me vidi samu u ovoj noći. Ako postoji magnetska privlačnost, onda smo to Ipe i ja dokazali jedno drugom.

Da smo mogli svući svu odjeću u tom lobiju, to bismo uradili, ali on me samo blago uhvatio za ruku, onako nježno kao što je on to radio i predložio da ga povedem u svoju sobu. Prvo smo se ljubili, ljubili satima da nadoknadimo sve izgubljeno vrijeme, a onda smo vodili ljubav na kosmičkom nivou sljedećih šesnaest sati.

Bukvalno, od tog susreta pa do sljedećeg dana, kada smo imali koncert, iz tog našeg ljubavnog gnijezda nismo izašli. O, moj bože, zar je to moguće?

Te noći zapalili smo fitilj koji je gorio i nikad se nije ugasio, kao da je tu strast ponio sa sobom tamo, u drugu dimenziju. Strast je suviše slaba riječ za ono što je zaista gorjelo u nama.

KONCERT

Odlučila sam da me Volođa predstavi publici kao Bambi Kramer, baš kao što se zove lik iz mog omiljenog romana "Za Esme " J.D. Salingera. Sve su karte rasprodate, auditorijum dupke pun. Volođa je bio i naš spiker na koncertima i najavljivao je ponaosob svakog izvođača. Te noći prvo je najavio Bambi Kramer. Čujem kako sa velikog razglasa odzvanja auditorij Koncertne festivalske dvorane: "Sada, draga publiko, Bambi Kramer, velika zvijezda Jugoslavije, zatim slijedi Goran Kovačević, pjevač grupe Teška industrija i zvijezda večeri Selver Brdarić, pjevač grupe COD." Ja nisam bila zvijezda, ali nema veze, dobro sam pjevala (Google tada nije postojao da me provjeravaju). Imala sam samo jedan hit "Volim te još" sa grupom Valentino i nastup u Jugoslaviji kad sam pjevala kao back vokal na pjesmi Evrovizije.

Poslije koncerta bili smo umorni. Ipe me odveo do moje sobe... cmok, cmok i reče: "Dođi sutra do moje sobe oko 12 sati."

KLJUČ 2

Da li više vjeruješ svojim očima ili meni?

Hotel u Sočiju "Primorskaja" je bio tipičan hotel kakvi se mogu vidjeti na Mediteranu, veliki balkoni s pogledom na palme i Crno more. U unutrašnjosti hotela nalazi se prekrasan vrt, tako da kroz labirint hodnika pogled može da vam obuhvati i unutrašnjost vrta, a sa druge strane plažu i more. Hotel je sagrađen sa dva ili tri sprata čiji su hodnici veoma prostrani i dugi.

Te 1983. godine vrućine u Sočiju su bile nezapamćene. Temperatura je varirala između 26 i 35 stepeni Celzijusa.

Toliko je bilo vruće da se tokom noći nije moglo spavati od sparine.

Dok ulazim, primjećujem u mojoj sobi promjene. Čujem muški glas kako hrče. Pogledam malo bolje i vidim da je zid koji dijeli moju sobu od susjedne prokopan. Vidim gosta iz susjedne sobe kako spava dubokim snom.

Nazovem recepciju, niko se ne javlja. Vratim se u hodnik u nadi da je Ipe još tu, ali ne, on je već bio otišao. Samo je dežurna redarka na spratu. Sjedi ispod svjetiljke i štrika. Postavljena je tu da štiti goste od potencijalnog bluda.

Pokušavam da joj objasnim da su u mojoj sobi građevinski radovi u toku. Ona meni uzvraća na ruskom da, nažalost, ništa ne razumije. Noć odmiče, jako je kasno. Savladanu umorom i mene hvata san. Legnem na krevet i vidim svog susjeda preko puta kako ujednačeno hrče, a od tog hrkanja vibrira ne samo njegov debeli stomak nego i cijeli krevet. Slika prosto surealna, ali i ja tonem u san.

Ujutro me probudi kucanje na vratima. Dva radnika u plavim uniformama stoje ispred vrata sa kofama i alatom.

Nastaje dugo objašnjavanje na ruskom jeziku. Shvatam da oni mijenjaju radijatore u sobama. Ulaze da nastave sa radovima, ali u kupatilu nema vode. Pokupim svoj toaletni pribor u namjeri da odem kod Ipeta na tuširanje.

Nadam se da je budan.

Prolazim duge hotelske hodnike. Predivno sunčano jutro. Na jednom balkonu vidim na konopcu obješene prelijepe duge haljine koje me podsjećaju na kostime iz čuvenog ruskog filma "Cigani lete u nebo" koji je snimljen 1975. godine. Bio je veliki hit i u Jugoslaviji.

Ispred Ipetove sobe stojim i kucam, ali niko ne otvara. Posegnem za kvaku i vrata se otvoriše. Ulazim i vidim da je njegova soba mnogo veća od moje, ogromna, sa poluspuštenim žaluzinama. Prolazim kroz mali hodnik koji vodi do njegove spavaonice. Čujem neki glas. Baš dobro da ga ne probudim, pomislih.

Sljedeća slika: Ipe i neka nepoznata ženska osoba na koljenima, goli u njegovom krevetu. Njegova glava zabačena prema plafonu, a lice djevojke uronjeno u najintimniji dio njegovog tijela. Trenutak kao godina. Osjećam kako se moj svijet bukvalno ruši. Srce, kao da će eksplodirati. Uhhh, kako boli dok grozne suze liju kao kiša u vrijeme proloma oblaka.

Srce udara, lupa, tuče, raspada se. Ne mogu da dišem. I umjesto erupcije bijesa, gnjeva, srdžbe i ljubomore, moć govora kao da mi je okrenula leđa. Čujem kako sve vrišti negdje duboko u meni, ali glasa nema, pa nema.

Stojim kao ukopana dok propadam kroz taj emocionalni bezdan. Kad god se nađem prevarenom, ja sam od onih koji zarone hiljadu milja ispod mora i čekam da bura prođe pa da izronim.

Mislim, kad sa nekim doživite neraskidivo jedinstvo i kada strast prođe kroz naše tjelesne energetske centre, stvorena komunikacija između dva partnera doživi proces u kome se odvajaju dvije ili više tečnosti koje ključaju na različitim temperaturama. U mom slučaju on me upravo prevario sa drugom djevojkom i ništa od savršenog hemijskog procesa. Težak osjećaj koji vodi do ludila. Koji đukac, pomislim!

Već su me i oni primijetili, Ipe i ta Ruskinja. Okrenem se za 180 stepeni i potrčim prema vratima, pa kroz dugi hodnik brzinom svjetlosti. Grabim mojim dugim tankim nogama i ne želim da se okrenem. Dok trčim kroz glavu mi prolazi naziv jugoslovenskog ratnog filma "Ne okreći se, sine". Odjednom se sjetih divne poezije Velimira Rajića.

NA DAN NJENOG VENČANJA - VELIMIR RAJIĆ

I srušiše se lepi snovi moji,

Jer glavu tvoju venac sad pokriva,

Kraj tebe drugi pred oltarom stoji -

Prosta ti bila moja ljubav živa!

Utrčim u moju sobu, a tamo građevinski haos! Ja u teškim suzama padam na krevet dok ona dva radnika gledaju u čudu. Totalno sam ih paralizovala. Jedan drži dio radijatora, a drugi cijev u rukama.

Čujem samo: Djevuška, djevuška, pa čemu... ili tako nešto slično.

ON - IPE

Utrčava sav zadihan u moju sobu. U trenutku, kad sam ja potrčala iz njegove sobe, on je krenuo za mnom da me traži. Hitao je i on, onako poluobučen, niz puste hodnike. Podiže me sa kreveta i grli. Govori: „Maco, macice, ovo nije ništa. Nemoj plakati. Ja nju ne volim. Nemoj biti blesava, daj, molim te, prestani plakati. Ti si meni jako, jako draga. Ti si moja sreća."

Radnici sada užurbanije odvrću i zavrću šarafe. Sada im je jasnije šta se zapravo dešava. Ipe kupi moje stvari po sobi. "Vodim te sebi ", ali jao, ja ne mogu tamo. Ipe zamoli radnike da napuste prostoriju. Slavenska braća imaju puno razumijevanja. Ah, ta slavenska "duša". Počinju sati dugog izvinjavanja. Kleči na koljenima i moli me da mu oprostim. Ubjeđuje me da me jako voli i želi da ni u jednom trenutku ne pomišljam kako je njemu neka druga djevojka važnija od mene. Te noći koncert: Bambi Kramer, sjetna i povrijeđena do koske, zabavlja pet hiljada gledalaca u otvorenom Koncertnom teatru Soči. Nakon seta od svojih deset pjesama, zatvorim oči i čujem ovacije, gromoglasan pljesak kako se lomi publikom. Vidim Volođu iza zastora, ozarenog lica. Uočim olakšanje i na licima klavijaturiste Damira Misirlića, gitariste Nikše Bratoša i saksofoniste Enesa Bajramovića.

Odlazeći sa bine krajičkom oka vidim Ipeta, gleda u mom pravcu i želi nešto da mi kaže. Gestom ruke nešto mi pokazuje. Naravno, ja ga ne bendam ni pet para te se okliznem na njegovu palicu od bubnjeva koja mu je pukla za vrijeme koncerta i prostrem se po bini koliko sam duga i široka. U toku koncerta Ipe je mijenjao bar dva-tri seta palica. Pored njega je uvijek stajao kofer sa rezervnim palicama. Na velikim koncertima bi ponekad nastala panika među tehničarima kako da mu dodaju par novih palica da nastavi svirati.

Obično, kad bih završila sa svojim blokom pjesama, ja bih, iza zastora, sa bine gledala kako bend svira i slušala pjevače.

Moju pažnju najviše je privlačilo Ipetovo sviranje jer je bio vrhunski bubnjar. Svaki mišić njegovog tijela je savršeno radio da baš odsvira i udari činelu intenzitetom koji je u toj muzičkoj rečenici potreban.

Njegov osjećaj za ritam bio je fenomenalan, mada nikad nije plesao ili ga ja nikad nisam vidjela da pleše. Posmatranje Ipeta kako svira je u meni budilo nevjerovatno divljenje, kao i osjećaj sreće i zadovoljstva. Ja sam se zaljubila u tog veoma talentovanog, izuzetnog muzičara i njegov način sviranja me je apsolutno začarao. Kao takvog sam ga uvijek stavljala na pijedestal i voljela sve više. Kad sam devedesetih godina otišla u Indiju u Ashram u potrazi za spiritualnim, susrela sam se sa učenjem o Kundalini energiji, iskonskoj energiji koja postoji u svakom ljudskom tijelu u uspavanom stanju. Odmah sam se sjetila Ipeta jer sam ja doživjela taj "shakti" sa njim. Zvučne vibracije po Kundalini učenju razbijaju blokade davno nastale za koje ne znamo niti zbog čega, niti kada su se dogodile. Kao laik, te 1983. godine, mogla sam da prepoznam takvu životnu energiju, esenciju Ipetovog bivstvovanja, ali tada nisam znala da to objasnim riječima. Šta je to ustvari? Ta oslobođena magnetska privlačnost koju je on posjedovao je hipnotizirala moj duhovni potencijal. Dok bih ga gledala kako svira, govorila sam sama sebi: "Pa, to je, Amila, ono u što si se ti zaljubila".

KLJUČ 3

Baš bez veze

Sarajevo, februara 1983.

Šest mjeseci prije odlaska u Rusiju. Paradiralo se tada u Sarajevu po „Park kafani" tzv. „Parkuši", centru sastajanja mlade gradske raje. „Park kafana" je u Titovoj ulici, prekoputa robne kuće "Sarajka". Iza „Parkuše" je park koji vodi na Džidžikovac i Bjelave. Tokom proljeća i ljeta sjedilo se u „Parkuši" uglavnom vani. Tu su se odmjeravale snage "ko je ko" u Sarajevu i kalio se čelik da postaneš "neko" među rajom. Izigravati frajera i tako zaintrigirati maštu djevojaka je bio cilj svakog frajera koji je tu sjedio.

Sjećam se jednog legendarnog Sarajlije, visok, crn, meni je ličio na bolju verziju Richard Gere, za kojim su djevojke uzdisale, od gimnazijalki do studentica. Dolazio je tu i bacao "parangale" na djevojke u maniru "nije mi stalo", grickajući nemarno košpice, pretvarao se da ne obraća pažnju na sagovornice jer je on, zaboga, mentalno negdje drugdje. Tako je foliranjem obrađivao potencijalne "žrtve", a one su se sve više lijepile za njega. Imala sam školsku drugaricu Vesnu Sćepanović koja je išarala sve moje sveske i gumice njegovim imenom, a kad je krenula i na moj atlas, morala sam je zaustaviti tj. bukvalno ga konfiskovati. Drugim frajerima je on bio model sa kojim su se upoređivali. Nekima je išao i na živce. Među muškarcima je bilo jako mnogo ljubomore.

Između 12 i 13 sati „Parkuša" je bila krucijalno mjesto za sastanke; zatim se ide u „Oloman", pa u „Lisac", a onda u „Bugatti" ili „Parkuša" – „Oloman" – „Dedan", a godinu-dvije ranije „Parkuša" – „Lisac" – „Muppet" (blizu Ulice Tome Masarika).

Međutim, najlegendarniji je bio „Čengić", ali samo navečer. Ta "in" raja o kojoj danas pričaju, tzv. srž Sarajeva, su uglavnom bili učenici Prve, Druge, Treće i Pete gimnazije, zatim studenti ili foliranti, intelektualci, glumci, pisci i naravno muzičari. Ja sam završila prestižnu Prvu gimnaziju.

To su, dakle, bili ti bermudski trouglovi u Sarajevu u kojima bi mnoga prijateljstva počinjala, a neka nestajala u zaboravu kao okeanski brodovi što su nestajali sa lica zemlje, sarajevskim žargonom rečeno, u "frontalnom brodolomu".

Tih godina taj gradski krug raje je više ličio na incestuoznu gradsku kliku. Mijenjali su se tu partneri tiho, da niko ne zna, međutim uzalud, jer u Sarajevu svi sve brzo doznaju. Tračalo se na sve strane. U tome su prednjačili muškarci kao prave mahaluše. Neki od njih su se voljeli pohvaliti pred drugim muškarcima da su "spavali sa tom i tom kokom" i tako rušili reputaciju djevojke u gradu. Ako bi bila zgodna mačka, onda bi mnogi tiho balili i škrgutali zubima, ne bi li i oni mogli potkačiti tu koku.

Ponekad bi se dešavalo da bi naprosto i lagali da su bili s tom i tom. Jednostavno rečeno, belaj im nije bio mrzak. Oni su bili jedno macho društvo od kojih bi djevojke olako dobile epitet "lake", ne svojom krivicom, možda samo provokativnim izgledom. Ko su oni da određuju i sude kako da se ko oblači?

Jednom mi je jedna izuzetno lijepa i zgodna Sarajka, koja je bila učenik generacije Prve gimnazije, ispričala kako su je kidnapovali dok je čekala tramvaj iza Katedrale. Jednostavno su je ugurali u auto i odvezli negdje gdje su je silovali. Tada mi je rekla da je Mirsad Zulić Campo bio jedan od tih protagonista. Njega se sjećamo kao jalijaša i „glumca" iz filma „Sjećaš li se Doli Bel" Emira Kusturice. Campo je bio poznati sarajevski jalijaš, momak sa Bistrika koji je harao po Marijin Dvoru sa svojom braćom. Sreća moja da se moji putevi nikada nisu ukrstili sa njihovim.

Otac silovane djevojke, visokorangirani policijski službenik, je naprosto poludio i htio da ih sve smjesta pohapsi. Ne znam šta se desilo sa siledžijama, ali njen život se potpuno promijenio; postala je meta svim idiotima grada. Počeli su da „sude žrtvi" šapućući po kuloarima kako je ona „laka riba". Kakva surovost praviti od žrtve ruglo!

Ta cijela priča me je jako podsjetila na roman "Gospođica" Ive Andrića. Ta prekrasna Sarajka, nazovimo je Šejla, samo zato što je atraktivno izgledala srozana je na sami patos naše gradske egzistencije.

Dakle, taj naš život na asfaltu koji je bio bezazlen, mogao je itekako da se okrene u drugom pravcu. Zbog takve surove sredine svako je razvijao i zauzimao svoj gard. Svaka djevojka je zaista morala imati svoj gard da bi se oduprla potencijalnom nasilniku. Pri ulasku u kafanu sve oči bi bile uprte u onu koja ulazi. Bez garda mogao te mrak pojesti. Jedna druga djevojka pričala je kako je jednog ranog sumraka, dok se penjala uz Džidžikovac, čula nekoga da se dere i proziva njeno ime iz bašte. Kad je bolje pogledala, vidjela je da dotični onaniše.

Naravno da smo se smijali takvoj budali. Ipak, tajni neprijatelj je uvijek bio tu negdje za petama. Zato je bilo potrebno imati zaštitnika koji je isto tako bio mangup, ali onaj koji je štitio tvoju raju. Kada sam upoznala Ipeta, on je bio naš zaštitnik, a njegov prijatelj iz zatvora Šojko ili Fleki postao je naš apsolutni branitelj.

Muškarci tipa Gorana Bregovića ili velike zvijezde poput ostalih članova Dugmeta nisu nikada pričali sa kim su spavali. Uglavnom su pričali "šupci".

Muzičari su prepričavali svoje erotske avanture jedni drugima čisto poučno ili iz zabave.

Nažalost, ide i ona druga sarajevska fora: ako je djevojka i viđena sa jednim od ovih frajera stratosferičnog kalibra, onda bi sve sumnje pale da je tu došlo do "erotskog odrona".

Često se dešavalo, ako bih se družila sa nekim muškarcem, nazovimo ga hipotetički osoba x, da bi mi neka druga osoba prišla na ulici i otvororeno rekla da sam viđena u „Olomanu" sa osobom x. Slijedilo je dalje pitanje: „Šta ti radiš s tim šupkom?" ili „Šta će ti taj šupak?".

Da budem precizna, bili su prilično nemilosrdni jedni prema drugima. Neobično za mladiće koji se međusobno poznaju i pozdravljaju.

Bolje rečeno, niko nikoga tu nije ni mazio ni pazio. Tanka je linija između raje i šupka.

Recimo primjer 1) Nije platio ni kafu raji = šupak.

Postoji u Sarajevu jedna teža kategorija, a to je papak. O papku mogu samo ovo reći: Bolje je biti šupak hiljadu puta nego papak. Atributi koji krase papka su sljedeći: ruralan tip, kockasta glava, grabi dok hoda jer su prvi koraci naučeni na oranici.

Recimo primjer 2) Stipu ga, papak = Ni galvanometrom ga ne bih dotakla.

Djevojka, recimo, iz pozicije "vile bajne" može također jako lako postati papanka. Papanka se, naravno ne postaje, ona se prosto rađa, ali se vješto može i skrivati.

Prisjetih se jednog nadobudnog mladog "in" momka koji je dobacivao sa tribina „Park kafane", a to i jesu bukvalno bile tribine, jer su ispred kafića fina mamina i tatina djeca uveliko paradirala u garderobi iz Italije ili Engleske.

On – oka sokolova, viče na sav glas: "Papanko, obrij noge"! Komentar je upućen djevojci koja je 800 metara udaljena od „Park kafane". Ona se tog trenutka nalazi na platou robne kuće „Sarajka" (danas moderni shopping centar).

Ja sam, također, bila meta tračeva, ali kako se moja karijera zahuktavala tako su i tračevi vjerovatno bili adekvatniji. Apsolutno sumnjam u talenat tračanja onoga koji je u stanju da kaže da zna sve o meni! A za dobrim konjem i cunami je dašak vjetra.

Od tih sarajevskih tračeva mnogo se mokrih jastuka od gorkih suza sušilo fenom u našim bezbrižnim noćima tih dalekih i osebujnih 80-ih godina.

KLJUČ 4

Ne spavaj mala moja muzika dok svira

Februar 1983.

I tako jednom, dok sam i ja paradirala ispred „Park kafane", ostadoh primijećena. Dragan Zurovac Kiki, tehničar Bijelog dugmeta, rekao mi je da ima neko ko je jako zainteresiran da me upozna. On mi objasni da se radi o Ipetu Ivandiću, bubnjaru Bijelog dugmeta.

Meni je tada bilo 19 godina. Sjetih se da sam tada baš pročitala u "Rock magazinu" intervju sa njim i da je skoro izašao iz zatvora. Kao kroz maglu se sjećam bombastičnih članaka u našoj domaćoj štampi koja je pisala o Ipetovom odlasku u zatvor. "Ipe Ivandić - U paklu droge", "Ipe Ivandić – narkomanija".

Na Ipetu su se slomila teška kola nepravde zbog posjedovanja manje količine droge koja je pronađena u njegovom bubnju. Dakle, radilo se o oko 2 kg hašiša. Nesreća je htjela da baš dobije ta 2 kg hašiša, maltene na poklon. Jer kad su kupovali oni su htjeli samo pola kilograma, ali im je taj prodavac dao kilogram i pol hašiša gratis.

Mladić koji mu je prodao bio je neki moreplovac koji se našao u Sarajevu, a tu prodaju je organizirao lokalni sarajevski lik, nazovimo ga Ipetovim prijateljem.

Dakle, u toj priči mnogo stvari smrdi.

Kako to da se taj lik, moreplovac, nađe u Sarajevu i da mu baš tako gratis da kilogram i pol hašiša, ako već neko nije imao u planu da smjesti Ipetu odlazak u zatvor, a tako i indirektno na sva zvona da krene profanisati bubnjara čuvene grupe Bijelo dugme? Dugme je bio najveći rock bend u Jugoslaviji svih vremena. Ono što su oni pjevali i govorili respondiralo je itekako sa omladinom Jugoslavije. Milion mladih je slušalo i pratilo grupu Dugme koja je utjecala na svijest socijalističke mladeži. Nešto što mi je postalo mnogo jasnije u mom kasnijem životu jeste to da medijska popularnost mora biti podržana sa državnog nivoa. Mora biti neka ruka ili poluga da pogura grupu ili da je ukloni.

Jer velika je odgovornost obraćati se masama ljudi. To je isti principi na Zapadu i na Istoku. Ni Rolling Stonesi, ni Beatlesi nisu bili pošteđeni toga.

Lennon je nestao sa lica zemlje onog trenutka kad je počeo da podržava Che Guevaru i socijalizam u Južnoj Americi, a Mick Jagger i ostali članovi Rolling Stonesa su bili uhapšeni i vođeni na saslušavanja. Micka Jaggera i Keitha Richardsa policija je uhvatila u Londonu 1967. godine i nakon sudskog procesa oni su bili oslobođeni. Dakle, tajni neprijatelj je uvijek spreman za napad, a to su, nažalost, gorka pravila života kojih, kad smo bili mladi, nismo bili svjesni.

Ipe je dvije godine odrapio, prvu u zatvoru u Zenici, drugu godinu proveo je u zatvoru u Foči.

Bio je samo 8 godina stariji od mene, a meni se činilo kao da mu je milion godina tj. da je mnogo stariji od mene. Sa 28 godina izašao je iz zatvora, a već je iza sebe imao dugu muzičku karijeru i to teško breme popravne ustanove koja ga je stigmatizirala do kraja života. Usto i iskustvo zatvora u Zenici i Foči. Nisam ni bila svjesna da ću taj križ golgote i ja ponijeti. Jer kod nas važi: S kim si, takav si.

Mislila sam: Ok, hajde, popričat ću sa njim.

Ipe je izašao iz zatvora negdje u jesen 1982. i već mu je Goran ponudio da se vrati u Bijelo dugme.

Goran Ipe Ivandić je ušetao u moj život upravo u trenutku kad su izdali ploču "Uspavanka za Radmilu M.".

To je zadnji studijski album na kome se pojavljuje Željko Bebek kao pjevač.

Ja - Pa i ja konja za trku imam.

Te 1982. meni je bilo 18 godina i bila sam student prve godine Prava.

Tokom 1982. godine ja sam snimala sa grupom "Valentino" back vokale za njihovu prvu ploču u čuvenom studiju Paše Ferovića, a studio se nalazio preko puta Ekonomskog fakulteta. Studio je bio smješten u prizemlju jedne austrougarske zgrade u jednom ovećem stanu. Prozori su gledali u jedno dvorište na kome je bila postavljena štangla za klofanje tepiha. Moram priznati da takve vrste štangli nisam nigdje vidjela osim kod nas u bivšoj Jugoslaviji. Kao nacija, ja mislim da smo svi bili pasionirani klofači tepiha. Taj ritual mlaćenja tepiha je ekvivalentan meditaciji. Onako, isklofaš tepih i najebeš se matere svima i svakome ko te je mrko pogledao zadnji dana. Jer, klofalo se od vikenda do vikenda.

Pašin studio je bio mjesto okupljanja sarajevskih muzičara. Išlo se na kafu po sarajevskim "bermudskim trouglovima", pa se onda svrati kod Paše.

Obično, dok smo snimali, imali bismo malu publiku koja je slušala kod mix deska sa Pašom i sugerirala kako i šta odsvirati i otpjevati. Paša je bukvalno koristio kablove umjesto tepiha u svom studiju. To more kablova koje je izviralo sa 4-kanalnog pulta za snimanje prosto se kosilo sa zakonima fizike.

Ali zvuk koji je Paša usnimavao je bio vrhunski.

Od Gorana Bregovića do Milića Vukašinovića prošla je kroz taj studio tada čitava plejada sarajevskih muzičara koji su pomno slušali i učestvovali u kreiranju tog albuma.

Dakle, učestvovali su i Goran i Milić, pa Mladen Pavičić Pava koji je doživio veliku slavu poslije sa Plavim orkestrom, Jevđa – Srđan Jevđevic iz Gino Banane i drugi.

Sa mnom, kao back vokali, na tom albumu pojavile su se Ceca – Svjetlana Bukvić i Amila Čengić, također, obje studentice Muzičke akademije i izuzetno muzikalne mlade djevojke.

Moj glas je bio dosta upečatljiv, kristalno čist, tako da mi je Zijo dodijelio da otpjevam refren pjesme "Volim te još" zajedno sa njegovim pjevačem Jakirlićem.

Zijo je bio moj prijatelj, duhovit i zabavan. Nasmijavali smo jedni druge, nekako je uvijek bilo dosta veselja u tom studiju.

Ali Brega, Brega je uvijek bio za sve nas negdje u stratosferi iznad. Brega se volio dobro nasmijati i sa rajom zasvirati. U svakom slučaju Bregovićevo sviračko prisustvo na Valentinovom prvom albumu značilo je puno za Ziju i bend. Goran je bio Tito za sarajevske muzičare i on je apsolutna alfa i omega po kojoj se mjerio uspjeh. Hoće li novi bend potpisati ugovor sa diskografskom kućom, kako će kritičari i novinari prihvatiti bend, snimanja na TV-u, spotovi itd.

Kad se završilo snimanje kod Paše, naše muzičarsko druženje se samo prenijelo u „Oloman", „Park kafanu" i ostala mjesta po kojima smo fercerali.

Iz tih naših druženja i prijateljstava proizašli su interesantni projekti. Mi nismo imali agente koji bi nam ugovarali poslove i sklapali izvjesne saradnje. Bili smo sami sebi i agenti i PR i stilisti i kompozitori.

Ja sam na taj način i došla do toga da snimam sa Valentinom. Jedan moj drug, Mario Čerhak, također muzičar i prijatelj Zije „Valentina", napravio je sa mnom naš prvi bend koji se zvao Casablanca.

Mladen Pavičić Pava, gitarista Plavog orkestra i braća Ćeremida su, mnogo prije Plavog orkestra, svirali sa nama. Mi smo jednostavno imali par proba i raspali se, ali je Mario rekao Ziji da ja dobro pjevam. Ostali članovi grupe, uključujući Pavu, bili su mlađi godinu dana od mene. U tim godinama, ako je djevojci 19, a muškarcu 18, onda se to smatra drastičnom razlikom. Meni su bili baš slatki i balavi. Ja sam se, nažalost, furala na starije muškarce.

Mario je bio navodno kockar, to sam kasnije saznala. Uvijek je bio ušminkan jer je išao u inostransvo da kocka pa je sebi mogao priuštiti modernu garderobu. Kao i većina, imao je mišljenje o svemu i svakome.

Crna kosa mu je bila zalizana brilijantinom, strogo new romantic look. Krasila ga je plavokosa supruga Koviljka koja je radila u pošti na Željezničkoj stanici kao šalterska službenica i ličila je na pjevačice londonske grupe Human league.

Mario je izgledao kao šesti član grupe Duran Duran. On je tipičan lik koji bi gluvario u „Olomanu", slastičarni u Titovoj ulici koja je bila jedna od glavnih mjesta u gradu za šminkere.

Slatka je to bila slastičarna, sa crno-bijelim pločama na podu koje su mi zauvijek ostale u sjećanju, a podsjećale su na naslovnu stranicu albuma Michaela Jacksona "Blood on the Dance Floor".

U „Olomanu" se obično pio kratki espreso i jelo žito sa šlagom. Mali prostor, ali su tu nove ljubavi počinjale, zabadali se noževi u leđa, dok si rekao boem kocka. U „Oloman" se uglavnom ulazilo sa gardom. Na vratima se već odmjere snage i ako nema nikoga od tvoje raje da se zakačiš kao davljenik, onda samo lagano preletiš preko zatečenih glava, odglumiš da si baš u nekoj frci, da moraš biti u „Liscu" ili „Muppetu" sa tom imaginarnom rajom koju si propustio. Dakle, emocije su tu uvijek bile pod kontrolom, pravili smo se Englezi i više od Engleza.

Mnoge sarajevske zvijezde bi tu svraćale. Jedan od njih je bio i Bregović. Pri ulasku su se srdačno pozdravljali, ili možda ne, jer je tu bilo i puno nesigurnog svijeta tako da bi, kad bi neko poznat izašao, rekli: "Vidi šupka", a čovjek,

možda, s glave nije bio šupak. Atmosferu „Olomana"
nabolje može da opiše pjesma Valentina – "Figure
voštane". Uistinu je bilo tako jer su svi manje-više bili kao
drvene Marije.

Sa Revijskim orkestrom RTV Sarajevo nastupala sam kao
prateći vokal 83. godine u Novom Sadu na takmičenju za
izbor pjesme Evrovizije za Jugoslaviju. U tom orkestru
svirao je Enes Bajramović gitaru i trombone. Mnogi slavni
muzičari su svirali u tom orkestru, kao na primjer Bodo
Kovačević iz Indexa i gotovo cijela postava iz
Ambasadora.

Te godine na Evroviziji je pobijedio Daniel pjesmom
„Džuli". Bebi Dol se takmičila pjesmom „Rudi", a Brena je
tek počela i predstavljala je TV Novi Sad pjesmom „Bum
Cile Bum". Brena je imala neku mini zlatnu haljinicu bez
leđa i visoke zlatne štikle. Ja sam visoka djevojka, a ona je
bila za glavu viša od mene. Bila mi je čudo. Bebi Dol mi je
bila tako suptilna i moderna da sam željela da budem Bebi
ako je ikako moguće. Bila je tako cool i taj svoj srpski je
pričala kao engleski tako da mi je to uvijek bio kuriozitet.
Kao da je razvila paralelan jezik svom maternjem, koji
bismo mogli nazvati srblish.

Moji idoli su bile Blondie, Kim Wilde, Kate Bush, Pat Benatar, Tina Turner, Janis Joplin.

Dakle, po toj nekoj vibracionoj frekvenciji sretosmo se Ipe i ja u ovoj dimenziji.

Sreli smo se poslije probe Dugmeta u „Park kafani". Ja sam pričala za nas oboje. Kao vodenica! Nasmijavala sam ga cijelu noć. Kad me otpratio do moje kuće, rekao je da za par dana počinju sa turnejama i želio bi da me vidi još jednom. Iz džepa je izvadio svoj ključ za bubanj i rekao da mi ga daje na poklon. Taj ključ za bubanj, moja mama je pronašla ratnih 90-ih u Sarajevu, zametnut u nekoj lijevoj fioci u našoj kući i sačuvala ga za mene.

Sreli smo se još jednom i još jednom. Uglavnom smo se ljubili i ljubili satima, ali sam ja bila nekako zakočena. Nisam mogla da se opustim. Moj mozak je radio 360 na sat i napetost nije popuštala.

Prvi put smo imali intimniji odnos kad je došao sa turneje. Moj problem je bila tenzija. Ipe je bio jako nježan muškarac. Međutim, očekivao je da se ja ponašam kao iskusna ljubavnica. Bukvalno nisam znala šta tačno da radim. Mučilo me je kako se upražnjava felacio. Nisam nikada vidjela porno film ili vidjela sliku kako se to radi, a često sam čula kako su se muškarci hvalili u studiju kako im je neka djevojka pušila.

Moja zakočenost je bila odraz sredine. Sarajevo je znalo biti jako klaustrofobično, baš zbog tračeva i pogleda koji su me pratili. Jer, živjelo se i ženilo, a stanovalo sa roditeljima gdje je soba mladenaca odmah do sobe roditelja.

A kad se zabavljaju te mlade Sarajlije, pitala sam se, gdje i kada mogu da uspostave intimnost.

Kad se govorilo o seksu, uvijek je to bilo neko "macho karanje" o kome bi naši frajeri govorili, prepričavali bi avanture koje su se dešavale po haustorima i sarajevskim budžacima. Daleko je to od "Sex and the City".

Pitanje koje me je neprekidno mučilo, osim koliki je zaista univerzum, je "Da li iko može da doživi orgazam u ovom gradu?".

Ipe mi je bio čudan, drugačiji od drugih frajera koje sam srela. Imao je šmek zvijezde, nečega misterioznog, nedokučivog.

Čak i fizički smo se perfektno uklapali kao IKEA namještaj. Bio je malo viši od mene tako da su nam se ramena, ruke i noge savršeno slagale. Mislim da je to bitno između dvoje ljudi, fizička skladnost i funkcionalnost.

Dolazio je i odlazio moj Ipe sa turneje za album "Uspavanka za Radmilu M." Bijelog dugmeta, a ja sam pomno čekala da mi se javi.

Obično bi to bilo oko 1 sat ujutro, na zaprepaštenje mojih roditelja. Moji roditelji su radili od 8 sati. Mama je bila profesor engleskog jezika, a moj očuh je bio pomoćnik predsjednika Republičkog komiteta za visoko obrazovanje, nauku i kulturu, danas ministarstvo.

Pitali su oboje: "Zna li taj mladić koliko je sati i da neki ljudi moraju da rade u ovoj državi, a ne samo da bubnjaju."

Meni je bilo beskrajno drago da ga čujem. Poslije koncerta Ipe bi volio da popije tako da je češće bio pripit kada me zvao. No, to mi nije smetalo.

Kad smo bili skupa, ponekad je pričao o svom iskustvu u zatvoru, kako su ga kontaktirali ženski fanovi i, kada bi mogao da izađe na par sati vani, izvodile i naravno željele da spavaju sa njim. Mnogi muškarci u zatvoru su bili frustrirani baš zbog toga jer nisu mogli doći do cura. Zato što su zatvorenici, oni nisu imali šanse. Ipe je mogao da izvede zatvorskog kompanjona sa sobom, pa mu je ta vrsta usluge, u kojoj on može namjestiti zatvoreniku seks, pomogla da ne bude maltretiran u zatvoru. Zapravo, nije ih on namještao, djevojke bi jednostavno, zaslijepljene Ipetovom slavom, i druga gledale kao zvijezdu. S kim si, takav si.

Dok je bio u Foči, imao je jak "fan klub". Djevojke su se utrkivale da ga izvedu. Bila je neka djevojka kod koje je otišao sa drugom iz zatvora. Navodno je djevojka imala gljivično oboljenje na nogama i vonj sa njenih nogu toliko je zaudarao da je jedva čekao da se vrati u Popravni dom. Ipe je govorio da je prvi put sa žudnjom razmišljao o povratku u Kazneno-popravni dom.

Kao zvijezda jugoslovenske scene Ipe je bio ponižen, odbačen i prognan u zatvor. Uvijek sam govorila: Nije teško biti u zatvoru, ali je teško biti sa zatvorenicima. Ta strahota zatvora se odrazila na Ipetovu psihu, što je sasvim razumljivo.

Goran Bregović često zna reći u intervjuima: "Isporučili su nam drugog čovjeka iz zatvora".

Pa, naravno, da je drugi čovjek jer je sigurno patio od post-traumatskog stresa. Osjećanje potpune srozanosti, ta nepravda, obavijena velom misterije, to je to što je mučilo i čučalo kao „sedmi putnik" u Ipetu. Goran Ipe Ivandić je malo pričao, nije bio razgovorljiv tip. On bi s vremena na vrijeme zašutio. I onda bi mi samo rekao "Uhvatile su me crne misli" i to je to.

Prvo, ta cijela namještaljka u kojoj je on bio kolateralna šteta. Koliko je ljudi učestvovalo da se taj nož zabije i da on bude strpan u zatvor?

Ko je poslao Amira Latića da ga hapsi?

Obično bi bila ispričana priča koja sada, iz ove perspektive, zvuči zaista nesuvislo.

Govorilo se kako je Amir Latić htio da se proslavi. Ali zašto?

To nije bio jedan ubod u toreadora na španskoj koridi. Ovaj Ipetov slučaj mi više liči na scenu kada rimskog imperatora izdaju svi senatori i svi, ama baš svi zadaju ubod nožem ispod kičme. Tamo gdje najviše boli.

Ipe mi je rekao kako ga je inspektor Amir Latić dočekao ispred kuće i želio da porazgovara sa njim. Ipe ga je pozvao u stan. Tada je stanovao sa svojom porodicom na Grbavici, mamom Mirom, tatom Josipom i sestrom Gordanom. Brat Tomo je već bio oženjen.

Ipe ga je primio u svoju sobu i inspektor A. Latić je prijateljski razgovarao s njim i predložio mu da mu kaže istinu i prizna pa ga neće reći mami i tati.

Ipe, da ne bi pravio neprijatnosti svojim roditeljima, priznao je da je imao nešto malo hašiša koji se nalazi u njegovom bubnju. Tog trenutka, kad je to izgovorio, inspektor je izvadio lisice i rekao: "Ti si sada uhapšen i idemo u policijsku stanicu". Kad su izašli iz sobe, Ipe i Latić, Ipe sa lisicama na rukama, njegovi roditelji su bili preneraženi. Tada je njegov tata Josip doživio prvi srčani udar.

Ipe mi je pričao koliko su u zatvoru čeznuli za ženama i kakvih je tu bolesnika bilo. Navodno bio je neki "bolesnik" čiji je posao bio da čisti klozete. On se sam predložio da to radi da bi skupljao upotrijebljene tampone od žena koje su dolazile u vizitu svojim muževima, familiji, momcima. Te tampone je čuvao ispod jastuka i hvalio se zatvorenicima da ga pali kad ih miriše.

Goran Ipe Ivandić je preživio zatvor i zatvorska poniženja jer je imao zaleđinu jednog zatvorenika po imenu Šojko.

Šojko je bio Sarajlija, stanovao je preko puta Muzičke škole. Krupan, visok, kršan, plav i plavook, zaista neko s kim mnogi ne bi na megdan izašli. U zatvoru je Šojko zatvorenicima bio Tito, a kao Sarajlija čuvao je i pazio Ipeta od napada i poniženja drugih zatvorenika. Nisam sigurna zašto je Šojko bio u zatvoru, možda pronevjera novca.

Kad je Šojko izašao iz zatvora, Ipe mu je uvijek želio izaći u susret. Mislim da je Šojko radio kao tehničar na turneji Dugmeta. Poslije je Šojko otvorio čajdžinicu blizu Hotela Evrope i brijao svoj film.

Te 1983. sam bila medijski veoma popularna u Sarajevu. Bijelo dugme je snimalo promotivni video za svoj novi album "Uspavanka za Radmilu M." i Goran Bregović me je pozvao i dodijelio ulogu u pjesmi „Polubauk Polukruži Poluevropom". Tu nije bilo nekog specijalnog skripta, čista improvizacija. Ipe se nije protivio ovome jer u Dugmetu, uglavnom, Bregović sve sam odlučuje. Ipe ga je zvao ŠEF. Eh, kad šef odluči, onda tu nema pogovora.

Ja sam, ustvari, prije poznavala Gorana Bregovića nego Ipeta. Poznavali smo se od ploče Valentina.

Trebalo je da budem "bavarska konobarica". Tada nisam imala pojma o geo-ekonomskoj politici. Zašto naziv "Polubauk polukruži poluevropom"?

Radnja se dešava u bavarskoj pivnici. Atmosfera tog video filma me je podsjećala na film "Limeni doboš" njemačkog reditelja Volkera Schlöndorffa i filma "Cabaret" režisera Boba Fossea sa Lizom Minnelli u kojoj Bob prikazuje rasklašenost Berlina u godinama pred Drugi svjetski rat.

U jednoj sceni se Goran Bregović jako uživio u improvizaciju i ne konsultujući se sa mnom dok smo plesali iza šanka, zgrabio me za ramena i gurnuo na pod. A on je ostao tako da stoji. Dok se film nije izmontirao, nisam imala pojma kako će to da izgleda.

Nažalost, u našoj kinematografiji žene su uvijek predstavljane u dva stereotipa.

Jedan arhetip je majka, a drugi arhetip je kurva. Režiseri su kod nas bili većinom muškarci. Mislim da su ti muškarci bili seksualno frustrirani. Mi to u Sarajevu zovemo nedojebani.

Da su mislili drugačije, ne bi naše žene prikazivali kao čistačice u halterima. Inače, kroz muziku sam otkrila da je to zaista muški svijet u koji ulazim, gdje je malo prostora za žene.

Ali, ono što odmah primjećujem gledajući taj video jeste Goran Ipe Ivandić čiji je svaki atom tijela fokusiran na moje usne i lice. S kojom strašću me je samo ljubio!

Sada, kada po hiljaditi put na YouTubeu pregledam video pjesme „Polubauk Polukruži Poluevropom", pitam se „šta je pisac htio da kaže" te 1983. godine. Da li je pisac znao za taj polubauk koji već kruži Evropom i koji će nas stići 1992. godine? Ili je to tek puka koincidencija.

Polubauk Polukruži Poluevropom-Bijelo dugme

ne pijem bevandu

čista voda

čisto vino

i pijan loše je

ali pripit to je bijedno

polubauk plukruži poluevropom

i zato ne podnosim petinge

do daske ili čedno

potucan loše je

al nedotucan bijedno

polubauk polukruži poluevropom
i zato

hej ni r'n'r
ne može sjedećke
mora stojećke
i glasno što glasnije
forte fortissimo
jako ili nikako

Taj video me je kasnije koštao karijere pjevačice u grupi
Zana. Kad je Zana napustila grupu onda su tražili
pjevačicu koja bi je zamijenila. Ipe je znao svirače iz Zane
tako da se susreo u Beogradu s njima i jako je želio da se
desi taj transfer. Ugovorili su susret sa mnom i Ipetom kod
Marine Tucaković. Poslije su rekli Ipetu da ja ne bih mogla
da budem njihova pjevačica jer sam nepodobna. Mislim, ta
cijela stigma koju sam i ja sa Ipetom nosila, djevojka
muzičara bubnjara koji je izašao iz zatvora, pa taj sex and
drugs and Rock and Roll nekako se ne uklapaju u njihov
moralni kodeks i u način na koji žele da se predstavljaju
javnosti (upeglana slika Zane).

Mislim da nas je baš sve to što sam nabrojala i činilo upečatljivim, nekako "REAL" R&R par bivše Jugoslavije. Na kraju krajeva, da sam kao tetka sjedila i heklala i pokoju pjesmicu otpjevala sa Zanom, moja biografija bi bila drugačija. Moj život definitivno piše romane.

Samo mala digresija, film „Cabare" sam obožavala i gledala bezbroj puta jer je film izašao 1972. godine. Liza Minnelli mi je bila uzor i ja sam silno željela da budem ta šašava djevojka. Nažalost, u tome sam zaista uspjela.

Trideset godina poslije toga sretnem svoga budućeg muža u Londonu i otkrijem da je on sin producenta tog filma.

Ima jedna poslovica u Engleskoj koja glasi: Budi oprezan sta želiš jer to se može i ostvariti.

No, vratimo se na 1983. i završetak turneje Bijelog dugmeta. Sjećam se, pozvao me Ipe da se vidimo. Mislim da je bio početak proljeća. Pozvao me u "Kineski restoran" u Sarajevu da mi nešto saopšti. Upravo se tada vratio sa prve turneje Bijelog dugmeta, njegova prva turneja poslije zatvora. Jako sam se radovala da ga vidim.

Kineski restoran se nalazio na obali, blizu kafane Estrada, dakle legendarna kafana čiji su vlasnici bili Raka (tada menadžer Bijelog dugmeta) i Perica (bubnjar Vatrenog poljupca). Ipe je uvijek birao čudna mjesta sastajanja. Hej, čuj "Kineski restoran", mislim jedini kineski restoran u kome se mogu pojesti dobri ćevapi ili pljeskavice. Što se tiče hrane, to bi bilo to, jer su samo to kuhali.

Sjedimo tako tu, ja pijuckam sok, a Ipe, odnosno Goran (ja sam ga tako zvala) votku u 1 sat popodne. I dok meni pogled švrlja po kineskim pejzažima na zidovima restorana, blagi miris roštilja se može osjetiti u vazduhu. Ipe mi, baš onako fino objasni, da bi želio da ima više vremena za sebe, ono po sarajevski: "Suviše te volim da bih bio s tobom!"

U mojoj duši brodolom, ali ja to ne pokazujem. Prije bih umrla nego pokazala da mi je krivo. U neku ruku sam i ja bila naivna da pomislim da mu baš ja mogu pružiti sav "excitement" koji je propustio dok je bio u zatvoru. Nogirao me!

U sebi sam to htjela da preživim po klasičnom sarajevskom sistemu "Ma, ko te šiša".

Ali kad legnem noću i sama sa sobom popričam, moje srce je tiho krvarilo i patilo.

Velika sreća u svemu ovome je biti mlad i vjerovati da je moj put do zvijezda utaban laticama ruža. Nažalost, kasnije sam otkrila da je staza veoma trnovita.

Uskoro, poslije tog nemilog događaja i na moju veliku sreću, dobijem poziv od Enesa Bajramovića da pjevam na turneji po Rusiji koju je organizirala Koncertna agencija iz Sarajeva. Tadašnji direktor agencije je bio Janez Tadić, suprug čuvene sarajevske balerine Gordane Magaš.

Već su bili okupili određene muzičare iz Sarajeva, Enes Bajramović – bas gitara, Selver Brdarić – pjevač, Damir Misirlić – klavijature, Nikša Bratoš – gitara, Goran Kovačević iz Teške industrije – vokal.

Još im je bio potreban bubnjar. Čujem od Enesa Bajramovića da su Ipeta kontaktirali i on je pristao da ide sa nama u Rusiju.

Jednog sunčanog proljetnog dana imali smo svi sastanak u kafani „Pošta", prekoputa Narodnog pozorišta da se dogovorimo oko repertoara i proba. Sunčan dan, a bašta „Pošte" blješti svježe ispeglanim stolnjacima. Kafana „Pošta" ima jednu veliku terasu i gleda u zgradu Pozorišta mladih. Nema nigdje nikoga, samo Ipe sjedi u ćošku i puši. Bila mi je frka da mu priđem, s obzirom na to da mi je nedavno objasnio da želi biti malo sam i da mu je potreban prostor. Mislim, nogirao me.

Ipe, kad me vidio, mahne mi rukom i kaže da sjednem. Ispriča mi kako je pristao da ide na ovu turneju. Tog jutra izgledao je kao da su mu sve lađe potonule.

Bijelo dugme je završilo sa koncertima i kad je otišao da ga isplate, maltene, nije ništa ni dobio.

Zoran Redžić mu je uzeo novac za razglas, zatim neki novac koji je Bijelo dugme platilo za njegove sudske troškove od prije odlaska u zatvor, elem, njemu nije ostalo ništa. Šta da kažem, bilo mi je žao da ga vidim u takvom stanju jer nije bio tip čovjeka koji bi vikao, udarao šakom od sto ili bio agresivan. On bi samo duboko uvlačio dim cigarete i jako mirnim tonom prepričavao tu situaciju.

Ja sam tek napunila 19 godina i nisam mogla da razumijem svu težinu i kompleksnost situacije. Osim toga, Goran Bregović mi je bio jako drag i družili smo se kad bih ga srela ispred „Olomana". Uskoro su nam se pridružili i ostali članovi grupe, tako da smo prekinuli konverzaciju i krenuli na malo laganije teme. Naše probe su dogovorene i mi smo dobili prostorije dvorane "Đuro Đaković" da vježbamo za koncerte u Rusiji.

U jednu ruku mi je bilo drago da i on ide sa nama na turneju, ali u drugu, malo mi je nelagodno jer smo raskinuli i baš mi je bila frka da budem u njegovoj blizini. Još mi se sviđao. U životu, nažalost, nemamo adekvatan prekidač da se isključimo iz neke situacije, pa da kažem „Eh, sa osjećanjima prema G.I. i ja danas završavam". Kako odglumiti da mi nije stalo?

Počele su probe, sretali smo se strogo profesionalno. Prostorija za vježbanje u dvorani „Đuro Đaković" je bila u suterenu. Savršena prostorija za probu obložena stiroporima. Bila je prilično mala, tako da je zaista bilo teško nekoga ignorisati. Nakon svake probe nastojala sam da se prva izgubim i nestanem u toplu sarajevsku noć. Obično bi završavali oko 9 ili 10 uvečer i ja sam se pretvarala da moram da se vidim sa rajom jer ja vodim ludo zabavan život. Ali, avaj, nisam nikuda išla:

a) Jer sam se morala vratiti kući,
b) Jer se ništa, ionako, nije dešavalo,
c) Jer onaj s kim sam ja htjela da budem nije htio biti sa mnom.

U to vrijeme ja sam se družila sa Dženanom Sudžukom i Jadrankom Petrović, tako da bih se uglavnom s njima viđala ili bi Dženana došla po mene na svom novom mopedu, provozala krug nakon čega bismo otišle kućama.

Zna biti u Sarajevu "gluho glamočko", ma čista dosada. Odlazila sam kući, a pred njim se folirala da sam ludovala cijelu noć.

Sada mogu da kažem koja greška, jer zbog nesigurnosti u životu kreirala sam izopačenu sliku o sebi i ljudi su sudili po tome. Željela sam da budem drugačija, voljena, da izgledam nepovrijeđeno, a stvorila sam sliku kod Ipeta da sam možda previše slobodna i promiskuitetna. Istina je bila sasma nešto drugo. Željela sam da budem odrasla, ali nažalost to nisam bila, pa je i sam seks koji smo imali bio dosta traljav.

Ja nisam mogla da se opustim jer možda nisam bila spremna da budem s njim, pa ni orgazmi koje sam odglumila, misleći da mogu dobiti Oskara za "performance", nisu pomogli. Ja sam bila premlada za sve to.

Iako sam u životu imala mnogo prijatelja i bila okružena mnogim ljudima, nekako sam se uvijek osjećala usamljenom. To, međutim, ima veze sa mojim djetinjstvom, mojim odrastanjem.

Sjećam se kako sam kao mala danima čučala i krila se ispod stola kad bi me odveli kod maminog brata da me pričuvaju on i njegova supruga.

Ja sam rasla sa djedom, nenom i tetkicama. Kad je nena završila u bolnici na Ilidži, mene nije imao ko da čuva jer su svi radili. Moja mama je studirala u drugom gradu.

A onda bih, ponekad, u dvorištu moje nene, u bašti koje se sjećam da je bila kao rajski vrt, usred ružičnjaka i zumbula, ja postavila klupicu, stala na nju i pjevala glasno da me cijeli komšiluk čuje.

Često sam se sama igrala, iako sam imala prijateljice kod kojih bih odlazila da se družimo. Razvila sam taj neki drugi svijet u svojoj glavi, neke imaginarne prijatelje.

Bio je kraj 60-ih godina kad sam čula za Beatlese, a u džepu sam nosila sličicu glumca koji glumi Petra Pana, apsolutnog heroja mog djetinjstva.

I ja sam željela da se popnem na prozor noću i da poletim iznad krovova zgrada moje zemlje "Nedođije".

KLJUČ 5

Zaboravi ako možeš

SSSR -1983.

Tekst pjesme - Bijelo dugme

Gdje da kreneš u ovo strašno doba, nemaš gdje,

Sama u tom haljetku cirkuske jahačice.

Milijun rubalja za tvoja glatka ramena,

Daj, makar ne varaj ovog anđela na dlanu,

Zaboravi, ako možeš.

Zaboravi,

Zaboravi,

Ako možeš….

Kaže pjesma Bijelog dugmeta sa albuma „Uspavanka za Radmilu M.".

Iz geografije sam učila da je Rusija ogromna zemlja, ali sam tu činjenicu jako brzo i iskusila. Koncerti su nam bili raštrkani po raznim stranama Sovjetskog Saveza tako da smo često putovali lokalnim avionima Aeroflota.

S obzirom na to da su razdaljine između gradova velike, avionski prevoz u Rusiji je bio kao kod nas autobuski. To su bili džombasti avioni, funkcionalni, prevozili su sve i svašta od hrane, životinja, putnika, građevinskog materijala, vršili zaprašivanje iz vazduha. Naravno i stjuardese su bile sukladne estetici aviona, snažne žene, krupne, stamene.

Kad bi se putnici ukrcali, onda bi stjuardesa aviona zatvorila teška, metalna vrata. Zato je stjuardesa Aeroflota morala imati snažne ruke kako bi mogla da barata tim polugama na vratima koja moraju biti hermetički zatvorena.

U avionu, naravno, samo red, rad i disciplina.

Nije bilo dopušteno šetkanje po kabini, osim odlaska u toalet. Ubrzo sam otkrila i zašto.

Nakon polijetanja, kada bismo već bili u zraku, odjedanput bi dim počeo da kulja sa strana aviona, tako da nisi mogao ni prst da vidiš pred sobom. Ipe je fantazirao kako bi trebalo da imamo seks u toaletu aviona, ali taj plan je pao u vodu iz dva razloga.

1) Taj dim koji je kuljao,
2) Nije bilo šanse šetkati se pored budnog oka stjuardesa.

To naviranje dima izgledalo je kao kada na bini postave dimnu zavjesu. Čitanje u avionu apsolutno nije dolazilo u obzir. Kad bi se dim slijegao, cijeli avion sa putnicima mi je izgledao kao neka mizanscena sa rock koncerata.

Poslije Sočija sam uglavnom sjedila sa Ipetom, stalno smo se cmakali i bukvalno bili kao sijamski blizanci srasli u području karlice. Naravno, takvo ponašanje je bilo popraćeno podignutim obrvama naših stjuardesa koje su imale u opisu radnog mjesta i „sprečavanje nemoralnih tendencija socijalističke mladeži".

Poslije te zavjese čeznula sam za malo vode, ali u avionu su nudili samo sok koji je bio u staklenim bočicama sa naljepnicom naslikanog dječaka koji je ličio na Pinokija, a piće se zvalo Borutinko.

Borutinko je imao okus acetona, odstranjivača laka za nokte. Pitala sam se iz koje laboratorije je ovaj napitak izašao. Ali, sjedeći pored Ipeta meni ni Borutinko nije smetao.

Koncertna agencija Rusije nas je, uglavnom, prevozila avionom. Samo ponekad smo putovali autobusom. Volođa nam je rekao razlog zašto putujemo autobusom po 10 sati do sljedećeg grada gdje se treba održati koncert. Avion bi prelijetao njihove vojne baze i to nije bilo nešto što bismo mi trebali vidjeti.

Već sam rekla da smo sumnjali da naš "Sopravaždavajući" Volođa radi za KGB, ali je Volođa isto tako sumnjao da neko iz naše grupe radi za Državnu bezbjednost Jugoslavije. Njegove sumnje su bile pale na mene.

Ja sam nedavno završila Prvu sarajevsku gimnaziju i jedan od mojih omiljenih predmeta je bila geografija.

Ponekad bih šokirala Volođu svojim širokim znanjem industrijskog razvitka u Rusiji. Zato me je Volođa prozvao Mata Hari. A ja sam se više htjela praviti pametna i impresionirati Volođu svojim podrobnim poznavanjem industrije u Rusiji.

Tako su, nažalost, sve činjenice išle nekako protiv mene, da sam ja baš ta osoba.

Te godine moja mama je pohađala kurs u Engleskoj (The British Council Summer School course on Practical Approaches to English Teaching in Chester). Sjećam se da je cijelo ljeto provela tamo.

Mama je prije mog odlaska u Rusiju otišla u Englesku, tako da nismo bile u kontaktu otkako sam ja otišla u Rusiju. Tada nije bilo mobitela i nije se moglo tako lako komunicirati. Ja nisam bila na stalnoj adresi u Rusiji jer smo mijenjali gradove. Nakon izvjesnog vremena, sjećam se bio je Rostov na Donu, mama mi je jako nedostajala. Osjećala sam se jako usamljeno među svim tim muškarcima. Ipe je provodio vrijeme između Gorana Kovačevića, mene i ostalih članova benda.

Rostov na Donu najvećim dijelom leži na desnoj obali rijeke Don, na lijevoj obali su neka od industrijskih postrojenja i mjesta za zabavu, a na jugozapadnom rubu grada je delta rijeke Don.

Dugo mi je trebalo da ugovorim poziv iz Rusije za Englesku. Vološa je preko recepcije u hotelu u kome smo odsjeli organizovao taj poziv. Inače, hotel je bio zadnja riječ socrealistične arhitekture i smješten u centru grada. Prošlo je mjesec dana otkako se nisam čula sa mamom.

Napokon, ja sam u svojoj sobi, držim slušalicu telefona i čujem kako recepcioner bira Englesku. Čuje se krckanje sa telefonske mreže. U to doba telefoni su bili crni klasični ili krem boje. Napokon, mogu da čujem ring... ring - dugi pozivni signal. Sa druge strane čujem svoju mamu. Toliko sam bila sretna i oduševljena, ali kako u nekoliko riječi ispričati sve utiske iz Rusije, a posebno situaciju sa Ipetom. Tek što smo razmijenile nekoliko riječi, prekinula se veza. U početku razgovora mogao se čuti eho, tako da svog sagovornika nisi mogao čuti kako treba.

Ja sa ove strane urlam: „Halo, halo, mama, da li me čuješ?"

A moja mama sa druge strane: "Halo, Amila, da li me čuješ?" Ja sa druge strane potrđujem „Da, da, čujem te!" i prekide se veza.

Muk... ništa, nestade.

Ja još uvijek urlam: „Mama, halo, halo...halo!" Ništa. Spustim slušalicu i brže, što najbrže mogu, pješke 10 spratova niže, brzinom svijetlosti do recepcije da provjerim šta se desilo. Zašto je veza prekinuta?

I krene objašnjavanje sa recepcionerom. Naravno, na ruskom. Poslije satak raspravljanja razumijem o čemu se ustvari radilo.

On mi je govorio da je traka istekla i zato je veza prekinuta.

Dakle, u čemu je bio problem? Da bi u Rusiji pozivi išli internacionalno ili nacionalno, ili u mom slučaju – da bi stranac iz Rostova na Donu pozvao Englesku, rasadnik MI5 i MI6 špijuna, poziv je morao biti registrovan na magnetofonsku traku jer tada nije bilo digitalne tehnologije. Bila je to 1983. godina.

Jednostavno, traka je istekla. Ta magnetofonska traka koja nas je snimala potrošila se. I nisu imali novu traku da bi snimili razgovor.

Poslije svakog koncerta gomila djevojaka je proganjala naše muzičare, a oni se nisu tome ni protivili. Goran Kovačević bi u svojoj sobi organizovao derneke i pozivao Ipeta da mu se priključi. Ja sam bila polusvjesna šta se tamo dešava. Goran Kovačević se hvalio da mu je omiljeni pisac Marquis de Sade.

Marquis de Sade je bio francuski aristokrata i književnik. U svoje vrijeme je bio poznat po seksualnim skandalima, a kasnije po opisima specifičnih seksualnih perverzija, kao i mračnim stranama ljudske ličnosti. Marquis de Sade, koji se odao raskalašnom životu dokonog plemića, angažirao je glumice i prostitutke da učestvuju u njegovim bahanalijama. Tako je i naš Goran Kovačević proživljavao u Rusiji knjigu "Procvat poroka" dotičnog pisca.

Ipe bi odlazio kod G. Kovačevića, ali bi se vraćao meni u toku noći.

Ja sam uglavnom bila utučena jer sam znala da ima seks s tim djevojkama i da se tu dešavaju jako čudne stvari. Ipe bi govorio da on to mora da radi da bi meni vratio bol koju sam ja njemu nanijela. Stalno je sumnjao da sam ga prevarila.

Amila – Hej, pa kad sam te prevarila?

Čekaj da se prisjetim – pa, prevarila sam ga u onoj pauzi kad me je nogirao, dakle, tako on misli.

Kad mi je u Kineskom restoranu u Sarajevu rekao da ne želi da bude sa mnom pa do trenutka kad smo se ponovo "skontali".

Tražio je iznova da mu nabrojim sve muškarce sa kojima sam do njega spavala.

Goran Ipe Ivandić – Da li si s tim i tim?

Amila – Ne, nisam!

Goran Ipe Ivandić – Onda, s kim TAČNO? Reci mi, ja moram da znam! Tako smo se ukrug vrtili i to bi trajalo satima. Ja bih se branila, a on bi me ispitivao.

Na Balkanu postoji jako čudan fenomen, a to je da muškarci između sebe vole prepričavati s kim su bili ili bi kao dušebrižnici, ako već oni nisu spavali s nekom djevojkom, poradili na tome da uprate s kim je ta djevojka bila i da prenesu to "jaranu".

U tom mejdanskom razvijanju gardova i muškom odmjeravanju snaga voljeli bi i poniziti protivnika ili nekoga ko je baš faca, a jedan način je da kažeš "Karao sam ti koku" ili „ Karao sam mu ženu". Koristili bi taj nedžentlmenski šah-mat kojim bi htjeli totalno da poraze drugog frajera iz ko zna kojih patoloških razloga. Žene su u tome svemu više bile kolateralna šteta i kako bi kao žene preživjele taj žestoki mačizam, one su morale konstantno da se brane i da razvijaju odbrambeni mehanizam, tj. da i one budu frajeri. Zato su ponekad žene bile krajnje grube. Morale su da zašilje svoje trnje kako bi mogle da požive u takvoj areni likova.

Bez ikakvog pretjerivanja, ovo me je, uistinu, činilo jako konfuznom.

Rekao mi je da mu je Goran Kovačević pričao da sam spavala okolo. Zna on!

Onda bih ja odgovorila – Pa, kako to Goran Kovačević zna? Ja se s njim nisam družila!

Do Ipeta nisam znala da Goran Kovačević uopšte postoji na mapi.

Osjećala sam se kao "Monarh" rob, nad kojim se vrši programiranje uma. Jer te Ipetove preljube, zabrijavanje i dernečenje sa Goranom Kovačevićem, pa ponovno vraćanje meni, pa to ispitivanje, činilo me je emocionalno dezorijentisanom. Naravno, u toj situaciji u kojoj sam bila, izolovana u Rusiji, sama, nisam bila u potpunosti svjesna šta se dešava. Premlada i nezrela da se nosim sa kompleksnom ličnošću Gorana Ipeta Ivandića.

Nažalost, još nije bio napisan priručnik "Kako se zabavljati sa rock zvijezdom i šta očekivati u takvoj vezi". „Svaki rob iz programa Monarh postoji u novostvorenoj realnosti, a kako se kroz nju kreće zavisi od programera." (iz knjige „Monarch Programming")

I tako sa otvaračem Gorana Kovačevića otvorismo još jednu konzervu "gnjilih crva".

Zaista, niko u našoj grupi, ama baš niko, ni Damir Misirlić, ni Nikša Bratoš, ni Enes Bajramović, ni Selver Brdarić, nisu bili raskalašni kao Ipetov drug Goran Kovačević.

Svi ovi koje sam nabrojala zazirali su od Kovačevića zbog toga. Nekako su me ostali članovi benda žalili zbog svega toga i bili su na mojoj strani.

Ja sam satima pričala sa Damirom Misirlićem. On mi je bio najbliži od te raje. Damir je htio da mi pomogne, ali ni on sam nije znao kako. Ima jedna fotografija iz Rusije, nisam sigurna koji je to grad, malo mi liči na Moldovu. Na fotografiji, sa jedne strane stoji Kovačević, obgrlio je lijevom rukom Selvera Brdarića, a ispod Kovačevića čuči Ipe i ruka Kovačevića leži čvrsto na ramenu "Ipca" ili "Kumašina", kako ga je zvao. To ozareno lice Kovačevića koji je u apsolutnoj kontroli i u blizini svog Kumašina govori jednu stvar, barem meni. Sa druge strane stojim ja, odmah iza Enesa Bajramovića koji sjedi na tom zidu fontane na kome smo se slikali, a sa moje lijeve strane Damir Misirlić stoji i dobro se naslonio na mene jer smo slične visine, malo sam niža od njega i odlična da se malo rukom osloni na mene. Dakle, ono što meni ta slika govori, taj govor tijela koji nikada ne laže, to ozareno lice Kovačevića je da je već šape umiješao između Ipeta i mene. Ja sam u životu imala dosta tajnih neprijatelja, a jedan od njih je bio Kovačević. Vjerovatno se sada onaj koji čita pita kako je to moguće, ali nažalost, moguće je. Moj ulazak u Ipetov život za njega je značio da će manje vremena provoditi sa Ipcem, a Ipe mu je itekako potreban u muzičkim sferama. Zato je i organizirao te bahanalije u svojoj sobi da Ipeta na svaki način otrgne od mene. Sve mu je bilo uzalud. Ipetova osjećanja prema meni postajala su sve dublja i dublja.

Uz sve to, ja sam na bini zabavljala publiku iz noći u noć.

Doživljavala sam ovacije kad bih završila sa svojim blokom pjesama. Na binu su dolazili ruski mladići, stariji i mlađi, sa prekrasnim buketima cvijeća. Onako visoki, podsjećali su me na likove sa ruskih socrealističnih postera. Snažnih ruku, svježe preplanulih sa ruskih kolhoza, tako sam ih doživljavala. Donosili su mi bukete cvijeća na binu da mi iskažu poštovanje.

Zamišljala sam ih kako skidaju netom osušene košulje sa štrika i kao dio rituala pred koncert peglaju, pažljivo se briju i dotjeruju za taj jedan prozor iz svijeta koji im je došao taj dan u grad da razbije monotoniju njihove svakodnevnice. Dugotrajni aplauzi kojima bi propratili moje pjevanje bili su mi pokazatelj da sam uspjela da unesem veselje u njihove živote te noći, toga dana.

Volođa mi je danima pričao o svome momku koji će nam se kasnije priključiti. Zvao se Oleg Rudenčenko. Koliko sam mogla da shvatim, Oleg je Volođi nanosio razne ljubavne jade. Bio je dosta mlađi od Volođe, visok, lijep kao da je išetao iz Labuđeg jezera direktno u Volođin život. Studirao je na Likovnoj akademiji u Lenjingradu, odnosno Sankt Peterburgu. Htio je postati modni dizajner. Ja sam se složila da bi Oleg trebao da ide u Pariz kod Diora, ni manje ni više, ali bio je tu jedan veliki tehnički problem. Iz Rusije se nije moglo putovati na Zapad. Volođa mi je pričao o Rudolfu Nurejevi i Mikhail Nikolajeviću Barišnjikovu, dvojici poznatih ruskih baletana koji su pobjegli na Zapad. Poznavao je Volođa Barišnjikova ili Mišu, tako ga je zvao. Sjeća se kad je pobjegao u Kanadu 1974. godine. Miša je bio Litvanac iz Rige koji je u dobi od 11 godina primljen na Vaganovu baletnu akademiju u Lenjingradu, sada Sankt Peterburg. Kasnije je postao član Kirov baleta. Volođa ga je jako dobro poznavao jer je radio za Koncertnu agenciju Lenjingrada čak i u to vrijeme. Kad je ovaj raspalio na Zapad, svi koji su bili oko njega bili su saslušavani od policije. Pokušavali smo da smislimo način kako bi Oleg mogao da dostavi svoje radove Dioru u Parizu, a onda bi Dior mogao da urgira i pozove Olega Rudeshchenka u Pariz legalno. Razbijali smo glavu kako to da organizujemo.

Goran Kovačević je uzeo crteže Olega Rudenshcenka, odnosno Rudija kako bi on lično te crteže uručio Dioru, kad se vratimo u Jugoslaviju.

Paklen plan, nema šta!

Pita me jedan dan Volođa da li imam neku haljinu koju bih željela prodati. Recepcionerka hotela me je vidjela u jednoj plavoj haljini i pitala preko Volođe hoću li je prodati. Nakon turneje trebalo je da budemo isplaćeni, jednog od zadnjih dana u Moskvi. Ja sam tada zaradila na turneji cijelu godišnju platu dobro plaćenog Jugoslovena, ali nisam imala novac za džeparac i odlučim se da prodam tu haljinu za koju sam dobila veliku sumu novca za ruske prilike.

Volođa, zajedno sa Rudijem, odnese haljinu kod recepcionerke. Međutim, nakon par sati ja shvatim da sam pogriješila. Ipak je to moja omiljena haljina, specijalno dizajnirana za mene jer sam je nosila na maturskoj zabavi.

Idem do Volođe da ga zamolim da ode do recepcionerke i traži haljinu nazad, a ja njoj vraćam novac bez ikakvih problema. Stiže Volođa nazad zadihan. Nemoguće, nemoguće! Pitam zašto. Haljina je već završila kod lokalne šnajderice u Rostovu na Donu. Šnajderica ju je isporila po šavovima da je proširi jer je djevojka koja ju je kupila nosila veći broj nego ja.

O, neee, moja prekrasna haljina od organza svile pastelno plave boje... zauvijek je ta maturska haljina kao balon odletjela iz moje ruke.

Nažalost, to nije jedini balon koji je poletio iz moje ruke. Kasnije sam ih imala pregršt koji su poletjeli i iščezli zauvijek.

Ruta na kojoj smo imali koncerte u Rusiji je bila tako organizovana kao da ju je neko iz Lenjingradske koncertne agencije pravio na LSD tripu. Putovali smo gore-dolje, u cik-cak. Ako smo u Sočiju, onda bismo trebali da idemo u Odesu, jer su oba grada južno i na moru. Ne, mi smo putovali iz Rostova na Donu u Moldaviju.

U Moldaviji je bio apsolutni raspašoj, što od publike, što od Ruskinja koje navaljuju na mog Ipeta i ostale muzičare.

Republika Moldavija je kontinentalna država u istočnoj Evropi. Graniči s Rumunijom na zapadu i Ukrajinom na istoku. Glavni grad je Kišinjev. Prvo, naš nastup je u malom mjestu Černoveci, pa onda u Kišinjevu. Volođa nam saopštava da je koncert jako važan jer će prisustvovati lokalni političari i generali, tako da bi trebalo da se prikladno obučem za taj koncert. Mislio je na haljinu do koljena i jako decentno oblačenje za nastup.

Mini suknje su bile moderne u to doba, a ja sam nosila najminimalniju mini suknju ikada dizajniranu. Ipe je nazivao te moje suknje "omotačima za bubrege" jer su bile tako malene.

Volođa ne odustaje od prijedloga da nosim decentnu haljinu te večeri za koncert. Nažalost, moja najdecentnija haljina je ostala u Rostovu na Donu i ja nemam ništa konzervativno da obučem. Osim toga, kažem Volođi da i ti lokalni političari i generali sigurno vole da vide noge zgodne ženske.

Na to mi Volođa kaže kako bi direktorica "Koncertne agencije Lenjingrad", izvjesna Natalija Ulijanova, davala savjete umjetnicima. Trebalo je da se djevojke oblače decentno.

Jedna „socijalistička djevuška" ne može da nosi tako kratke suknje, nego suknje dužine ispod koljena, tako da jedino nakon vjenčanja mužu može pokazati gornji dio noge.

Mi smo za Rusiju tada bili strogi Zapad što se tiče mode i muzike. Jugosloveni su mogli slobodno da putuju i naš dinar je bio dosta jak. Sjećam se da je mama sa mojim očuhom putovala često po Evropi. I ja sam s njima još 70-ih godina putovala u Pariz, Beč, Minhen itd.

Bili smo izloženi zapadnom utjecaju USA i Engleske. Na našim ulicama u Jugoslaviji mogla su se vidjeti savremena kola: Mercedes, Volkswagen, a u Rusiji samo ruska kola Volge, Moskviči, Wartburzi, Trabanti. Njihove ulice tih ranih osamdesetih su izgledale kao da sam ušla u vremeplov, kao da su stali u 50-im, a mi smo u poređenju s tim bili teška Amerika.

Građani Jugoslavije su sebi mogli priuštiti dobra kola. Sarajevo je bilo puno Golfova jer je tu bila i tvornica. Međutim, moj očuh, Mehmed Kurbegović, iako je bio republički ministar za visoko školstvo i kulturu, iz ideoloških razloga, vozio je strogo WARTBURGA jer je proizvod iz socijalističke zemlje.

Sjećam se, kad smo putovali jedno ljeto od Sarajeva do Beča, pa kad bismo raspalili po autocestama Zapada, svako bi nas živ preticao. Naravno, Mercedesi su nas šišali dok si rekao keks, a moj očuh bi ponosno sjedio iza volana svoga Wartburga boje trule višnje i meni i mami govorio:

„Pogledajte kako fenomenalno vozi ovaj Wartburg. Ma, to je istočni Nijemac napravio." Mi smo uglavnom vozili brzinom mrava. Meni je bilo blam što sam u tim kolima i čeznula sam za nekim Mercedesom ili Golfom. Očuh je radio u Izvršnom vijeću BiH, kad su čak svi portiri vozili Golfove i sugerisali mom očuhu: "Pa, Kurbegoviću, zašto ne nabavite neka normalna kola? Vi ste funkcioner, za ime boga!"

Kao tinejdžera, taj me je Wartburg jako mučio.

Sjećam se, ako bih stajala sa svojim društvom iz škole, a moj očuh prošao u Wartburgu, ja bih se pretvarala da ga nisam primijetila. Jednom, kada smo poslije škole sjedili na jednom zidiću, a nama ususret ide moj očuh, vozi Wartburga, ja sam brže-bolje zalegla da me ne vidi, a ova raja koja su sa mnom stajala kontala su sigurno "Šta joj bi?".

Ali, da se vratimo Moldovi.

Te noći u Černovcima, gradu koji je na samoj granici sa Rumunijom, kao što je Volođa rekao, u publici, u prva dva reda, sjedili su generali sa suprugama. Poprsja njihovih uniformi bila su dekorisana raznim vojnim priznanjima.

Sljedeća dva reda iza generala bila su prazna, a tek iza ta dva reda sjedila je publika. U publici je bilo dosta mladog svijeta, ali sa strana se vidjelo žešće policijsko obezbjeđenje. Kad smo počeli da sviramo, ovi mladi su se digli na noge da plešu, međutim, ubrzo su im redari koji su stajali sa strane naredili da sjednu.

Ja sa bine to sve pomno pratim.

Kako sam pratila šta se u publici dešava, a usto sam se i rasplesala po cijeloj bini, nakon muzičkog uvoda koji je trajao dva kruga, propustila sam upad "na prvu" da počnem pjevati, što znači da su muzičari morali još jedan krug odsvirati da bih ja upala s pjesmom.

Plešem ja tako na bini u Černovcima, ali kako kažu kod nas "ni brige, ni pameti", kad iznenada, osjetim bol i primijetim palicu bubnja koja je proletjela kroz moju kosu i sa čuperkom plave kose (moje kose) zabila se u zvučnik koji stoji sa strane bine.

Ipe bukvalno pjeni iza mene i vrišti "Počni pjevati, papanko!". Poslije je on te palice kojima me gađao nazvao "zaslužene vaspitno-popravne". Tokom koncerata Ipe bi često znao da me gađa palicom ako bih prekasno ili prerano počela da pjevam. To ga je užasno nerviralo, a ja bih ponekad namjerno to radila, samo da ga izbacim iz takta. To je bila osveta za preljube sa Ruskinjama.

Ponekad, ponesena muzikom, ja bih se rasplesala na bini i razvila svoj stil. Skakala bih na podij sa bubnjevima, a onda odskakutala sa lijeve na desnu stranu izvodeći piruete u zraku, tako da me je Volođa prozvao jugoslovenska Maya Pliseckaja, čuvena balerina Kirova, dok je Ipe strahovao da ne polomim noge i završim u njegovim timpanima.

Tek što se koncert završio, iza bine smo ugledali dvojicu policajaca koji su došli da traže dva člana našeg benda, Nikšu Bratoša i Damira Misirlića. Željeli su sa njima da razgovaraju.

Zašto - pojma nemamo.

Navodno je njihova garderoba završila na nekoj pijaci i neko ju je stavio u prodaju, objašnjavaju policajci.

Taj dan Nikša i Damir su oprali farmerke i objesili ih da se suše na hotelskom balkonu. Dok smo mi imali koncert, lokalni mangupi su ih ukrali sa balkona i prodavali.

Elem, ostadoše Damir i Nikša kraći za scensku garderobu. Kroz prozor svlačionice sam vidjela barem tridesetak djevojaka koje su mahale našim momcima i koje su željele da se popnu kroz prozor u naše svlačionice.

Nakon koncerta smo otišli direktno u hotel na večeru. Od Gorana Kovačevića i Ipeta ni traga ni glasa. Ipe me je prije toga zamolio da mu organiziram neku hranu i rekao da će doći po mene kasnije.

Kaže mi Damir: „Eh, pa da i ovo vidim. Pripremaš sendvič momku koji ide da kara."

Kad si mlad, lud i zaljubljen, tanka je linija koja graniči između zdravog razuma i ludila. Možda to i nije slučaj kod drugih parova, ali u mom slučaju, naša ljubavna veza je definitivno bila postavljena na jako čudnim postulatima.

Potvrda svega toga je i sljedeća situacija. Naravno da smo proveli još jednu noć zajedno, kad se Ipe pojavio i govorio da on samo mene voli i da to što derneči sa Goranom Kovačevićem ne predstavlja nikakvu prepreku onome što on osjeća prema meni.

Ipe: "Jer ja tebe volim, a njih ne volim."

Ljubimo se tako ujutro i ja promatram svaku dlačicu na njegovoj obrvi sa puno ljubavi. Svaki milimetar njegovog lica za mene je nešto najljepše što sam do tada vidjela. I tako, dok ja pomno studiram njegovo lice, vidim na desnoj obrvi neku malu crnu kvržicu koja se pomjera.

Jako sam vrisnula i odbacila se kao bumerang na drugu stranu sobe.

„Pa, kretenu, napale su te picajzle!"

Trčala sam po Moldovi od apoteke do apoteke da mu nađem cinkovu mast da se riješi te napasti. Nisam htjela da pričam s njim, samo sam tražila tu kremu. Na svu sreću, poslije detaljnije inspekcije ispostavilo se da je to bila samo jedna bubica u njegovim obrvama, što nije bio slučaj sa Goranom Kovačevićem koji je u svojim obrvama nosio "cijelo etno-selo picajzli".

Kad sam ga vidjela, uočila sam da taj mali roj bubica preskače sa desne na lijevu stranu njegovih obrva.

Eh, tako im i treba! Mislim ja u sebi mudro.

Jedna od ljepših sala u kojima smo svirali do tada je bila u Kišenjevu. Barokni balkoni u sali su ličili na kolačiće koji vise sa zidova sale, a naše prostorije za presvlačenje su bile budoari, a ne svlačionice. Svaka svlačionica je imala klavir, a neke su čak imale koncertne klavire.

Hotel u kome smo bili smješteni je čuveni Hotel Kišenjev (Chisinau), ogromna zgrada hotela je smještena u samom centru grada. Vjerujem da je zgrada građena početkom 19. stoljeća, sa prostranim hodnicima i crvenim tepisima. Nedavno sam gledala film „Budapest Hotel" i hotel u filmu me podsjetio na Hotel Kišenjev.

Atmosferu i estetiku hotela ja sam doživjela pomalo surealno, baš kao što je i taj film, mada je arhitektura hotela Kišenjev više simbioza art deco i nekih primjesa neo-socializma.

Kad smo prolazili pored recepcije na putu do koncertne dvorane, vidjela sam grupu malih ljudi koji čekaju pred recepcijom sa svojim malim koferima. Bili su baš patuljasti ljudi. Do tada nikada nisam nešto tako vidjela. Pitala sam Volođu ko su ti ljudi.

Onda mi je Volođa objasnio da u Sibiru postoji rasa koja je tako mala, a zovu se Čukči. Malo je reći da sam bila zaintrigirana tim podatkom i onim što sam vidjela. Kad nisam mislila o ljubavnim jadima sa Ipetom, moje misli su letjele u Sibir i razmišljala sam o tim malim ljudima. Hej, hej, nije šala, pa, mislim ja, kolika je ta Rusija zemlja da ima i takvu rasu.

Iz Moldavije smo krenuli opet prema jugu. Put nas je vodio prema Odesi. Čudni su putevi gospodnji. Ovaj put morali smo odrapiti više od devet sati autobusom, jer smo zaobilazili ruske vojne baze koje nisu bile za naše oči, kako mi je Volođa to objasnio. Pitam se da li sam ja možda doprinijela ovakvom načinu transporta propitujući Volođu o geografiji i rasama u Rusiji pa sam mu bila sumnjiva?

Meni nije ni to ništa smetalo, jer smo Ipe i ja bili u ljubavnom zagrljaju sve vrijeme vožnje, tako da je i ta nekomforna autobuska fotelja bila kao savršena fotelja najluksuznijeg aviona. Mi smo oboje visoki, dugih nogu, a razmak između sjedišta koja su ispred nas nije bio baš širok, tako da su nam koljena bila u visini vratne jabučice punih sljedećih devet sati.

Ipe nikada nije mirno sjedio, njega je ritam uvijek nosio. I kad bi sjedio, cupkao bi nogom ili rukama svirao po mojim nogama. Moja koljena je koristio kao činele, a butine kao timpane.

Non-stop je svirao po meni, a ja sam uživala. Tako je u tom autobusu od Moldove do Odese odsvirao čitavu kompilaciju albuma Led Zeppelina. Ipe je obožavao Johna Bonhama, bubnjara grupe Led Zeppellin, kao i ekscentričnog Keitha Moona, bubnjara grupe The Who.

Na mojim nogama je demonstrirao različite načine sviranja bubnja ovih legendarnih bubnjara tako da bi nekada zabrijao kao Ginger Baker, bubnjar čuvene UK grupe Cream. Ginger Baker je imao poseban način sviranja bubnjeva, jazz pomiješan sa heavy metalom, sa primjesama afričkog načina sviranja. Stil možemo nazvati jazz fusion heavy metal - tako da bi tu Ipe usitnio udarce na mojim nogama i ako sam i imala gram celulita, ovim načinom sviranja vjerujem da je razbio svaku molekulu celulita na mojoj nozi.

Tada mi je rekao da bi htio da se vežemo brakom kad se vratimo u Jugoslaviju i da bi htio da imamo bebu, ni manje, ni više. Bio je jako nježan prema meni, strastven, drag i mio.

Ja sam to pratila razrogačenih očiju, prijalo mi je da to čujem i samo raspirivalo još veći žar kojim sam ga voljela.

Moja ljubav je bila neiscrpna i često me pitao koliko ga volim, odnosno koliko je velika moja ljubav. Kao sva mora, kao svi okeani, kao cijeli kosmos, eh, toliko te ja volim. Zurili smo u lice jedno drugom kao dva patetična balavca i kad bih ja pomno gledala njegovo lice, Ipe bi samo prokomentarisao... bezgranično. Navukli smo se bili jedno na drugo kao na heroin.

U Odesi smo svirali u ljetnjem koncertnom amfiteatru. Ostala mi je u sjećanju Odesa po plavo-bijelim mornarskim odijelima jer je grad vrvio od ruskih mornara. Međutim, Odesa mi je ostala u sjećanju po još nečemu.

Ljetnja koncertna dvorana bila je dupke puna kao i ostali koncerti na kojima smo nastupali za vrijeme turneje. Vreline u Odesi te godine bile su nesnosne. No, ni vreo vazduh nije me sputavao da skakućem po bini kao olimpijska gimnastičarka. Kada se koncert završio, na desetine ruskih djevojaka stajalo je ispod naših prostorija za presvlačenje. Prozori su bili širom otvoreni, tako da su se neke već penjale da uđu u naše prostorije gdje smo se presvlačili. Ruskinje su se bukvalno kačile za pertle našim muzičarima. Goran Kovačević je među prvima naravno stao na prozor da vidi šta se dešava. Ja sam se prva presvukla i Goran Kovačević mi kaže da odem do bine i tu ih sve sačekam.

Dok sam čekala, prišao mi je jedan gospodin sa buketom cvijeća koji je prisustvovao koncertu i obratio mi se na tečnom srpskohrvatskom. Ispostavilo se da je on davno otišao iz Jugoslavije. Bio je politički disident te tako ne može ići nazad u Jugoslaviju, a drago mu je da čuje naš jezik. Volio je da sluša naše grupe kad dođu u Rusiju. Ispričao mi je svoju životnu priču, kako je dospio u Odesu, ali ja apsolutno nisam mogla da se koncentrišem na ono što mi je on govorio. Pitala sam se kuda je nestao Ipe.

Čekala sam tu dosta dugo vjerujući da će se Kovačević i Ipe pojaviti. Ovaj gospodin – disident, da ga tako nazovem, vidio je o čemu se radi i posavjetovao me da odem iza dvorane i vidim gdje su. Naravno, imam šta da vidim. Ipe i Kovačević stoje sa par djevojaka i veselo ćakulaju, a Kovačević mi se obrati i kaže: „Pa, rekao sam ti da budeš pored bine i sačekaš nas."

U mojim ušima je došlo do eksplozije bijesa. Eh, Amila, Amila, kada ćeš pameti doći? - mislila sam.

Bez riječi, okrenem se na drugu stranu prema autobusu koji je prevozio nas muzičare u pratnji mog novog prijatelja koji me je dopratio do ulaza u autobus i prokomentarisao način na koji mi se Goran Kovačević obratio.

Njegove riječi su bile sljedeće: „Pa, Vi ste zvijezda, mlada gospođice, jako talentovana pjevačica, ali morate znati da u životu talentovani ljudi često imaju više neprijatelja od onih netalentovanih." Pitala sam se kako on to zna, ali ne samo da je bio upravu tog trenutka, bile su to istine sa kojima sam se susretala jako često u životu. Bez ljudske ljubomore i zavisti mnoge situacije u životu bile bi lakše i ljepše. Međutim, te zavisti ponekad su vješto prikrivene, na način na koji vješti lovac može da zatre put iza sebe dok se šulja po bespućima šuma. Potrebna je ponekad sva vještina jednog Navaho Indijanca da proniknete u suštinu okoline i vjerovatno tek kad ispušite mnogo lula mira sa potencijalnim prijateljem, stvari će vam biti jasnije.

Ali, u svakom slučaju, u životu treba vježbati optimizam jer negativne misli stvaraju bolest i uma i tijela i duha.

Sjela sam u autobus i pomislila: Hoću kući. Hoću kući u Sarajevo!

Zašto moram da gledam sve ovo, zašto ja moram da učestvujem u svemu ovome?

Zašto nisam poput drugih mladih djevojaka koje pojma nemaju šta im momci rade?

Neću reći da su svi muškarci nevjerni, ali ako im se pruži prilika, vjerovatno bi bili ili ne, pojma nemam. Već mi je bilo dosta svega. Pored toga što nastupam i pjevam svaki dan, što izlazim na binu i zabavljam ljude, za šta je potrebna specijalna energija, ja moram da trošim energiju na ovo! Pitala sam se zašto ja na binu ne izlazim iz savršene tačke mira kao "performer"?

Možda je baš ta čudna energija, kojom me je ovo moje iskustvo punilo apsolutnom nesigurnošću, pomagala da pjevam mnogo ubjedljivije i iskrenije. Možda sam kroz te ljubavne tekstove pjesama komunicirala sa Ipetom i publikom. Moje interpretacije su bile iskrene, od srca i to je publika prepoznavala. Skoro sam čitala o inteligenciji srca i kako se prepoznajemo po toj vrsti inteligencije. Kako nas neki ljudi privuku u sekundi, a neke ljude odbijemo isto tako. Ipe je to prepoznavao kod mene, taj način pjevanja i komunikacije i to ga je prvo kod mene privlačilo. Ali, ponovo smo se našli u situaciji u kojoj bi on volio da sjedi na dvije stolice. Da bude sa fanovima, ali i da bude sa mnom.

Međutim, seks smo koristili kao analgetik, jer smo seksom ispravljali krive Drine. Nije bilo normalno da ja prihvatim sve njegove seksualne avanture, a da sam uz to neozlijeđena. Zaista, zbog ovakvih preobrata u našoj vezi, ja sam pokušavala da ga izbjegavam, ako je ikako moguće u toku dana, da kao noj zabijem glavu u pijesak i da ne razmišljam šta on radi sa Kovačevićem. Kad su mi ujutro u Odesi rekli da svi idu na plažu, mislim cijeli bend, ja sam se odlučila da idem na drugu stranu sa Volođom i da spremim kofere za odlazak iz Odese.

Bilo je već popodne kad je Kovačević pokucao na moja vrata da mi pokaže jednog slatkog psa. Bila sam iznenađena, otkud sada pas, ali sam se poigrala s tim psom i konstatovala da je zaista divan. Koliko se sjećam, bio je neka vrsta pudlice.

Kad je Goran Kovačević otišao iz moje sobe, na vrata je pokucao Damir Misirlić da me nešto pita. I on je bio sa tim psom.

Uopšte nisam mogla da skontam o čemu se sada tu radi.

Izašla sam van, ispred hotela, sa svojim koferima jer je naš autobus bio parkiran i vozač je čekao naš bend da se ukrcamo i da idemo dalje.

Sljedeća scena je ova.

Prema meni ide jedna djevojka, možda je imala 18 godina, izuzetno lijepa Ruskinja, srednjeg rasta, prekrasne duge kose boje meda. Izgledala je kao pristojna djevojčica, nisam mogla da spojim u glavi kako se ona tako fina cura našla s njima. Ličila mi je na holivudsku glumicu Brooke Shields i na uzici je vodila onog psa kojeg mi je pokazao Kovačević.

Odakle su je pokupili? U čiju hotelsku sobu su je doveli?

Iza nje, možda na metar odstojanja, pratili su je ostali članovi moje grupe. U svakom slučaju, odmah iza nje išli su Kovačević, Enes i Ipe. Vrsta osmijeha na njihovim licima govorila je apsolutno sve. Poluotvorenih usta koja su još uvijek balila od pohote i bluda, davali su mi odličnu indikaciju šta se dešavalo u sobi sa ovom djevojkom. U trenutku mi je bilo jako žao, pomislila sam, pa ova djevojka je dijete.

Kako mi se samo gade!

Poslije toga sam prekrižila Ipeta i pokušavala da ga ignorišem, ali to je bilo apsolutno nemoguće. Ipe je tvrdio da će se promijeniti i da neće zabrijavati više ni sa jednom djevojkom. Ako i budu pozvani negdje od ruskih djevojaka, ja ću ići s njim da se uvjerim da mu nije stalo do njih nego samo do mene.

To je napokon demonstrirao kad smo na kraju opet došli u Moskvu, gdje smo odsvirali naš zadnji koncert u Parku "Gorki".

Želio je jako da budemo stalno skupa, a kad bi mi se osmjehnuo, osjećala sam se kao da me samo sunce grije.

KLJUČ 6

VIDJELA SAM DRUGA LENJINA

Moskva SSSR

Jesen 1983.

Sjećam se, sjedili smo u jednoj hotelskoj sobi svi na okupu, cijeli bend, Volođa sa nama, i zabavljali jedni druge političkim vicevima. Onako šapatom smo prepričavali jedni drugima te političke viceve, ali smo znali da tu leži i opasnost od takve vrste rječitosti. Volođa nam je pričao vic o Staljinu, kako je doživio duboku starost, rođen je 1878. u Gruziji, a umro 1953. na veliku radost mnogih u Rusiji jer je Staljin izvršio mnoge čistke i bio je odgovoran za smrt dvadeset miliona ljudi u Rusiji. Zbog toga su mnogi željno iščekivali njegovu smrt, a on živi, pa živi.

Ja sam naćulila uši, slušam i kupim svaku riječ direktno u trepavice dok Volođa prepričava šapatom vic.

Na sjednici Politbiroa sjedi Staljin i obraća se svome vijeću.

Drugovi i drugarice, želim nešto da vam kažem. Vi svi znate koliko ja godina imam sada.

A vijećnici mudro ćute i samo klimaju glavom. Svi u strahu, niko ne smije da zucne.

Ja, Josif Visarionovič Staljin, sam star.

A vijećnici klimaju glavom. Da, da, Josife Visarionoviču Staljine!

Ja, Josif Visarionovič Staljin, sam očenj star.

Vijećnici i ovoga puta mudro klimaju glavom. Da, da, Josife Visarionoviču Staljine!

Ja, Josif Visarionovič Staljin sam super-star.

Tajac. Muk od strane vijećnika...

Tu se cijeli naš bend poče grohotom smijati zajedno sa našim slatkim Volođom kome su one štreberske naočale koje je nosio pale sa nosa od smijeha. U isto vrijeme primijetimo da se ulazna vrata prostorije u kojoj sjedimo polagano otvaraju.

Odjedanput, mogli smo nožem rezati tišinu, mislila sam, evo ga, sad će nas uhapsiti. Svi smo gledali jedni u druge uspaničeno.

Kad ono, ulazi Amko, naš tehničar koga smo prozvali na početku turneje "Samaljot". Ulazi i nosi fudbalsku loptu "fucu" koju je napokon pronašao i kupio za Selverovog sina. Šta reći, u strahu su velike oči!

Volođa mi je obećao da će nas, kad dođemo u Moskvu, odvesti u Lenjinov mauzolej koji se nalazi na Crvenom trgu.

Vidjeti druga Lenjina je nešto zaista posebno u toj cijeloj hijerarhiji komunističke kozmologije. Volođa mi je objasnio da su ljudi koji su vidjeli druga Lenjina imali status „spomenika kulture" jer su, kako bismo to mi sada rekli, maltene bili pod zaštitom UNESCO-a, a u Rusiji to je bila njihova Organizacija za očuvanje kulturne baštine.

U Moskvi smo odsjeli u Hotelu „Metropol" koji je podignut 1907. godine u art nouveau stilu. To je vjerojatno jedan od najvećih ruskih hotela koji su bili podignuti prije Ruske revolucije 1917. godine. Hotel su gradili i dizajnirali najbolji ruski arhitekti (William Walcot, Lev Kekushev, Vladimir Shukhov) i umjetnici (Mikhail Vrubel, Alexander Golovin, Nikolai Andreev). Elegantna građevina, sa visokim stropovima, elegantnim jonskim i dorskim stubovima, ogromnim holovima i recepcijama koje su krasili najljepši venecijanski lusteri. Nakon Ruske revolucije 1918. ovaj hotel je bio nacionalizovan i postao je Dom sovjetske birokratije, ali je opet 1930. godine pretvoren u hotel, da bi tek nakon 1986-1991. doživio potpunu preobrazbu kada mu je vraćen sav sjaj iz vremena kad je izgrađen.

Ipetova i moja soba bila je ogromna, sa ogromnim baldahinom, zidovi našeg budoara su bili ukrašeni starim zlatnim ogledalima, a plafoni toliko visoki da su me podsjećali na Versaj. Stari prozori i žaluzine su još uvijek bili dobro očuvani. Vjerujem da se ni Madame de Pompadour ne bi postidjela ovakve rezidencije. Sjećam se da su konobari bili u livrejama, ali su saloni za ručak i doručak zjapili prazni, jer hrane nije bilo. Možda se mogao naručiti kijevski kotlet i ništa više.

Na kraju turneje mi smo bili isplaćeni za naš mukotrpni rad. Sjećam se da smo Ipe i ja dobili po kofer love, isplaćeni smo bili u klirinškim dolarima. Ipe je, naravno, više bio plaćen nego ja, jer sam ja bila početnik, ali i ta hrpa papira koja je bila moja, bila je impozantna. Ležali smo na velikom krevetu sa baldahinom, vodili ljubav, pili šampanjac i gađali se tim buntovima love. Dakle, radili smo sve što mladi vole.

Nije bilo hrane, ali šampanjca jeste. Zaista interesantan kuriozitet, šampanjca i konjaka je bilo na sve strane. Alkohol je tekao potocima. Već od početka naše turneje, Ipe i ostali članovi benda voljeli su da piju ruski alkohol, ali drugog nije ni bilo. Ja nikada nisam pila, tako da nisam znala razliku šta je dobro, a šta ne, ali sam uglavnom služila Ipetu kao nosač boca, što vina, što šampanjca, što konjaka. Imala sam jednu torbu iz koje je uvijek virio grlić boce. Nekada manje, a nekada više, zavisno od veličine flaše. Zbog toga su mnogi mislili da sam ja ustvari alkoholičarka jer nosim "botilju" okolo. Ipe je volio da tepa flašama pa im je dao nadimak, kao recimo boca je "botilja". Ali, na povratku u Jugoslaviju, u vozu, probala sam konjak koji su momci nosili kući i konstatovala „pa ovo je mrak, šteta što ranije nisam prakticirala ovaj napitak".

U Moskvi poslije koncerta bili smo zasuti pozivima da se priključimo dernecima koje su organizovale obožavateljke naše grupe. I kao što je Ipe i obećao da neće više vrludati sa djevojkama, on je to i demonstrirao. Pozvani smo bili na dernek koji je upriličila jedna prelijepa Ruskinja. Taksi nas je vozio te noći kroz šumu socijalističkih oblakodera do stana gdje je dernek organizovan.

Kad smo ušli u stan, nismo prst pred okom mogli da vidimo, vjerovatno su obožavateljice benda mislile da će obljubiti te noći naše jugoslovenske momke, ali ja sam svojim prisustvom kvarila cijeli štimung. Stan je bio dosta mali i sjedili smo u jednoj sobi koja je imala veliki trpezarijski sto. U čast nama sto je krasila velika zdjela sa bananama.

Nakon par mjeseci to je bio prvi put da sam vidjela voće, a u ovom slučaju to su bile banane i moram priznati da sam bila prijatno iznenađena. Navalila sam na te banane i u slast krenula da tamanim jednu za drugom. U jednom trenutku osjetim Ipetovu nogu koja me lupa ispod stola da se kanim tih banana, ali što je domaćica više flertovala sa Ipetom, to sam ja sa više sistematike poradila na bananama. Mislila sam, eh, kad ona može da se uvaljuje mom frajeru, onda ja mogu da jedem njene banane. Ipe mi je šapatom promrsio na uho. Kako mogu biti tako bezobrazna i neobazriva. Cura je sigurno satima čekala u redu da kupi te banane, a ja ih kao štetočina tamanim!

Ali, pored svih ovih minusa koje nosi zabavljanje sa rock zvijezdom, bio je i jedan veliki plus. Recimo u društvu žena velike zvijezde su nekako gordije od drugih muškaraca, mislim, ne pretvore se u "pičke" jer su na njih djevojke uvijek skakale, tako da su oni više prizemljeni.

I to nabacivanje Ruskinja nije doticalo baš Ipeta. On je zavolio mene i ja sam ta glavna tačka njegovih osjećanja, a koke koje karaju to je više u opisu radnog mjesta. Koliko je on mene zaintrigirao, toliko sam i ja njemu bila intrigantna i pomalo misteriozna. Naša osjećanja su se isprepletala kao dijelovi Rubikove kocke. Nadopunjavali smo jedno drugo. Ipe me je odmah prozvao "umjetnicom" i često mi se obraćao na malo šaljiv način tim atributom.

Tako sam ja, polako ali sigurno, postajala njegova muza.

Sita stomaka mislila sam: "O svom ti poslu, Ivandiću". Elem, noć je bila jako čudna, stan je odisao nekim sivilom. Motali su se tu i neki muškarci, sve mi je to bilo jako čudno. Ko su ti ljudi i zašto su htjeli da organizuju tu zabavu za nas? Da li su tu bili upleteni prsti tajnih službi?

Ali, mene nije bilo briga ni za tajne službe, pored mene sjedi čovjek kojeg volim i čvrstim zagrljajem me drži blizu sebe.

Jedva sam čekala da se završi noć i da se uhvatimo noge. Sutradan smo trebali ići u Lenjinov mauzolej koji je bio na Crvenom trgu. Vološa mi je to već ranije obećao.

Sljedećeg prohladnog moskovskog jesenjeg dana Crveni trg je blještao u svojoj ljepoti. Taj prostor veličine šest fudbalskih stadiona vrvio je od prolaznika. Na samom trgu stajala je jedna Ruskinja i u kutiji za cipele držala malu pudlicu. Ja sam se odmah kao magnet zalijepila za tu kutiju. Virila je iz kutije jedna slatka mala njuškica. Uskoro smo saznali da je ovo malo štene na prodaju. Ipe je znao koliko ja volim pse i mačke i u izlivu nježnosti, a i da demonstrira svoju ljubav prema meni, odluči da mi na poklon kupi ovog malog psa. Nismo mogli s tim psićem ući u Lenjinov mauzolej tako da smo zamolili prodavačicu da nas sačeka kad izađemo iz Lenjinovog mauzoleja i obećali da ćemo onda pazariti psa.

Red koji se vukao oko mauzoleja bio je dug nekoliko kilometara. Kad smo napokon ušli u veliku mramornu prostoriju u čijem centru je stajao krevet odnosno jedna velika mramorna crna kocka na kome je ležalo balzamovano tijelo druga Lenjina, bila sam iznenađena. Ćutke smo prolazili u lancu oko njegovog tijela i izgledao mi je jako mali, gotovo kao neki dječak.

Izgledao je, kao voštana figura, lice pomalo sivo, ali savršeno glatko. Svi smo se posljednjih godina nagledali botoksovanih lica filmskih glumaca i izraz lica druga

Lenjina mi je baš takav ostao u sjećanju. Prostorija je bila hladna i svjetla su bila prigušena, samo su posebni slapovi svjetla bili upereni na njegov sarkofag, tako da je izgledao kao muzejski eksponat.

Moj zaključak je bio da je ovo definitivno lažni drug Lenjin, a da je onaj pravi sahranjen. To sam prošaptala jako ozbiljna Ipetu na uho na što se on grohotom nasmijao. Naravno svi oko sarkofaga su odmah blenuli u Ipca, a ja sam se hinjski smijala tiho sebi u brk. To su one tipične situacije kada je sve jako ozbiljno i kad treba pokazati dozu sućuti i baš tad te obuzme doza ludog smijeha. Jedva sam čekala da izađemo iz Lenjinovog mauzoleja zbog toga, ali, moram priznati, jako sretna jer sam vidjela druga Lenjina.

Ova me situacija jako podsjetila na dan kad je umro drug Tito. Sjećam se, bila je nedjelja popodne 4. maj 1980. godine. Ja sam se spremala da izađem van i da se nađem sa drugaricom Dinom. U trenutku dok sam zakopčavala moje omiljene plave sandale, odjedanput prestade program i uključi se JRT (Jugoslovenska Radio Televizija). Vijesti. Saopštavaju nam da je drug Tito upravo preminuo. Bila sam sama u kući jer su moji roditelji otišli na izlet. Našle smo se ispred pozorišta i zaputile se prema našoj gimnaziji.

Bile smo zatečene, samo smo konstatovale jedna drugoj "Umro je drug Tito!". Baš smo bile potištene. Prolaznici koje smo sretale, djelovali su izgubljeno, svi su mi izgledali kao izgubljene bebe koje tumaraju bez ikakvog cilja. Dina je predložila da odemo do Prve gimnazije i vidimo šta se tamo dešava.

Čudo božije za nedjelju popodne, odjedanput su učenici sami od sebe počeli da pristižu u zbornicu, profesori također. Po principu pilot-automat, hrlimo jezgru.

U tom haosu neko se dosjeti da na ulazu u holu Prve gimnazije, ispod ploče na kojoj su bila upisana sva imena čuvenih ličnosti koje su pohađale Prvu gimnaziju, držimo počasnu stražu.

Inače, zgrada Prve gimnazije je stara austrougarska građevina sa visokim stropovima i širokim hodnicima. Prva gimnazija u Sarajevu je prva i najstarija srednja škola u Bosni i Hercegovini. Osnovana je još davne 1879. godine ukazom tadašnje Zemaljske vlade, a po odluci cara Franje Josipa, u jednom prijelomnom i burnom periodu naše historije, godinu dana nakon aneksije Bosne i Hercegovine od strane Austro-Ugarske monarhije, poslije višestoljetnog Otomanskog carstva. Kod naprednih domaćih ljudi formirano je uvjerenje i inicijativa o potrebi otvaranja jedne zajedničke, interkonfesionalne škole, gdje bi nastajao školovani domaći kadar za kojim se osjećala velika potreba i koja bi otvorila vrata učenicima svih narodnosti Bosne i Hercegovine.

U plejadi likova i ličnosti izraslih iz redova profesora ili učenika Prve gimnazije zaista je teško izdvojiti pojedince. Ipak vrijedi istaknuti književnike Savfet-bega Bašagića, Isaka Samokovliju, Tugomira Alaupovića, Petra Kočića, slikare Voju Dimitrijevića, Branka Šotru, Jovana Bijelića, Marija Mikulića, te dva nobelovca: Vladimira Preloga i Ivu Andrića, zatim eminentne ljekare, političare, umjetnike, stručnjake ili jednostavno – obrazovane građane.

Moram dodati još i Gorana Bregovića ovoj impozantnoj listi bivših učenika Prve gimnazije.

Elem, na tom sastanku u zbornici odlučiše profesori da odmah treba postaviti učenike da drže počasnu stražu. S obzirom na to da nije bilo puno učenika tada u zbornici, kocka je pala na mene i Dinu da među prvima imamo tu čast da stojimo 2 sata sa vijencima u holu gimnazije ispod ploče svih nabrojanih važnih ličnosti koje su pohađale Prvu gimnaziju.

I tako stojimo Dina i ja. Savjesno držimo velike vijence u rukama, ćutimo svaka za sebe, ali odlutale daleko, daleko u mislima. I dok smo mi tako savjesno stajale i čuvale počasnu stražu, na naslovnim stranicama stranih novina, od engleskog Guardiana, pa do njujorškog Timesa, nizali su se vješto već napisani članci o raspadu Jugoslavije.

U jednom trenutku ulazi moj školski drug Samir Fazlagić i razrogačenih očiju me gleda.

Kad je prošao pored mene onako potiho zamijeti: "Šta ti tu, nesretnice, radiš?"

Nastade vrisak od smijeha. Bože, tresli su se vijenci od smijeha i krili smo se iza njih Dina i ja, molile boga da se ta počasna straža završi i da se hvatamo noge. Hoću kući.

No, da se vratim Crvenom trgu u Moskvi.

Pri izlasku iz Lenjinovog mauzoleja sačekala nas je gospođa sa bijelom kartonskom kutijom iz koje je virila njuškica najslađe pudlice na svijetu. Ipe joj je uručio novac a ja sam se odmah bacila na svog novog ljubimca. Ime sam već imala spremno. Nazvala sam ga Rudi po mojoj omiljenoj pjesmi Bebi Dol. Pjevala sam mojoj slatkoj kuci "O, Rudi, sada uz mene budi".

Odveli smo ga odmah u našu hotelsku sobu, hrane za pse nismo imali pa smo ga hranili onim što smo imali na raspolaganju. Uglavnom su to bile paštete i kavijar. Drugi problem koji smo imali bio je kako iznijeti iz zemlje sav taj pusti zarađeni novac. Mislim da je Goran Kovačević sugerisao da bismo trebali uložiti novac i kupiti dijamante, odnosno nakit sa dijamantima. Naravno, to bismo trebali prodati u Austriji i zaraditi još veći novac na tome.

U Sibiru se nalaze najveća nalazišta najčistijih dijamanata. Damir Misirlić je upoznao djevojku koja se zvala Maša i ona nas je dovela do dilera najkvalitetnijih dijamanata. Poslije kupovine cuke bacilli smo se u potragu za našom sljedećom investicijom, a to su dijamanti.

Kupovina se i desila jednog jutra dok sam ja spavala. Ipe se pojavio u sobi sa kutijom u kojoj su bila 2 prstena, ogrlica i naušnice. Dijamanti su toliko blještali da bi zaslijepili i vješto oko Elizabeth Taylor koja je bila poznata po svojoj kolekciji skupocjenog nakita. Odmah je htio da ih probam. Smatram da je Ipe napravio dobar pazar jer su dijamanti bili gradirani FL - najčistiji dijamant, a veličine ni manje, ni više, nego kugle za sladoled iz sarajevske slastičarne Egipat. Bez ikakvog pretjerivanja - bili su mrak.

Naravno, takav nakit morali smo odmah da prošetamo i to na neko luksuzno mjesto. Volođa nas je uputio u najluksuzniji hotel u Moskvi. Kao cijela grupa odlučili smo da imamo zadnju večeru tamo.

Moj stil oblačenja je bio veoma rock chick i sa tim nakitom, Rusima sam izgledala kao da sam pala iz vasione. Kosa plava, sa punk frizurom ušećerenih pramenova kose koji su stršili na sve strane, izgledala sam kao sa naslovne stranice čuvenog magazina Rolling Stone. Kratku pocijepanu teksas jaknu i mini kožnu suknju krasio je nakit vrijedan, brat bratu, ovih para oko £ 150.000.

Kad smo se tako pojavili ispred livreisanog portira na vratima hotela, portir me je snishodljivo pogledao. Kaže meni Goran Kovačević: "Jesi li vidjela kako te gleda ovaj tip. Možda si se trebala počešljati?"

Kao iz topa rekoh: "E, moj dragi Kovačeviću, taj tip će ostati da zatvara i otvara vrata u livreisanoj uniformi luksuznog hotela, a ja ću biti zvijezda. Nek me gleda koliko hoće!"

Kad smo se vratili u hotelsku sobu, naša kuca Rudi je napravila mini urnebes u sobi. Kakio je i piškio gdje je stigao. Niti Ipe, niti ja, nismo znali kako da treniramo štene tako da pravila nikakvih nije bilo. Uneređivao se po hodnicima i recepciji, na svim mjestima gdje ne bi trebao. Primicao se dan našeg odlaska iz Rusije u blagom vaspitnom haosu Ipetove i moje kuce Rudi. Mislim da smo već svima u grupi dobro počeli da idemo na živce zbog našeg ljubimca.

Došao je i dan našeg odlaska. Vraćali smo se istim vozom PUŠKIN kojim smo i došli, ali ovoga puta posada voza je bila ruska. Kao razmažene rock zvijezde nismo ni sanjali da možda psa ne bismo smjeli nositi sa sobom nazad u Jugoslaviju. Pokušali smo da ga nekako prokrijumčarimo, ali nažalost Rudi je nakon 4 sata vožnje iz Moskve do Beograda izvršio veliku nuždu ispred vrata glavne stjuardese.

Na povratku smo Ipe i ja bili skupa u kupeu. Nije bilo te sile da nas razdvoji. Dugi i krakati, spavali smo na jednom krevetu čvrsto zagrljeni. Kruna naše ljubavi, naša kuca Rudi, skakao je po nama i neredio se gdje je stigao.

Skoro sam pronašla sliku na kojoj je cijeli bend skupa ispred Moskovske željezničke stanice. Ja sam u sredini, ozarenog lica i držim u naručju Rudija. Jedino neozareno lice na slici je Kovačević koji me strelja pogledom. Jer njegov "kumašin" nije više bio u njegovom kupeu.

Glavna stjuardesa u vozu nije baš bila sretna kad je pronašla psa i plus kada je ugledala da se uneredio pred vratima. Na Granici Čop, gdje smo mijenjali šine, rekla nam je da ne možemo iznijeti psa iz Rusije i unijeti u Jugoslaviju ako nemamo veterinarski certifikat. Tako da je vrlo moguće da će pas morati biti ostavljen na Željezničkoj stanici Čop. Blago je reći da me je obuzela panika. „Oh, ne, moja kuca Rudi, usamljena tumara ruskim prostranstvima."

Tu važnu informaciju da bi trebali imati važeće dokumente za psa smo, nažalost, bili previdjeli.

Ja sam se razletjela kao muha bez glave na graničnoj stanici u mjestu Čop da pronađem lokalnog veterinara. Ipe je svu brigu oko certifikata prepustio meni. Na svom, sada nakon par mjeseci, malo boljem ruskom jeziku saznajem da je Veterinarska stanica jako blizu željezničke stanice. Otrčim do adrese na koju su me uputili željezničari i otkrijem da je kancelarija prazna.

Mi ostajemo samo par sati dok se šine ne promijene. Odlučim da ostanem u čekaonici i sačekam da vidim hoće li se pojaviti. Ovoga puta vrijeme je prolazilo jako brzo, čekala sam ali pazila šta se dešava sa šinama na stanici. Imam utisak da sve sada nekako brže ide.

Na moju veliku sreću pojavio se veterinar. Sunce me je obasjalo. Bio je jako uslužan i ekspeditivan.

Ušli smo u njegovu ordinaciju i rekao mi je da stavim psa na sto i Rudi se uneredi iste sekunde na veterinarskom stolu. Dali smo se na čišćenje stola jer voz treba jako brzo da krene. Sergej, tako se zvao veterinar, pregledao je Rudija i stetoskopom pomno slušao rad njegovog srca. Rekao mi je da misli da pas ima aritmiju srca ali mi je odmah izdao uvjerenje da mogu psa izvesti iz Rusije i unijeti u Jugoslaviju. Kad sam se vratila u kupe Ipe mi je aplaudirao, bio je presretan da se sve dobro završilo. Kruna naše ljubavi, mali pas Rudi, može mirno da započne život u svojoj novoj domovini.

Kao grupa na kraju turneje bili smo mnogo bliži jedni drugima, tako da smo se pomijali od kupea do kupea. Ipe i Kovačević, ali i ostali članovi benda, su se bili podmazali bocama konjaka za ovaj put. Tekao je alkohol u hektolitrima, zabavljali smo jedne druge i svodili utiske iz Rusije. Ja jedina nikada nisam pila i kad sam malo probala taj konjak koji su hvalili, utvrdila sam da je zaista super kvalitete. Na taj način sam se možda i oprostila od Rusije, od iskustva za koje mi je drago da sam ga doživjela. Ta vremena su zauvijek prohujala sa vihorom i drago mi je da sam bila protagonist u toj priči.

Na kraju puta mi se motala po glavi rečenica Scarlett O'Hare iz filma „Prohujalo sa vihorom": „After all, tomorrow is another day."

KLJUČ 7

Pokrij me zvijezdama

Tekst pjesme sa albuma „Kakav divan dan"

Odluka je pala da će po povratku u Sarajevo naša kuca Rudi da stanuje kod Ipeta. Tužna srca sam se oprostila sa Rudijem na željezničkoj stanici, ali sam znala da ću ga odmah sutra vidjeti kad budem išla kod Ipeta.

Moram priznati da sam se bila zaželjela kuće, a i da vidim svoju raju u Sarajevu. Jedna od mojih dragih prijateljica u Sarajevu bila je Dženana Sudžuka, a i Jadranka Petrović. Dženana me je prosto opčinila još iz naših gimnazijskih dana. Naravno, tada se nismo družile jer je bila jednu godinu ispred mene i ja sam bila mala raja. Sretala sam je na školskim hodnicima, jedne godine imale smo istu profesoricu geografije tako da, kad bi njen razred završio sa nastavom, mi bismo ulazili u taj isti kabinet.

Visoka plavuša, ravne duge kose, izrazito vitka, izuzetno lijepog lica. Imala je usko lice i mali nosić, oči pomalo kose, zelene boje, ali sve je tako famozno štimalo na njenom licu. Ponekad mi je ličila na glumicu Faye Dunawey, ali mnogo, mnogo ljepša.

Gordo bi Dženana nosila atlas geografije ispod svoje miške, a mi koji smo ulazili, pasli smo pogledima tu neobičnu djevojku. Uvijek je bila izuzetno obučena, niko nije imao garderobu kao Dženana. Moglo se tačno vidjeti da je sve dolazilo iz Italije. U to vrijeme je to bilo dosta neobično, to su bile kasne sedamdesete godine. Čula sam da njen tata i mama žive u Libiji, a taj podatak mi je prenijela moja školska prijateljica Vesna Ščepanović koja je bila zaljubljena u Dženaninog brata Adnana Sudžuku – Sudžeta. U Sudžeta smo svi u mom razredu bili zaljubljeni, uključujući i mene. To su te tipične godine, kad se jedna cura zaljubi u momka, onda i drugih deset krenu da luduju. U svakom slučaju, bio mi je simpatija, ali on za nas nije ni hajao. Mislim da nas čak nije ni primjećivao kad bismo ga na ulici srele i krenule da blejimo u njega. Čula sam da je imao neku stariju curu i da mi nismo imale šanse.

Što je Dženana bila za djevojke, to je njen brat bio za frajere u Sarajevu. Ono što je Dženanu dijelilo od svih drugih djevojaka bilo je to da je Dženana bila djevojka Gorana Bregovića, legendarnog muzičara iz grupe Bijelo dugme. Goran je često dolazio da je pokupi na randes u svom Jaguaru i kad bi tako parkirao ta bijesna kola ispred gimnazije, mi bismo svi odmah trčali na prozore da to upratimo. Prozori moga razreda gledali su na tadašnji Dom JNA i pogled nam se pružao prema parku knjižare Svijetlost. Tako da smo, kad bi Goran dolazio kolima, mogli sve da vidimo kao na dlanu.

Za nas obične gimnazijalce taj svijet je bio apsolutno nedodirljiv. Ali, naši putevi su počeli polako da se ukrštaju.

Prva sarajevska gimnazija je bila i učesnik sleta u Beogradu. Većina djevojaka iz naše gimnazije, uključujući i mene i Dženanu, bile su odabrane da plešu na sletu 1979. godine na proslavi Titovog rođendana i dodjele štafete.

Tito je predložio da se umjesto njegovog rođendana otpočne sa proslavljanjem „Dana mladosti", da se proslava održi na stadionu JNA, kao smotra duhovne i fizičke spremnosti mlade generacije. I tako je omladina Jugoslavije dobila svoj praznik, a štafeta postade Štafeta mladosti. Svaka štafeta bila je unikatna, imala je određenu simboliku i uvijek je kretala na put po Jugoslaviji iz nekog drugog mjesta.

Tito je, po sopstvenoj tvrdnji, rođen 7. maja, ali je zadržao ovaj drugi datum, jer je već zaživio u narodu kao njegov rođendan. Iz godine u godinu svečanost na stadionu – slet, bila je sve grandioznija. Učestvovala je omladina iz cijele zemlje, kao i pripadnici JNA. Oni su izvodili splet igara, savršene koreografske dionice, dobro uvježbani, greške nije smjelo da bude! Poslije višemjesečnih priprema, odabrani omladinci su izvodili svoj program, svojim tijelima formirajući razne simbole, vezane za slavu i historiju naše zemlje i našeg predsjednika. Muzika je izvođena uživo, uz prisustvo najboljih orkestara i muzičkih izvođača.

Ko je imao sreće, prisustvovao je proslavi na samom stadionu, a sve je prenošeno uživo na TV-u, pa je cijela nacija mogla da uživa i komentariše ovaj spektakl, u iščekivanju svečane završnice. To je bio napeti vrhunac predstave: iz gomile se izdvaja zaslužni omladinac ili omladinka, trči, penje se uz bezbroj stepenika, predsjednik, drugarica Jovanka i najbliži saradnici, a i svi prisutni na stadionu ustaju, aplaudiraju. Nesretni omladinac, slomljen od treme i fizičkog napora, uzima vazduh i počinje svoje obraćanje Maršalu Titu. Cijela nacija strepi, hoće li izdržati do kraja, a da se ne zbuni, ne zanijemi ili ne padne u nesvijest od silnog uzbuđenja. Razumljivo, dešavalo se i da ne budu na visini zadatka, ali sve je to prihvatano sa simpatijama i razumijevanjem. Potom slijedi svečano uručenje štafete, Titovo kratko i prigodno obraćanje naciji, aplauzi, veliki vatromet uz zajedničko kozaračko kolo svih učesnika za kraj.

Želim još jednom da podcrtam važnost koreografije koju smo izvodili. Prva koreografija bila je petokraka zvijezda koju je trebalo kreirati našim tijelima. Svi učesnici sleta stajali su na rubovima stadiona kao u jednom velikom obruču i na određeni takt u numeri koju smo slušali preko zvučnika, trebali smo da potrčimo u sredinu stadiona i zauzmemo poziciju koju su nam koreografi zadali. Naša gimnazija je trebala da pokrije centralni dio zvijezde petokrake, a to znači da smo u samom centru stadiona.

Trčala sam te noći sprintom najbrže što mogu potrčati da prva stignem u centar zvijezde, nadajući se da će baš mene drug Tito da primijeti. Moje poštovanje i ljubav prema našem tadašnjem predsjedniku bili su ogromni. Ali avaj, okliznem se i padnem i nisam stigla prva u centralni dio zvijezde. Žalila sam dugo poslije toga da moj voljeni drug Tito nije imao šansu da me primijeti. Na stadionu sve se odvija munjevitom brzinom, iz formacije petokrake treba već da glumimo "ranjenike" sa   Neretve. Bitka na Neretvi je bila jako bitna za partizane za vrijeme Drugog svjetskog rata, tu je Tito naredio da se moraju povlačiti pred napadima Nijemaca zajedno sa ranjenicima.

Stojimo tako u jednoj liniji i treba laganim pokretima da odglumimo bolesne ranjenike bez noge, ruke, a neki su već na štakama i da formiramo jednu manju zvijezdu. Vučem se tako "ranjena" preko stadiona kad imam šta da vidim. Sa strane meni ususret ide grupa učenica koje drže Dženanu Sudžuku na rukama kao ranjenika. Ovoga puta Dženana je toliki ranjenik da čak ne može ni da hoda!

Dok smo boravili u Beogradu za vrijeme priprema za slet bili smo smješteni u kasarnama JNA. Na stotine djevojaka iz cijele Jugoslavije bilo je smješteno tu na jednom mjestu. Spavale smo u kasarnama i kupale se vojnički. Po 30 cura u isto vrijeme se kupalo u tim vojničkim tušerajima. Obično bi tu bilo jedno vojno lice koje bi puštalo vodu curama. Voda bi tekla samo 30 sekundi, onda bi se morale brzo nasapunjati i čekati da nam vojnik pusti vodu.

Stajale smo tako obnažene ispred tog vojnika koji se kao krio u kabini dok je puštao vodu, ali pitale smo se koji li je to sretnik da ga dopadne baš taj dnevni vojni zadatak. U gomili djevojaka zamijetim Dženanu, isticala se stasom od većine nas jer joj je priroda zaista podarila atribut koji je bio žešći minus kod mene. Ja sam nažalost bila ravna kao daska.

Moja, tada, najbolja školska drugarica Aleksandra Zdravković je prokomentarisala i rekla da smo obje kao grane jorgovana. Elem, čujem od Aleksandre da je Dženana zavela red i disciplinu među djevojkama u svojoj spavaonici, u to se uvjerila kad je išla da posudi fen od jedne od djevojaka. Dženi je bila uzor curama, ali i autoritet.

I tako su se naši putevi počeli da ukrštaju već mnogo prije nego što smo postale prijateljice. Sretale smo se u gradu i možda su „Oloman", ali i diskoteka „ABC" bili instrumentalna mjesta koja su nas spojila. Mislim da je i Goran tome kumovao jer sam njega prvo upoznala u studiju kod Paše kad smo snimali Valentinovu ploču tako da me je on na neki način i povezao sa Dženanom.

Kad sam se pripremala za koncerte u Rusiji i nakon naših proba u Domu „Đuro Đakovic" ja sam se često sretala sa Dženanom i Jadrankom. Mislim da su tada „Bougatti" i „Estrada" bili jako moderna mjesta sastajanja. Dženana je postala moj pouzdanik, a također i Jadranka jer su već bile upoznate sa mojom najvažnijom tematikom, a to je Ipe Ivandić.

Propratila sam sa njima moj raskid sa Ipetom u Kineskom restoranu koji se desio tog proljeća. Dženana kao da je imala vidovnjačke nadnaravne sposobnosti jer mi je rekla da ćemo se sigurno skontati kad odem u Rusiju. Ja sam bila jako skeptična jer sam svježe pokupila korpu od slavnog bubnjara. Te Dženanine pretpostavke potvrdila je i Jadranka.

Jadranka je bila i ostala Dženanina najbolja prijateljica. One su bile jako vezane jer su skupa provele djetinjstvo u Libiji. Jadrankin tata je također, kao i Dženanin, radio u Libiji. Mislim da je Jadrankin tata bio građevinski inžinjer.

Jadranka je bila izuzetno dobar student ekonomije i izuzetno lijepa djevojka, prekrasnih plavih očiju i crne kose. Bila je ljepotica tipa Elizabeth Taylor, ona vrsta ljepote koju možete vidjeti u starim holivudskim filmovima. Ono što je Jadranku krasilo je bila jedna mirna i blaga ćud. Jaca je riba u horoskopu, romantična, mistična, tiha i jako draga osoba.

Tako da, kad bi se sastao taj konzilij od nas tri, mogle smo detaljno da analiziramo moju tadašnju vezu. Imala sam puno povjerenje u njih jer su obje bile jednu godinu starije od mene i smatrala sam da su iskusnije i spremne da me posavjetuju.

Ono što je najvažnije u našem prijateljstvu je bilo i to da su moje ispovijesti ostajale u našem malom krugu, a tako sam se i ja ophodila prema njima. Pa ni kod sarajevskih najprofesionalnijih psihijatara ne bi bila zagarantovana veća diskrecija.

Već sam rekla da nije bilo priručnika kako da se ophodiš u vezi sa rock zvijezdom i šta da očekuješ od te veze, tako da mi je Dženana bila kao bolesniku boca infuzije na bolničkoj postelji. Dženi je već odavno bila u vezi sa Goranom Bregovićem i svaki njen savjet je bio vrijedan moje pažnje.

Naravno, po dolasku iz Rusije bilo je tu materijala ne samo za naš mali konzilij nego i za samog Sigmunda Freuda. Kad sam napokon odriješila tu kesu utisaka iz Rusije i slikovito opisala sve emocionalne uspone i padove u mojoj vezi sa Ipetom, moj mali konzilij je postavio dijagnozu. Dženana je ustanovila da sam prošla kroz traumu. Svaki put kad bih išla Ipetu, moje srce bi počelo lupati od straha da ga neću naći u postelji sa nekom drugom curom u Sarajevu. Ta dijagnoza se ispostavila tačnom. Kad bih se približavala Ipetovom stanu i kad bih pozvonila na njegova vrata, moje srce bi lupalo sa izvjesnom anksioznosću. Problem je zaista bio monumentalan. Kako sačuvati i preživjeti tu vezu? Kako opstati u Sarajevu sa tim teškim koferom Ipetovog i mog emocionalnog jedinstva?

Sarajevo je mali grad u kome i šapat može da zvuči kao strašna lavina. Ljudi su voljeli da žive tuđe živote i od trača teško se sakriti u mišiju rupu. Jer mišijih rupa nije bilo, samo su postojali duboki kanjoni veličine Kolorada. Sudbina djevojaka bila je olako zapečaćena jer su mnogi muškarci u gradu bili velike tetke tračare. Uvijek je bilo dušebrižnika koji bi te spustili na prvu loptu i iskopali malu jamu u koju možes vrlo brzo biti zakopana. To je patrijarhalna sredina. To je Balkan. Svijet u kome su muškarci carevali. Najljepše i možda najdosljednije stihove pjesme "Sve će to, mila moja, prekriti ruzmarin, snjegovi i šaš" Bijelog dugmeta to mogu da dočaraju.

Gdje, pokaži mi

Gdje, kad tužne sudba ne voli

I čime od svijeta da se braniš

Kao ruža sa dva smiješna trna ili snom

Uzalud, uzalud, sve je protiv nas.

I kao ruže sa tim smiješnim trnjem mi žene pokušavale smo da opstanemo u tom muškom svijetu. Naoružane ljepotom, a naše šanse da preživimo bile su jako tanke. Trebalo je razviti sposobnosti u situacijama Aska i vuk, da budeš i Aska i vuk. Trebalo je gordo dići glavu, a nogama ne dodirivati tlo. Trebalo je preći preko mnogo toga.

KLJUČ 8

Ti si moj, samo si moj

Po povratku u Sarajevo, Ipe i ja smo provodili dosta vremena skupa. Jednostavno nismo mogli biti razdvojeni. Strast je bila naša elektrovalentna veza. S vremena na vrijeme samo bismo izronili da uzmemo daha i nastavimo gdje smo stali u nastojanju da napravimo elektronsku orbitalu. Kao sve u prirodi, tako i naša dva hemijska elementa, proizvela su altropsku modifikaciju. Jedan unikatan spoj.

Ubrzo po povratku smo Rudija morali dati Ipetovoj mami. U toku dana Ipe je izlazio i pas bi bio sam, a Ipetova majka se toliko zaljubila u psa da je htjela da joj Rudi pravi društvo. Ipetov tata je umro dok je Ipe bio u zatvoru, a roditelji mu ionako nisu dugo godina živjeli skupa. To je bio jedan razoreni brak i mislim da mu je mama bila usamljena. Tako iz čiste solidarnosti prepustih mog slatkog Rudija Ipetovoj mami. Satima sam boravila kod Ipeta i onda kad bih se vratila kući kasno navečer mi bi nastavili da "ašikujemo" preko telefona. Satima smo znali pričati koliko volimo jedno drugo.

Mojoj mami nije ulazilo u glavu šta toliko imamo da pričamo kad smo već 15 sati proveli skupa i onda još jedno 3 sata preko telefona. Tada nije bilo mobitela nego su to bile fiksne linije. Telefoni bi obično bili na najprominentnijem mjestu u stanu. Recimo u hodniku ili u trpezariji kako bi se što brže moglo doći do telefona. To je, naravno, značilo da nikavih intimnijih razgovora ne bi moglo biti jer te cijelo domaćinstvo sluša. Ja sam razvila posebnu tehniku pričanja na telefon, tako tiho bih pričala direktno u slušalicu da niko u mojoj kući ne bi bio u stanju da dešifruje moj razgovor, a onaj sa druge strane jasno bi čuo svaku moju riječ. Tehnika korištenja telefona zaista je vrijedna pažnje. Tada nije bilo ni bežičnih telefona, tako da si kao vojnik morao biti ukopan u mjestu gdje je telefon i tako razgovarati. Gajtan od telefona je bio jako kratak tako da sam eventualno mogla da čučnem i razgovaram sa Ipetom u tom položaju. Mnogo kasnije moje domaćinstvo je uznapredovalo pa sam nabavila duži gajtan.

Mojoj mami zaista nije ništa bilo jasno, kao roditelj brinula se šta se to sa mnom dešava i naravno s razlogom. Bila sam jako mlada u ljubavnoj vezi sa rock muzičarem koji je izašao iz zatvora. Naravno da se brinula da se možda ja ne drogiram i takva pitanja mi je i postavljala. Evo sada za svagda da kažem da ja Ipeta nisam nikada, ama baš nikada, vidjela da se drogira niti mi je nudio drogu. Naprotiv, Ipe je bio moj zaštitnik, bio je kao moj stariji brat. Rekao je da bi mi kičmu slomio da čuje da se drogiram, a slomio bi kičmu i onome ko bi mi dao drogu. Jedini porok koji je Ipe imao bio je alkohol i taj porok je vješto njegovao. Po povratku u Sarajevo Ipe je uveo još i druge restrikcije. Rekao je da ne želi da vidi da se ja sa muzičarima pretjerano družim. To mi je bilo teško da prihvatim jer ako sam muzičar, onda i ja moram da se družim sa muzičarima. Nije želio da imam nikavu bliskost sa Goranom Bregovićem, to mi je posebno išlo na živce. Ovo zadnje je prouzrokovano jednim malim novinskim člankom u sarajevskom tabloidu AS. To su bile naše prve žute novine.

Jednog dana, ispred „Olomana", stajala sam sa Goranom i Rakom. Tu se zadesio i novinar iz tabloida AS koji nas je uslikao. Ipe nije osoba koja čita tabloide, ali Goran Kovačević se potrudio da zadrži jedan primjerak za Ipeta i da mu pokaže. U tom članku je samo bilo napisano da sam ja Amila, pjevačica koja je otpjevala refren na pjesmi Valentina „Volim te još" i da stojim tu na slici pored Gorana

Bregovića i Rake Marića, menadžera Bijelog dugmeta i da smo u predahu od snimanja.

Mislim da je Kovačević potpirio Ipeta tako da je Ipe poslije imao vaspitno-popravne razgovore sa mnom. Ipe nije bio tip koji bi se derao ili vikao, ali kad bi bio sarkastičan znala sam koliko je sati. To se u psihologiji zove pasivna agresija.

Mislim da je ova reakcija dolazila od Gorana Kovačevića i da je vješto manipulisao Ipetom. Tako, ukazujući na moje propuste, predstavljajući me kao laku ženu, pa i na moju želju za javnim eksponiranjem, nadao se da će Ipe sa mnom zauvijek završiti. Ali, avaj, ovakvi komentari dolijevaju ulje na vatru i stvaraju konfliktne situacije. No, isto tako postignu suprotan efekat. Ipe je još više želio da me veže za sebe.

Moram priznati da sam se nelagodno osjećala kad bih srela Gorana Bregovića, pokušala sam da budem na distanci. Međutim, to nije moja priroda. Ja sam jako srdačna i kad su mi neki ljudi dragi, ja zaista ne mogu to da prikrijem. Tako dobra glumica nisam, a da jesam sigurno bih bila u Hollywoodu, a ne u Sarajevu. Goran Kovačević je dobro znao koje konce da povlači sa Ipetom i u koji damar da ga dira. Ipe ne bi ni primijetio, a ni komentarisao članak u novinama AS da mu nije Kovačević napunio glavu, ni sama ne znam kojom pričom. Također, mogu reći da Ipe nikada ništa loše nije rekao za Gorana Bregovića svih godina koliko smo bili skupa. Ipe, na kraju krajeva, zaista ni o kome nije loše pričao. On je bio u svom svijetu i htio je da i ja imam svoj svijet. Zato je za vrijeme tih vaspitno-popravnih razgovora sa mnom uvijek želio ukazati na to da bih ja trebala da gradim svoj svijet! Često je govorio da ću ja biti zvijezda i da treba tako da se i ponašam. Tada ja nisam mogla da razumijem šta želi da mi kaže. Nervirao me je s tom pričom.

Moja popularnost je jednostavno rasla s tim hitom Valentina i bilo je prosto nemoguće da izbjegnem muzičare i novinare. Kad univerzum nešto odluči nema te sile koja to može da zaustavi. U svakom usponu presudan je i elemenat sreće. Kasnije sam se u to itekako uvjerila u životu. Možeš da planiraš nešto koliko hoćeš, ali ako taj element sreće nije prisutan, onda zaista nema šanse da uradiš ono što si naumio. Mi u Bosni imamo jednu pametnu rečenicu, a to je "Tako mi je grah pao" koja sumira zadani životni trenutak. Bio taj trenutak dobar ili loš.

Ipe je odlučio da se preselim kod njega, smatrao je da je bolje da smo skupa. Ludo zaljubljena ja sam to objeručke prihvatila. Taj tako olako napravljen korak izazvao je burne reakcije, što od moje mame, što od Ipetove mame. Moja mama je bila zabrinuta i to sa jakim razlogom. Moj studij prava je stavljen pod veliki upitnik. Bilo mi je žao što sam je povrijedila, ali ljubav je zaista slijepa. Također, Ipetovoj mami ja nisam nikako odgovarala.

Naša novonastala situacija se još više zakomplikovala. Ali zajedno smo već počeli da kujemo planove da bismo trebali da napravimo zajednički album. U Rusiji smo već pričali sa Damirom Misirlićem i on je imao spremne pjesme za mene tako da sam već neke i čula. Tek što sam se preselila kod Ipeta, dobili smo ponudu da idemo na "Makove dane poezije" u Stolac. Tu gažu nam je opet namjestio Enes Bajramović i uputili smo se Damir Misirlić, Ipe i ja u Stolac. Inače, željno sam iščekivala taj koncert jer sam jako voljela Mehmedaliju Maka Dizdara.

Mehmedalija Dizdar (Stolac, 17. oktobar 1917. - Sarajevo, 14. juli 1971.) je jedan od najvećih bosanskohercegovačkih pjesnika. Njegovo pjesništvo objedinjuje utjecaje iz bosanske hrišćanske kulture, islamske mistike i kulturnih ostataka srednjovjekovne Bosne, a posebno s njenim kamenim nadgrobnim spomenicima. Njegova djela „Kameni spavač" i „Modra rijeka" su vjerovatno najznačajnija bosanskohercegovačka pjesnička ostvarenja 20. vijeka. Ona su ujedno i vrhunac Makova stvaralaštva i jedan od najznačajnijih događaja u cjelokupnoj bosanskohercegovačkoj umjetničkoj i duhovnoj historiji.

Manifestaciju i božanstvenu poeziju Maka Dizdara u Stocu nije mogla da zasjeni ni ljepota tadašnje Miss Jugoslavije Bernarde Marovt koja je prisustvovala ovoj manifestaciji. Bila je u pratnji jednog popularnog biznismena. Mene su odjednom počeli da opsjedaju fanovi i jedan nadobudni mladić, kad sam sišla sa bine, odluči da krene da me maltretira. Prvo se krenuo uvaljivati, odnosno onako bahato navaljivati što je prouzrokovalo da sam ja kao ona ruža sa dva trna iz pjesme Bijelog dugmeta odlučila da se sa njim obračunam i kao Aska, a i kao Vuk. Izvikah se ja na tog kretena, ali momak hoće da me bije i Ipe se stvori odmah pored mene. Onako visok kao planina ispriječi se između mene i tog mladića do koga su već došetala dva njegova prijatelja. Pita Ipe onako kao redar policijski šta se tu dešava, a lokalni prika krene da objašnjava i kaže da će da me ubije. Stojim ja iza Ipeta i likujem. Eto, vidiš ne možeš mi ništa, mislim ja. Ipe se retorički osvrnu na nemilu situaciju i reče: „Ne brini ništa, ja ću je izmlatiti."

Ja u čudu, da li ja to dobro čujem!

Kad je momak otišao, Ipe se okrene prema meni. „Donesi mi one moje palice da te namlatim, ti pojma nemaš sa kakvim debilima se razračunavaš. Dobro je da nas sve nisu namlatili, ti pojma nemaš kakvih kretena ima." Tu sam mu apsolutno povjerovala jer se Ipe naputovao sa Dugmetom po svim mjestima bivše nam Juge, plus njegovo iskustvo iz zatvora. Ako iko zna koliko kretena ima, onda je to moj dragi Ipe. Često je i Goran Bregović govorio da estrada nije mjesto za žene, to je jednostavno muški svijet. Pjevačica bi morala da ima itekako jaku zaleđinu da se upusti da ide na koncerte. Navodno je tata Nede Ukraden išao sa njom na koncerte. Bio je policajac i to je bio jedini način da naplati njen koncert, ali i da je štiti. Taj podatak sa Nedom sam čula jer se to pričalo u našem krugu Dugmeta. Ne znam koliko je istina, ali u svakom slučaju sam se poslije uvjerila da je to ustvari i jedna jako pametna opcija. Biti pjevačica ili umjetnica, kako me je Ipe zvao, nije bio nimalo lak posao na brdovitom Balkanu. Pa čak i izverziranijim frajerima je teško naplatiti gažu poslije koncerta, što se pokazalo te noći u Stocu. Menadžer koji nas je doveo na taj koncert ispalio nas je te noći. Zbrisao je sa lovom.

Enes Bajramović, iznerviran, odluči da se vrati u Sarajevo, a Ipe, Damir i ja odlučimo da svratimo do Neuma kod Damirove prijateljice Snježane Filipović da se malo smirimo od nemilog događaja. Kod Snježe sva vrata širom otvorena, ulazimo i vidimo sjedi Snježa na balkonu, a na koljenima ispred nje kleči stasit momak. Ispred njih prosulo se Jadransko more i miris čempresa upotpunjuje ovu idiličnu sliku. Kako se približismo možemo da čujemo da je mladić prosi i moli da se uda za njega. Nažalost, prekinusmo tu idilu, ali na veliku radost Snježinu, jer taj momak nije bio čovjek njenog života. Jako gostoljubiva, Snježa otvori konjak vrijedan pažnje. Bio je to Courvoisier u kome sabrasmo utiske, mi o Stocu i Makovim danima poezije, a Snježa o ovom iznenadnom proscu. Snježana Filipović je bila jako dobra Damirova drugarica, mislim da su išli skupa u gimnaziju. Inače studentica stomatologije, izuzetno šarmantna i lijepa plavuša. Zadernečismo cijelu noć, a ujutro Ipe predloži da, kad smo već tu u Neumu, zašto ne bismo do Dubrovnika skoknuli na kafu. Sasvim realno, kontamo, ali dok smo se presabrali ujutro, Ipe ustanovi da je izgubio lovu koju smo ponijeli sa sobom u

Stolac. Tada kreditnih kartica nije bilo nego smo sa sobom nosili takozvane "gute" love. Ipe i ja smo ujedinili "gute" tako da je on to sve držao u unutrašnjem džepu teksas jakne. Kad smo rekonstruirali događaje u Stocu i pokušali da skontamo gdje smo izgubili lovu, shvatili smo da je frajer koji je mene napadao ustvari sa svojom rajom izbunario Ipeta dok smo se raspravljali.

Ali plan je plan i odlazak u Dubrovnik je jedina realna opcija jer imamo toliko love za gorivo da samo stignemo do Dubrovnika. Na put smo krenuli Damirovim kolima. Ipe je čovjek smiren u svakoj situaciji i vješt da pronađe soluciju, zaključih ja u sebi. On zna!

„Snaći ćemo se nekako u Dubrovniku", mudro zaključi Ipe. U Dubrovniku smo se snalazili u luksuznom hotelu na Babinom Kuku bez kinte u džepu, ali smo imali jednu kožnu akt tašnu u kojoj smo držali kablove Damirovog korga zaključane pod šifrom. Na našu veliku radost, recepcioner hotela odmah prepozna Ipeta i tada je Damir zamolio conciergea da odloži akt tašnu u sef kao zalog za naš boravak. Recepcioner, vjerujući da je akt tašna puna love, udovolji našim željama. Kao što rock zvijezdi i priliči, Ipe je zatražio dvije najluksuznije sobe sa pogledom na more. Damir isto tako vješt da pronađe soluciju predloži da odmah naručimo room service, neka nam donesu svega, a što naravno podrazumijeva i hranu i piće. Treba dobro da razmislimo kako se elegantno išetati iz Dubrovnika. Naravno, pokriće u ovoj situaciji su samo roditelji. Ali, kako nazvati telefonom roditelje i tražiti da nam pokriju račun ovog iznenadnog putešestvija, kad smo mi ti koji smo trebali naplatiti nastup u Stocu. Ipe se dosjeti da u Dubrovniku ima jako dobrog prijatelja bubnjara koji stanuje na Stradunu, a zove se Bobo. Uputismo se put Straduna. Problem nam je bilo naći Bobu jer je Ipe zaboravio adresu. Tako smo tumarali po Ipetovom sjećanju. Izvlačimo šibice i nagađamo koja li su ulazna vrata.

Ipe se sjeti da je Bobo stanovao u zgradi Pravoslavne crkve koja je bila u ulici iza Straduna. Tu je Bobina familija stanovala desetljećima jer mu je djed ili pradjed bio pravoslavni sveštenik. Ali sva vrata u toj poprečnoj ulici od Straduna zaista izgledaju isto. Visoke kamene kuće kao palače sa starim velikim vratima. Situaciju sam spasila ja jer sam predložila da stojimo tu neko vrijeme i čekamo da vidimo hoće li neko sveštено lice izaći iz ovih zgrada. Tako bismo zasigurno znali da tu stanuje Bobo. Nismo, nasreću, dugo čekali i izađe iz jedne zgrade stariji gospodin u pravoslavnoj mantiji. Toliko smo se bili obradovali kad smo ga vidjeli da dotični gospodin nije mogao da razumije naše iznenadno veselje. Ali kad smo ga pitali da li zna gdje stanuje Bobo, bio je jako srdačan i shvatio je o čemu se radi.

Kod Bobe radost i veselje kad je ugledao Ipeta, ali Bobo nas iznenadi nevjerovatnom molbom. Baš je htio da kupuje činele i kad bi mu Ipe prodao svoje Zildjian, a to su jedne od najboljih činela na svijetu, bio bi mu zahvalan. Tako mi utopismo Zildjian činele i vratismo se u Sarajevo.

KLJUČ 9

Ni Verteru nije lako

Ipe je živio životom muzičara, boema. Viđao se sa svojom rajom po sarajevskim kafanama. Dolazio kasno kući. Moja velika greška je bila što sam se preselila i stavila svoj život u ruke nekog drugog. Razdirala me je ljubomora kad bi tako satima odlutao negdje. Poučena iskustvom u Rusiji, moje sumnje su uvijek bile da je sa nekom drugom. Kad bih čula korake na stepeništu i ključ u bravi moje srce bi duboko odahnulo. Bilo bi mi drago da sam tu na njegovom krevetu i da ću ga ponovo sresti. Grijala bih njegovu stranu kreveta, spavala bih na njegovom jastuku. Pokušala da upijem svaku molekulu njegove kože koja se spojila sa nitima vlakna koja čine jastučnicu na kojoj je on držao glavu. Ipe, kad bi ušao u sobu, potpuno bi me razoružao svojom toplinom i načinom kako je komunicirao sa mnom, a to je sa dosta ljubavi. Ja sam bila njegova "macica" i to je nadimak kojim bi se obraćao meni.

Kao davljenik, za koricu ljubavi preživljavala sam svaki njegov odlazak ili dolazak kao Čehovljevu dramu. Čekala sam, osluškivala, gradila taj svijet o kome mi je govorio, ali obrušavala sam se sa litica svježe izgrađene kule od pijeska. Živjela sam sa velikom anksioznošću. Ono što sam doživjela u Rusiji, što sam bila prisutna njegovim nevjerstvima, izazvalo je monumentalnu nesigurnost koju nisam znala kako da liječim. Moja amplituda emocija prema Ipetu sezala je od 100%, ako uzmemo to kao jedinicu maksimuma osjećanja, do 200%. Ljubav do posljednjeg daha.

Nesigurnost u našoj vezi me je razdirala. Sumnja je neprijatelj koji kao acetonska kiselina razara sve ono što spaja dvoje ljudi. Pokušavala sam da plivam na površini, ali ljubomora kao kamen oko noge vukla me je u bezdan. Tražila sam mehanizam u sebi da to potisnem i zakopam duboko. Osjećala sam se užasno usamljenom.

Satima sam čekala da me nazove u tim danima kad bi odlutao. Ipe bi iščezao kao sumaglica. Sumaglica je prirodna pojava i prizemni oblik troposfere. Čeznula sam za tim kapljicama vode i kristalima da i mene pokupe u jedan cjeloviti oblak.

Zurila sam u telefon satima, čekala da se javi. Oscilirala su moja osjećanja kao jebena jojo loptica. Od velike tuge koju bih doživjela, do velike sreće kad bih ga ponovo vidjela. Prestala sam da jedem, bila sam jako mršava. Od te ljubavne opsjednutosti mislim da sam jela samo jednom u sedmici. Recimo, jela bih u ponedjeljak i u petak se sjetila da ništa, ama baš ništa, nisam jela. Hrana mi nije bila prioritet, čak ni alkohol, a ni cigarete. Jednostavno sam vegetirala. Pokušavala se hraniti kosmičkom energijom.

Sama sam sebi postavljala izolacione blokove, umjesto da uzmem slušalicu i pozovem svoju mamu koja mi je bila najveći prijatelj u životu, ja sam bila nemoćna da izustim da mi treba pomoć. Kako da objasnim konglomerat mojih osjećanja? Kako dati osjećanjima riječi? Kako prokopati po kontejneru svoje emocionalne deponije i detaljno opisati ponor u kome se nalazim?

Teške su to bile patnje mladog Vertera.

Čekala sam jedan dan da mi se javi. Kad bi Ipe odlutao, beznadežno sam čekala satima znak da se vraća kući. To čekanje me je dovodilo do beznađa, pomislila sam kako bi bilo da me nema. Nasred sobe stajala je stolica, pomislila sam kako bi bilo da se popnem na tu stolicu i zavežem telefonski gajtan za plafon i da jednostavno završim sa ovom dimenzijom.

Popela sam se na stolicu čisto iz logističkih razloga, eto da vidim kako bi to izgledalo da stavim taj gajtan oko vrata i gurnem stolicu nogom. Željela sam da vidim koliki je korak između frekvencije u kojoj se nalazim i frekvencije paralelnog svijeta u kome jedna Amila ima sasvim drugačiji život. Dok sam kao šeprtlja baratala tim kablom iznenada telefon zazvoni. Baš kao refren iz pjesme Valentina, kad on (pjevač Valentina) kaže „rodila se nova nada", tako se u tom trenu i kod mene rodila nova nada.

Dok sam pokušavala da se iskobeljam iz Gordijevog čvora u koji sam se uplela, telefon je zvonio i zvonio.

Gajtan se toliko zategao oko moga vrata, a stolica na kojoj sam stajala već se izvrnula i stajala samo na jednoj nozi. Pomislila sam – O, Amila, znaš koliko si trapava, pa što ti to treba. Još jedan nespretan korak i izgledalo bi da sam izvršila samoubistvo. Niko ne bi znao da sam ustvari eksperimentisala. Da je to nesretan slučaj.

Nažalost, ljudi vjeruju samo onome što vide. Trebalo mi je dosta vremena da skinem tu omču oko vrata, a telefon je zvonio i zvonio. Napokon je pukao i taj gajtan. Odgovorila sam na telefon i bio je to on, moj dragi Ipe.

Kaže: "Macice, dolazim kući." Taj trenutak sam doživjela kao jednu katarzu i preobraženje. Dotakla sam dno. Sa mrtve tačke mogu samo ići prema svjetlosti. O ovome nisam nikada nikome pričala do sada. Čuvala sam ovu tajnu godinama. Sram me je bilo reći koliko sam bila slaba i nemoćna. Također sam znala da bi me ljudi gledali sa prezirom, jer u našoj kulturi žrtve obično postaju predmet rugla. Možda zato što je u ljudskoj rasi većina nas slaba i nemoćna. Ljudi iz osjećaja nesigurnosti psihološki preziru slabosti kod drugih ljudi. Jer na Balkanu ego je voćka čudnovata.

O ovome nisam nikada ni riječi rekla Ipetu, niti je po mom ponašanju ikada mogao da dokuči nešto o ovom događaju. Vješto kao srna i ja sam znala da zametnem trag. Kad sam radila drugi album "Igre slobode" ova me je situacija inspirisala da uradim pjesmu "Prati ritam moj". Samo sam ja znala gdje je moja tajna bila pohranjena. Taj album se i nije bog zna kako prodao, ali je moja tajna ostala da se vrti na YOUTUBE-u .

Pritisak sam osjećala od Ipetove mame i sestre koje me nisu voljele iz ko zna kojih razloga. Sjećam se jednom da je kod nas došla Ipetova sestra. Sjedili smo u sobi i ona me je ignorisala kao da ne postojim. Teško mi je objasniti kako je to moguće da može neko da se pretvara da me ne vidi. Ja sam kćerka jedinica i jako voljena od svoje porodice. Ipe nije puno mario jer je bio sam sebi gazda i planirao da snima album sa mnom. Vrhunac je bio kad je jedan dan Ipe došao kući sav uspaničen i pokazao mi svoju košulju! Navodno u unutrašnjoj strani okovratnika nalazio se jedan končić. Njegova mama me je optužila da sam vještica i da sam sa tim končićem radila vradžbine nad Ipetom. Bila sam u šoku.

Nikada nisam čula da nešto tako i postoji ili da se može da vrača sa ušivenim končićem. Mira, Ipetova majka je bila domaćica, ispijajući kafe besposlen pop i jariće krsti. Pitala sam se kako joj je tako nešto moglo pasti na pamet. Moji roditelji su bili intelektualci, u mojoj kući se nikada nije pričalo o nadnaravnim stvarima, bapskim pričama i nečemu sličnom. Apsurdno je bilo da se uopšte pravdam, a pravdala sam se za nešto o čemu pojma nemam.

Njega je također proganjao osjećaj krivice kad mu je tata umro od srčanog udara dok je bio u zatvoru. Brak njegovih roditelja je bio razoren mnogo prije toga. Sjećao se kako ih je majka okretala protiv oca kad su bili mali. Kad bi njihov tata došao kući sa posla, mama ih je nagovarala da ga ignorišu. Dolazio je iz disfunkcionalne familije u kojoj su odnosi bili poremećeni. Osjećao se krivim što je kao mali bio manipulisan protiv oca. Čuvao je ceduljicu koju mu je tata napisao "Ručak ti je na stolu, ja sam na službenom putu. Vidimo se kad se vratim." Kad je Ipe došao na dopust iz zatvora kući, našao je to. Tata je tada na službenom putu dobio srčani udar. U vrijeme kad je Ipe bio u zatvoru, njegov tata Josip Ivandić je stanovao u Ipetovom stanu.

Razdirao ga je osjećaj da je zgriješio prema ocu, a ostala mu je samo mama. Mislim da je žudio za nekom vrstom mira i spokoja i nije želio da nastavi sa toksičnim odnosima sa svojom familijom. Njegove emocionalne amplitude su također varirale. Nekad bi jednostavno zaćutao danima. Samo bi mi rekao: "Uhvatile su me crne misli, macice."

Kupila sam tugu i apatiju njegovu kao lakmus papir, htjela sam da mu pomognem ali nisam znala kako. U našem društvu se inače rijetko pričalo o ovakvim osjećanjima. Sramota je zahvatala široku emocionalnu oblast, radilo se po mehanizmu metle i otirača. Ta osjećanja se vješto kriju. Ne daj bože da to neko vidi ili čuje. Možda sada, u ovo modernije doba, sasvim je normalno tražiti pomoć od psihologa, ali tada nije bilo "self help" knjiga. Davljenik je vjerovao da je samo njegov slučaj težak i izolovan. I time je emocionalni ponor bio mnogo teži.

Mislim da sam ja Ipetu tako mlada bila kao jedan stub na kome je mogao da se ispovijedi, jedno umjetničko platno na kome je mogao da slika i preslika tajne koje je čuvao i sam od sebe. Možda je čak bilo i dobro da nisam imala odgovor, da sam ćutala i slušala. Pa, zar to ne rade i psiholozi tokom terapija.

Mislim da ga je kod mene privlačila moja izuzetno vedra priroda. Iako bih se raskukala kad mi je bilo teško, ja sam isto toliko mogla da se vinem u najvedrija prostranstva svojim jakim duhom. Krila mog optimizma su bila veličine krila jednog ovećeg orla. Moja velika sreća je bila što sam imala jako naivnu sliku svijeta. Naivnost proizvodi bezbrižnost. Sve te nijanse sive nisam htjela da vidim.

KLJUČ 10

U vrtlogu divnog dana

Na moju veliku sreću, ubrzo smo Ipe i ja dobili demo snimke snimljene kod Damira Misirlića. U međuvremenu, po povratku u Sarajevo, Damir se zaljubio u djevojku koja se zvala Mirela Korkman. Duhom su bili jako slični, pozitivni i vedri. Sa lakoćom sam se počela družiti sa Mirelom jer je bila nepretenciozna i zabavna. Studirala je komparativnu književnost. Do današnjeg dana mislim da je pjesmu "Kakav divan dan" komponovao Mireli, ona je bila njegova muza. Ipe je uložio jako puno energije da se album "Kakav divan dan" snimi. Dok sam pisala ovu knjigu, bila sam u razgovoru sa gotovo svim ljudima koji su radili na albumu. U jednoj konverzaciji Ivica Pinjuh – Bimbo, tekstopisac, mi je potvrdio da je Ipe bio "spiritus movens", oživljavajući duh na kreiranju ove ploče. Preko Gorana Bregovića Ipe je došao u kontakt sa Bimbom. Tražili smo pravu osobu koja bi mogla da da riječi Damirovoj muzici.

Bimbo mi je rekao da je Goran posavjetovao Ipeta da uzme njega kao tekstopisca jer je Bimbo već iza sebe imao dosta pjesama koje je napisao za Indexe, Hari Mata Hari i bio je član jedne jako interesantne grupe koja se zvala BioRitam. Bimbo je poznavao Ipeta još iz dana „Kaktusa" sa Skenderije. U „Kaktusu" su se okupljala sva raja koja su se bavila muzikom u Sarajevu.

„Kaktus" je ispratio plejadu sarajevskih muzičara. „Kaktus" je i izlazio iz mode kao mjesto okupljanja mladih i ja se nisam baš puno motala oko „Kaktusa", ali Ipe i većina drugih svirača obično su se godinama skupljali u Domu mladih u Skenderiji, prostoru u kome se i „Kaktus" nalazio. To je bio "gentlemen's club", ali za muzičare i svirače. Legendarni sarajevski DJ Želimir Altarac Čičak bio je muzički urednik Doma mladih od 1984. godine. Čičak mi je rekao da je odlučio da zatvori "Kaktus" 1986. i otvori „Video ART klub" jer se publika utanjila, nije bilo više hipika da mašu dugim kosama po "Kaktusu" jer, sjetimo se, da je, ustvari, punk bio jako popularan u Sarajevu. Dolazili su novi interesantni bendovi. Većina ljudi uvijek spominje Zabranjeno pušenje, Elvisa i Plavi orkestar, ali ja sam jako voljela grupu "Šizofrenija" ili SCH. Imali su jako neobičnu pjesmu koja se zvala „Romanija". Radi se o nekome ko je jahao zmiju sedam dana preko Romanije. Ukratko rečeno, to je kao neki crni LSD trip.

Želimir Altarac Čičak je od 1969. godine organizirao bezbroj koncerata u dvorani Doma mladih, on je jedan od prvih koji je organizirao koncerte Dugmića.

U Domu mladih su bile i prostorije za probe raznih grupa. Ipe je ponekad vježbao bubnjeve u tim prostorijama tako da mu je bio kao office. Milić Vukašinović iz Vatrenog poljupca je često bio tamo, Amir Bjelanović Tula iz Merlina i niz drugih svirača. Tu bi se često i zapili momci i za pojas zadjenuli. Ima ona čuvena rečenica koja opisuje čuveno kockarsko mjestu Vegas u Kaliforniji. „What happens in Vegas stays in Vegas" (Ono što se desi u Vegasu, ostaje u Vegasu). To isto važi i za Dom mladih u Skenderiji. Što se desi u Skenderiji, ostaje u Skenderiji. Nekad su se znali toliko zapiti da Ipeta ne bi bilo satima, a nekad i cijeli dan kući. Jednom mi je rekao da je Mića u žešćem alkoholiziranom stanju hodao po čašama na šanku. Staklo je frštalo na sve strane. Mića je zaista ovaploćenje jednog rockera. Takav je bio i ostao, dosljedan svojim rock korijenima.

Napokon sam dobila od Bimbe tekstove na muziku koju je napisao Damir Misirlić. Tu počinje moje dugo prijateljstvo sa Ivicom Pinjuhom zvanim Bimbom, a za mene Bimbo je Bimbili i tako ću ga i zvati u ovoj knjizi. Elem, Bimby baby je momak Ipetovih godina. Pristupio je pisanju tekstova kao moj holistički doktor. Prvo smo imali duge razgovore da bi osjetio moj duh i uvijek me je poticao da mu sugerišem ako mi se nešto sviđa ili ne, dok je vješto klesao riječi na tu muziku. Fascinirao me svojim znanjem književnosti, filozofije i filma jer je studirao i dramaturgiju. Bimbily je bio jako zabavan tako da sam voljela provoditi sate i dane u njegovom društvu jer sam uvijek nešto učila. Tekst pjesme „Vampir der Nacht" je napisan kao jedna dramaturška obrada filma Klausa Kinskog „Nosferatu", osmišljen kao radio drama. Na ploči „Kakav divan dan" su dvije pjesme koncipirane kao radio drama, a to su „Aladin" i „Vampir der Nacht". Te dvije numere su ustvari i dva anti-hita, ali da smo ih promovisali kao radio-dramu, mislim da bismo pokupili nagrade za taj rad u oblasti radio-drame.

Stanovao je blizu Skenderije u Dobrovoljačkoj ulici, naši tekstovi su nastajali u njegovoj kuhinji dok je Bimbina mama kuhala ručak. Ja sam bukvalno bila peti član njegove obitelji. Postao je moja najbolja prijateljica kojoj sam se ispovijedala i znala sam da je moja mirna luka u kojoj mogu glavu da sklonim od grada i raje koja je polagano počela da prodire u svaku poru mog privatnog života. Ipe i ja smo gravitirali kao senzacija u gradu.

Ljudi su svašta pričali, kao što to obično biva u malim sredinama, ali ja sam koračala uzdignute glave. Već sam spomenula ono breme koje sam ponijela kad sam se počela zabavljati sa Ipetom i nastojala sam da nosim taj križ na najdostojanstveniji način. Bimbo je to sve znao jer se i on družio sa svom rajom po sarajevskim kafićima, tako da je pjesma „Vodi me iz ovog grada" i autobiografska. Prva strofa te pjesme ide:

Ludo smo plesali, ludo se zezali.

Drugi su tražili povod za trač.

Ludo smo đuskali, ludo se zezali, drugi su potegli mač.

Svoj nos su gurali tamo gdje ne treba, priliku vrebali da nešto kažu

Osmijesi kiseli, mentalno frigidni,

Priliku vrebali da nešto kažu, da nešto slažu

Vodi me iz ovog grada, naša prošlost nad nama bdi.

Vodi me!

Koliko je samo istine rečeno u ovom stihu. Koliko je samo Bimbo ušao u srž moje i Ipetove veze. Dakle, dok su mi se mnogi smješkali u lice, dosta se prašine kovitlalo iza mene. Ali ja sam djevojka izuzetno jakog duha tako da optimizam "Kakvog divnog dana" uvijek prevagne, pobijedi tamne sile i prevari tajnog neprijatelja. Na muci se poznaju junaci.

Bimbin najbolji prijatelj bio je i ostao Bodo Kovačević iz Indexa. Bodo je stanovao blizu Bimbe tako da mu je Bimbo nosio naše tekstove na provjeru i uvijek je u Bodu doživljavao kao uzora. Na Bodu su navaljivali bataljoni djevojaka, ali on je uvijek bio vjeran svojoj supruzi i po tome je nekako bio anti rock zvijezda. Bio je prefinjen i uzemljen muškarac, a o njegovoj ljepoti mogu romane pisati jer je bio jedan od najzgodnijih Sarajlija. Te djevojke koje su se obrušavale oko Bode mislim da su završavale u Bimbinom zagrljaju. Ovo govorim jer je Bimbo odvajao dosta prostora za naše druženje, ali ponekad bi mi nestao iz vidokruga kao izmaglica, odlepršao bi kao jedan blizanac u nove pobjede. Mislim da su moje sumnje bile opravdane jer se moja najbolja prijateljica vraćala pisanju naših tekstova sa velikim osmijehom na licu. Međutim, ja sam od Bimbe pokušala da saznam šta moj Ipe radi i s kim se viđa u gradu kad nismo skupa. Koje su to koke koje se motaju oko njega. Nikad nisam mogla ništa konkretno da izvučem iz njega i mislila sam da je to teška muška solidarnost, ali kad sam počela da pišem ovu knjigu i kad sam opet sa Bimbom pričala i pokušala da dokučim tajnu Ipeta Ivandića, rekao mi je da smo bili savršen par. Da smo uvijek funkcionisali sa jednom lakoćom i da me je neizmjerno volio i album koji smo pravili bio je dokaz njegove neizmjerne ljubavi prema meni. Ljubav je zaista slijepa.

Ipe je odlučio da me nauči da sviram bubnjeve. On je u zgradi u kojoj je imao stan napravio od podruma prostor za vježbanje. Pokušavao me je naučiti bazične stvari na svom bubnju Tama. Noću smo slušali Radio Luxemburg, prošla nam je jedna jesen slušajući Van Halena i pjesmu JUMP, a Ipe je imao i žešću kolekciju ploča. Krenuli smo od Led Zeppelina, Pink Floyda, pa do ACDC-a. To su za mene bile torture. On bi kao moj izvršni učitelj stavio zvučnike pored moje glave i tražio da memorišem vokalize pjevača. Toliko sam zamrzila heavy metal da ga ni dan danas ne podnosim.

Naša razlika u godinama odrazila se i u muzičkom ukusu. Ja sam stasavala u vrijeme punka. Moja apsolutna heroina bila je Blondie.

Godinama sam pratila na radiju emisiju „Zvjezdana prašina" koju je vodio Husko Vladović za koga mogu reći da je jedan od "unsung heroes" grada Sarajeva. Izabrala sam ovu englesku riječ koja znači u prevodu: Osoba koja je suštinski doprinijela ali njen doprinos nije adekvatno prepoznat.

Husko Vladović je bio jedan od najznačajnijih ljudi koji su stvarali sarajevsku kultnu i muzičku scenu u drugoj polovini 20 vijeka.

Husko je imao savršen ukus i mogu reći da je utjecao na mene i izgradio moj ukus. Donosio je iz Londona ploče koje su zaista bile cool. Preko njegovih emisija upoznala sam Kim Wilde. Obožavala sam njenu pjesmu „Cambodia" koja je ustvari imala bizaran tekst. Naime, riječ je o vojnom pilotu koji odlazi na vojni zadatak u Kambodžu i susreće se sa svojom suprugom po zadnji put na vojnom poligonu. Blondie i „Heart of Glass" su me apsolutno omađijale. Godinama sam pratila „Zvjezdanu prašinu" i snimala na kasetu svaki program, tako da bih poslije skidala tekstove i pjevala te pjesme. Husko je imao neobičan izbor koji sam jako voljela, po prvi put sam se upoznala sa jako čudnom muzikom Sheile Chandre i pjesmom „Ever so lonely". Njene pjesme su simbioza duhovne indijske muzike i savremene engleske muzike. Njen muž je poznati producent koji je radio sa Brianom Enom i njene ploče su bile mnogo ispred svog vremena, a record label za koji je izdavala zvao se Real World Records.

Mnogi koji su radili world muziku 90-ih godina izdavali su za Real World. Husko Vladović je također puštao i Ninu Hagen, njemačku punk pjevačicu iz Istočnog Berlina. Nina je u Londonu napravila svoje prvence, također Lene Lovich se često vrtila na „Zvjezdanoj prašini". Uvijek sam slušala više ženske izvođače nego muškarce, privlačio me je ženski glas. One su samo neke od žena koje su muzički utjecale na mene, a bile su jako različite. Moram ovoj grupi da dodam Kate Bush i Arethu Franklin.

Često sam se kao gimnazijalka sretala sa Huskom kod „Čenge", u čuvenom kafiću na Skenderiji 70-ih godina i početak 80-ih. Husko mi je često davao svoje kasete koje sam ja kući presnimavala i vraćala mu originale. Bila sam pasionirani slušalac „Zvjezdane prašine". Često sam tražila da mi donese slike tih cura koje pjevaju, također muziku. Naši mediji nisu prenosili baš sve muzičke događaje iz svijeta. Htjela sam da mi pokaže njihove albume da vidim kako izgledaju jer je on puštao avangardnu muziku.

Tako da sam se na heavy metal osipala. Ali zabavno mi je bilo sa Ipetom provoditi sate muzičkog zlostavljanja, on bi vrištao od smijeha na moje komentare.

Negdje u decembru potkraj 1983. pojaviše se na našim vratima ni manje ni više nego Bebi Dol i Ivana Marković u pratnji Gabaša, brata Zdravke Čolića. Nadimak Dragana Čolića bio je Gabaš.

Bebi Dol je bila back vocal na turneji Zdravka Čolića te jeseni. Ja sam bila zaslijepljena Bebi, što stilom oblačenja, što načinom pjevanja. Njenu interpretaciju pjesme "Rudi" ja sam obožavala.

Kad je izašla njena LP ploča "Rudi", sjećam se da sam dobrano izmaltretirala Dženanu Bregović i vodoinstalera koji je bio došao da popravi nešto u Goranovom stanu. Dženana me zamolila da joj pravim društvo dok je majstor bio tamo, a Goran je bio na putu.

Goran je naravno imao savršen gramofon i zvučnike. Baš mi je bio merak slušati tu ploču u njegovom studiju jer je imao jednu cijelu sobu punu instrumenata, mikseta za snimanje demo snimaka. Sve analogno.

Jedino mi je bilo nelagodno od njegovog psa Tea koji je bio strah i trepet. Nikad nisi znao kad će te zaskočiti.

Teo je bio afganistanski hrt. Trebalo ga je često voditi u šetnju i dresirati. Dženana je često dresirala Tea, ali je pas zaista nije šljivio ni za šta. Na njene pozive na njemačkom "Komm zu Fuβ" Teo bi odšetao u drugom pravcu.

Ja sam, brat-bratu, pustila jedno 67 puta tu ploču dok je vodoinstalater radio. Išla sam im na živce, ali moja ljubav prema muzici Bebi bila je jača od pristojnosti.

Dolazak Bebi Dol sa svojom svitom u stan Ipeta Ivandića ja sam prihvatila objeručke. Za par sati taj ogromni stan od 4 velike sobe bio je transformiran u žensku garderobu.

Što Bebi, što Ivana, rasturile su svoje krpice po cijelom stanu. One su bile tako "fashion forward" obučene da sam ja prosto upijala u svoje okice svaki detalj. Bebi je nosila jedan "body" koji je bio kao čarapa prilijepljen na njenoj koži, a preko toga oblačila je improvizirane suknje i haljine.

Njene haljine su ličile na krinoline. Možda je u tom periodu, po stilu oblačenja, bila između Cyndi Lauper i Boy Georgea. U kosi je imala ogroman umetak koji joj je bio pričvršćen za potiljak. Inače, Bebi i Gabaš su mi bili jako čudan par. On je baš straight muškarac i nikako ga nisam mogla zamisliti sa Bebi, visok kao planina, a ona mala i delikatna. Prespavali su jednu noć skupa, ali vjerujem da se tu ama baš ništa nije desilo jer mi je Bebi ujutro rekla da se jako bojala da joj se ta kika na glavi ne pomjeri jer bi Gaby primijetio da je ćelava. Morala je ukočena spavati cijelu noć, što mi je priznala ujutro.

Moje veliko oduševljenje gostima nije dijelio moj dragi Ipe koji je bio vlasnik stana. Bebi je za njegov ukus bila previše. Suviše mu se pečila i folirala po beogradski da mu je to prosto išlo na jaja. Nije mogao ni do svog telefona da dođe jer ga je Ivana držala u svojoj sobi. Jako brzo, Ipe je u svom stanu postao stanar drugog reda. Primijetim, nema mi Ipeta. Nema ga već satima. Šta bih dala tada da je postojao mobitel! Mi smo izlazile van u provod po sarajevskim mondenim mjestima.

Ali mene muči nervoza. Gdje je on? Napokon se javio. Kaže da je pobjegao kod svoje bivše, ali zaista bivše djevojke Zvezdane Miljković jer mu je situacija u kući nepodnošljiva. Zvezdana je nešto pokušavala da mi kaže, ali od glasne muzike u Ipetovom stanu ja ništa nisam mogla da čujem. Mi smo po ko zna koji put preslušavali novu ploču Bebi Dol koja se zvala „Ruže i krv".

Zvezdana je bila starija od Ipeta par godina i zabavljali su se možda pet godina prije mene. Stanovala je u Vrazovoj, baš u istoj ulici u kojoj je stanovala i Dženana. Zveki ili Zvečarka, kako ju je Ipe zvao, važila je za sarajevskog mangupa. Nakon 15 minuta Zveki me zove da mi nešto kaže, odnosno da mi da jedan savjet. Bila je jako blagonaklona prema meni, mislim da sam joj bila simpa. Pozvala me da dođem do nje da se upoznamo. Naravno prihvatila sam objeručke, ali morala je da sačeka dok moji gosti odu. I ja sam polako priželjkivala odlazak mojih dragih gostiju. Ivana mi je već počela da puni glavu kako me Ipe ponižava. Išli smo svi skupa van u noćni provod. Ipe je imao izuzetno uske farmerke u kojim se nije mogao baš najbolje sageti da zakopča kratke bajkerske čizme. Pošto je Ipe pio, alkohol ga je udebljao tako da je malo kipio oko struka tih farmerica.

Pred svima, dok su čekali, Ipe me zamoli da mu zakopčam čizme. To se učinilo mojoj prijateljici nedopustivo i odmah mi je rekla da tako nešto ne bih sebi trebala da dopustim. Mislila je da sam se ponizila pred svima zakopčavajući njegove čizme.

Kad su gosti otišli, jedno jutro kaže mi Ipe da je posudio stan jednom svom jaranu koji treba da dovede koku, pa ako bih mogla da mu ustupim stan i odem negdje. Naravno, mislila sam, što da ne. Skupa smo izašli iz stana i cijelo vrijeme imala sam neki osjećaj u stomaku da nešto tu ne štima. Imala sam čudnu sumnju da me laže, ali u drugu ruku mislila sam da nepotrebno paranoišem. Otišla sam kod svoje tetke Šeherzade. Ona je bila mamina najmlađa sestra i ja sam je jako voljela. Kad je bila djevojka, a ja dijete, voljela sam da česljam njenu dugu plavu kosu. Mi smo imali kratki nadimak za nju i zvali smo je Judy. Bilo joj je drago da me vidi i znala je da sam otišla od kuće. Nekako je kao UN pokušavala da posreduje između mene i mame. Dok sam kurtoazno pričala sa svojom tetkom, u mojoj glavi su se samo rojile misli o Ipetu. Zamolila sam je da pozovem preko njenog telefona njegov stan. Telefon je zvonio i nakon 2 zvonjenja javio se Ipe. Opet me je prevario i slagao. U pitanju nije bio drug nego on. Pomislila sam, koji šupak. Koji šupak, majko mila! Tetka mi je rekla da nazovem mamu i da mama očekuje da joj se javim. Naravno, mama mi je rekla da odmah dođem kući. Kad je otvorila vrata uzdahnula je duboko. Ja sam izgledala kao skelet. Istina živa, jer ja nisam jela. Hrana mi zaista nije bila prioritet. Valjda od te puste nervoze sa Ipetom moj apetit nije postojao. Pala sam joj u zagrljaj. Scena na vratima moje kuće izgledala je kao iz filma "Lesi se vraća kući". Osjećala sam se kao Lesi.

Trebao mi je kutak da izliječim svoje rane. Kao kad pas liže ranu da mu zacijeli tako sam ja pokušala Ipeta da iščistim iz svog sistema. Nisam mogla jesti ništa što se žvače jer me stomak odmah bolio. Morala sam da jedem nešto tečno. Supa mi je bila odvratna i mama je pravila pudinge od čokolade, specijalno za mene. To sam jedino mogla jesti. Moja opsesivna priroda odrazila se i u hrani. Iako mi se nudi mnogo toga, ja želim samo čokoladni puding.

Kad već nisam došla nazad kući kod Ipeta taj dan, on je počeo da me traži po Sarajevu. Nije ni pretpostavljao da sam se ovog puta vratila kući. Obilazio je uzalud sarajevske kafane, ali ja kao da sam u zemlju propala. Samoj sebi sam rekla, a i mami, da neću više nikada sa njim biti. Mislila sam da je najgora svinja koja može da hoda po površini zemlje.

Plakala sam satima, danima. Ali kad me je locirao i nazvao na telefon, sve što sam već rekla isparilo je kao da nikada nisam izgovorila. Odletjela je u eter svaka negativna riječ koju sam izgovorila. No, ostale su u meni ti mali pokvareni rezovi, te male hulje koje se vješto skrivaju i ja sam ih isto tako vješto nosila svih ovih godina.

Vratila sam se naravno ljuta. Sad Ipe koristi taktiku napad je najbolja odbrana: opet je čuo od nekoga da sam spavala s tim i tim. Da sam ga prevarila.

Ispitivao me je satima da priznam. Onda je rekao da treba da klečim na zrnu riže da saperem sve svoje grijehove. Nije bio nikakav vjernik tako da koncept grijeha nisam mogla da skontam. Pomislila sam, odakle takav sadizam prema meni. Koje zadovoljstvo za sebe Ipe izvlači iz ove situacije. Nije popuštao. Dao mi je ultimatum. Ili da klečim ili to je kraj. Da bih mu udovoljila odlučila sam da mu tu želju ispunim. Nažalost, to je trajalo punih 10 minuta. Apsurdnost situacije je bila kretenska da sam mu rekla da odjebe sa takvim prijedlozima.

Sebi samoj sam bila šupak da sam pristala na torturu od 10 minuta. Prezirala sam samu sebe koliko sam slaba. Odnosno, prezirala sam kontrolu koju je nada mnom imao Ipe.

KLJUČ 11

ULAZAK U STUDIO PAŠE FEROVIĆA

1984. - Olimpijske igre u Sarajevu

Zabranjeno pušenje je polako privodilo kraju snimanje svoje prve ploče i mi smo bili sljedeći bend koji je trebao da snima kod Paše. Očekivala sam k'o ozeblo sunce završetak snimanja prve ploče Zabranjenog pušenja, možda čak i više od samog Neleta Karajlića. Kod Paše ništa nije išlo na ho-ruk, nego je dužina snimanja ploča bila biblijskih proporcija.

Te 1984. godine Olimpijske igre su prošle mimo mene. Kao da sam živjela u paralelnom svijetu, udaljena od svih mojih sugrađana. Uglavnom, vrijeme sam provela pripremajući se za snimanje ploče, a usto razbijala sam glavu pitanjem: "Da li me Ipe voli?"

Jednom sam slučajno nabasala u tramvaju ispred RTV Sarajevo na jednog jako interesantnog druga Ćiru Mandića, profesora sa Filmske akademije. Upoznali smo se prethodne godine kad se Ćiro vratio iz USA – New Yorka po završetku studija režije na prestižnom NY univerzitetu. Mislim da je njegov mentor na fakultetu bio Miloš Forman. Bilo je kasno i Ćiro je upravo završio snimanje „Top liste nadrealista" i išao je kući. Htio je da odemo negdje na piće, ali ja sam išla kod Ipeta. Mislio je da sam se odselila iz Sarajeva jer me u „Olomanu" nije bilo na dnevnoj kafi.

Vrijeme bukvalno stane kod Paše od momenta kad vam nožica dotakne tlo studija.

Već sam rekla da sam se na snimanju ploče Valentina susrela sa tehničkim anomalijama tog prostora. Mislim na količinu kablova. U međuvremenu se namnožilo još više kablova. Izgledalo je kao da nastaju svjetlosnom brzinom, procesom fotogeneze. Paša je neprestano držao u rukama lemilicu i kabl.

Ipe je prozvao Pašu Asteriks zato što je Paša bio identičan liku Asteriksa iz crtanog romana. Pašino lice krasili su riđi brkovi koji su bili maltene veličine repa ovećeg mačka. Ti brkovi su godinama bili namakani u pustim kriglama piva koje je Paša tamanio.

Bio je nižeg rasta i uvijek spreman za zajebanciju. Dok se kretao, meni je izgledao kao da je rotirao po površini parketa. Vremenski period postavljanja zvuka bubnjeva trajao je brat-bratu mjesec dana. Štimali su ton sa preciznošću nuklearnih fizičara. Ipe je bio inspirisan novim talasom i elektronskom muzikom koja je bila jako moderna u to vrijeme. Slušali smo Eurythmics, Ultravox, Duran Duran, Depeche Mode, Adam Ant, Bananaramu i mnoge druge. Pokušao je da replicira taj zvuk i prenese na našu, tako da je specijalno za nas kupio Simons SDS-8 bubnjeve koji su bili elektronski. Kupio ih je u Minhenu. Kad ih je raspakovao izgledali su kao moderni namještaj. Oktagonalne plastične ploče, zaista zadnja riječ muzičke tehnologije.

Naime, sve je snimano na četverokanalnom analognom studiju. Naše tehničke mogućnosti su bile ograničene i zvuk koji smo postigli je vrijedan svake pažnje. Postoji još jedan jako značajan faktor kod snimanja sa Pašom, a to je atmosfera.

Recimo, krenemo da snimamo i ako nešto ne štima onda Fera predloži: "Hajmo na pivo." Pokušao je da ubode pravu emociju u pravo vrijeme. U početku sam naivno mislila da je to jedna tura piva, ali sam se dobro zajebala jer "jedno ili jedna" nije postojalo. Ustvari, Paša je bio svjetski tonski majstor. Fera ili Paša nije bio vrsta nestrpljivog snimatelja koji će snimiti nešto nabrzaka. Imao je strpljenje Majke Tereze. Svaki ton koji je snimljen na ploči „Kakav divan dan" sniman je sa velikom preciznošću. Do kraja života ću mu biti zahvalna za prekrasno iskustvo.

Pomno je snimao moj glas i svaki njegov prijedlog sam uvažavala. Mislim da je Paša oblikovao moj manir pjevanja. U studio su dolazili ne samo muzičari nego i glumci. Plejada jako interesantnog svijeta. Bili su stariji od mene i ja sam upijala svaku njihovu riječ. Nermin Tulić, sarajevski glumac, bio je često kod Paše. On me je naučio dikciju. Snimao je radio drame i naučio me je da dok pjevam jasno izgovaram riječi. Mislim da je i ta lekcija zaista pomogla da izgradim svoj stil pjevanja. Već sam rekla koliko sam voljela Bebi, da bih ponekad zabrijala i okrenula pjevanje na jazz ili na način kako bi ona pjevala. Odmah su me upozoravali da se kanim toga i da ponovo otpjevam što sam već pjevala, ali u svome maniru. Imala sam svjetske mentore i hvala im što su odvojili vrijeme na jednu balavicu. U studio je svaki dan dolazio jedan visok, vitak momak kojeg su zvali Čapa. Bio je dugogodišnji prijatelj Paše, također muzičar. Svirao je gitaru i sitar. Jako neobičan lik, saznam, tek se vratio iz Londona.

Bio je jako neobičan jer sam po prvi put srela nekoga ko je upražnjavao meditaciju i bio vegetarijanac. Ivan Vrhunc

Čapa je bio Slovenac. Tata mu je bio vojno lice iz Slovenije. Mislim da mu se tata penzionisao, a Čapa je ostao vjeran Sarajevu kao pravi Bosanac. Čapa je duhovno bio milion milja ispred nas. Mislim da je pratio Hare Krišne. Poslije je u Sarajevu, za vrijeme rata, vodio Hare Krišna hram. Iako ja ništa od toga nisam kontala, nekako sam suosjećala s njim. Znala sam da je poseban. Bio je Ipetov jako dobar drug. Meni je bio atipičan sarajevski muzičar. Nije ganjao ženske, bar ja to nisam znala. Imao je divnu ženu koja se zvala Raza. Jedna prelijepa žena, duge smeđe kose, suptilna i tiha. Imali su bebu koja se zvala Snježana. Kćerka je bila mali Čapa. Čapa je bio toliki Sarajlija, da se čak ni za vrijeme opsade Sarajeva nije vratio u svoju domovinu Sloveniju. Tada mi je rekao da ne želi da ide nego karmički mora da odradi stvari. I da baš tu, u tom paklu, meditira. Bio je uhvaćen od strane Cacinih vojnika, jednom dok je hodao ulicom. Imao je uvijek dugu kosu i sa strane je bio izbrijan, tako da je ličio na Posljednjeg Mohikanca. Izdvajao se od sredine i vjerujem da je tim vojnicima išao na jaja još ranije. U takvim malim sredinama način kako izgledaš može itekako da utječe na tvoju sudbinu. Kad su ga Cacini vojnici vidjeli, odmah su ga mobilisali i poslali da kopa rovove iznad Sarajeva.

Preživio je i rovove, vratio se u Sarajevo i posvetio zadnji dio svoga života svirajući duhovne koncerte na sitaru. Napustio je ovu dimenziju 2014. godine. Ostao je moj veoma drag i poseban prijatelj od 1983. pa do 2014. godine. Bukvalno sam direktno sa aerodroma posjećivala Čapu kad sam se vraćala u Sarajevo.

Nermin Tulić i Ivan Vrhunc Čapa su učestvovali na dvije numere na toj ploči. „Aladin" i „Vampir der Nacht". Obje numere su vanvremenske. Neobične kao i sami izvođači. Nermin Tulić mi je kao režiser pomogao kako da izgovorim i odglumim tekst. Još jednom, beskrajno sam im zahvalna.

Kad bi Paša predložio „hajmo na pivo", mi bismo išli svi đuture iz studija. Obično su, osim Paše, u studiju bili Ipe, Damir Misirlić, Nikša Bratoš, a svraćali su i mnogi drugi: Sead Lipovača, Goran Bregović, Zijo Valentino, Milić Vukašinović, Tifa, Alen Islamović. Upoznala sam i Vedrana Smailovića, violončelistu, kao i mali milion drugih ljudi.

Preko puta katedrale nalazio se ekspres restoran "Hercegovina". U „Ekspresu" se pilo najjeftinije pivo. Tamo su zalazili lokalni pijanci, kuhala se hrana za radnike tipa: pire krompir, šnicla i salata od paradajza. Ali najbolje priče su se pričale ispred „Ekspresa". Tu sam čula priče o Pašinim putešestvijima po Norveškoj sa njegovom ženom Dubravkom Fijalom. Imali su bend i Dubravka je svirala bas, a Paša gitaru. Imali su malu kćerku Lanu, tako da Dubravka nije mogla češće da dolazi u studio. Dubravka je imala kristalno čist sopran, frekvencije vanzemaljskih prostora.

Stvari su jako sporo tekle kod Paše. Naša ideja, odnosno Ipetova i Damirova ideja bila je da požurimo i snimimo naš album prije Bijelog dugmeta. Na taj način bi napravili prostor da promoviramo ploču „Kakav divan dan".

Dugme se spremalo za snimanje svoje nove ploče. Željko Bebek od 1984. godine više nije bio član Bijelog dugmeta. Došlo je do razlaza benda u Goranovom stanu. Pravilo Dugmeta je bilo da ne vode svoje žene na turneju, a Željko je htio da povede svoju ženu i tu su se rastali. Željko Bebek je rekao mnogo puta u intervjuima da je jednostavno osjetio da je došao kraj. Na njegovo mjesto došao je jedan mladi izuzetno talentovan pjevač, Mladen Vojičić Tifa. Ipe se već susreo sa Tifom, mislim da ga je sreo u studiju muzičke produkcije RTV Sarajevo. Rekao mi je da Tifa zaista mrak pjeva. Doveo ga je na snimanje naše ploče. Imali smo jedan duet u planu, a to su bili

„Prokleti psi" i svi smo se složili kao vijeće staraca da bi Tifin glas bio fenomenalan. Ovu nevjerovatnu baladu je komponovao i aranžirao Nikša Bratoš. Tifin glas me uvijek podsjećao na galop divljih konja koji prolaze pored jako uskih litica. Kad svi ti konji skupa odgalopiraju kroz kanjon dobije se fenomenalan zvuk. Na Tifi je bilo da pazi i njeguje svoju ergelu. Posao pjevača u Dugmetu je vrijedan svake pažnje. To je kao da ste dobili životni loto. Zagarantovan posao u etabliranoj firmi.

Ipe je uspio da za naš projekat pridobije Lazu Ristovskog. Damir Misrlić je željno iščekivao susret sa Lazom, jer je bio klavijaturista. Kad je Laza došao u Sarajevo na pregovore sa Goranom Bregovićem povodom njegovog učešća na snimanju Dugmetove nove ploče "Kosovka", Laza je ostao par dana i bio je gost muzičar na našem projektu. U međuvremenu se Damir Misirlić oženio svojom djevojkom Mirelom. Mislim da su začeli bebu na početku našeg snimanja tako da je dužina njene trudnoće ekvivalentna snimanju ploče „Kakav divan dan". Mirela mi je rekla da je bila veliki fan Laze Ristovskog. Jednog dana joj je Damir rekao da će doći Laza kod njih kući da probaju skupa neke dionice. Bila je trudna sa stomakom koji je već bio vidljiv i sanjala je da upozna legendarnog jugoslovenskog muzičara. Na kraju se njihova konverzacija svela samo na par rečenica.

Ponudila mu je tortu koju je pravila specijalno za njega cijelu noć, a Damir i Laza su otišli da vježbaju u drugoj sobi i nisu izašli narednih 6 sati. U međuvremenu, Mireli se prispalo, tako da je propustila šansu da više vremena provede sa svojim idolom. Inače, Mirela je bila prisutna u studiju tokom cijelog našeg snimanja. Naslušala se i Mirela dugih konverzacija o postavljanju zvuka. Terminologija koja je razumljiva muzičarima zvučala je kao da razgovarate sa nekim na jeziku Marsovaca.

Konglomerat svih tih nepoznatih riječi koje su u korijenu riječi imali cinculator ili cincla meni također ništa nije značio. Ja sam bila više fokusirana na gradnju svoga imidža. Čapa je često nagovarao Ipeta da mi sugeriše kako da počešljam kosu. No, Ipe bi mu odgovorio: "Pusti je, ona mrak izgleda."

Moja kosa je stajala uspravno kao muzejski eksponat. Istapirana, svaka dlaka na mojoj glavi stremila je ka visini kao gotička crkva. I ja sam se upinjala iz svojih štikli da nekuda dobacim svoju loptu. Željela sam da otpjevam album što najbolje mogu. Iz ostave sam iznijela sve stare kofere pune garderobe moje mame iz 60–ih godina. Nosila sam očuhov stari bukle kaput i kačila bih na rever maminu lisicu koja je bila duga 2 metra. Kaput je bio dug do poda, a lisica se uvijek vukla po podu. Zabacivala sam tu lisicu nazad, tako da je u sumaglici izgledalo kao da držim živu životinju na leđima. Nosila sam trikoe iz jednog dijela kao balerine, a onda sam kao suknju koristila razne dekice koje su mi pale šaka. Ipe je imao jednu ružičastu dekicu od kašmira. To mi je bila omiljena suknja. Samo bih je omotala oko sebe i sa hiljadu kaiševa na kojima su bili metalni šiljci tu improvizovanu suknju bih utegla u struku.

Moj način oblačenja plijenio je pažnju lokalnog stanovništva. Sjećam se, jednom sam prolazila ulicu, a stariji gospodin je zaustavio kola i prokomentarisao: "Draga djevojko, da li ste vi normalni?" Iskreno rečeno, uživala sam da izgledam nenormalno. Većinu stvari sam improvizovala ili modificirala sam nešto što sam kod nas kupila. Mislim da je to pravi stil jer meni ne treba niko da kaže šta je moderno ili ne. Gradila sam individualnost u modi. Mnogi nisu bili baš blagi kao taj gospodin koji je zaustavio kola i prokomentarisao moj izgled.

Već sam rekla da je u Sarajevu itekako, u to vrijeme, bilo potrebno imati zaštitnika koji bi te odbranio od raznih nasilnika.

Mojim izgledom ja sam prosto tražila problem u takvoj ograničenoj sredini. Ipetov drug iz zatvora Fleki, koji je počeo češće da dolazi do Ipeta kući, dao mi je svoju riječ i rekao da mu slobodno kažem ako me neko bude dirao. Momak je bio nabildan i raspon njegovih pleća bio je veličine spomenika na Sutjesci. Krasila ga je i medalja jiu-jitsu majstora. On je čuvao Ipeta u zatvoru od kretena da ga ne maltretiraju. To mi je Ipe sam rekao. Pametnom je jednim okom dovoljno da procijeni da se sa Flekijem nije zajebavati. Stanovao je kod muzičke škole i imao je mlađu sestru koja je svirala violončelo. Jako je volio svoju sestru i brinuo o njoj. Moj očuh je pomogao da se njegova sestra upiše na fakultet. Mislim da je to bila Muzička akademija. Elem, i to je pomoglo da mi Fleki bude beskrajno zahvalan i da njegova vrata budu širom otvorena ako mi slučajno dlaka sa glave bude falila.

Za mnom su svašta dobacivali muškarci kad bih prolazila ulicom. U ono vrijeme nije bilo Facebooka, niti mogućnosti da ti komentare i kritike ljudi pišu ispod slike. Pljuvali su te tako po ulici.

Jednog dana kupovala sam karte za kino. Stojim u redu ispred biletarnice kina Dubrovnik, preko puta robne kuće „Sarajka".

Bilo je popodne i bila sam u redu sa još dosta ljudi. Odjedanput stvorila se grupa muškaraca koji su počeli da mi dobacuju. Zaista jako ružno i provokativno su komentirali moj izgled.

Bila je to klasika sarajevska. Ko si ti?...'Ta ćeš ti?...Vidi ti glave, a vidi joj ovo, pa ono. Smijali su se i koristili svaku pogrdnu riječ koju su pronašli u svom vokabularu. A bilo ih je mnoštvo.

Naravno, rasplakala sam se. Mislim da sam ih prepoznavala iz grada, jer su bili neka mini grupa šminkera. Ponekad bi stajali ispred „Olomana" što su i taj dan uradili. Kad su završili sa mnom, otišli su do „Olomana".

Ja sam kao pilot-automat zapucala pravo na čaršiju do Flekija, odnosno do njegove čajdžinice. Sjedi Fleki u svojoj čajdžinici i broji dnevni pazar. Kad me je vidio uplakanu, shvatio je odmah o čemu se radi. I on sam se uvijek smijao načinu mog oblačenja, ali sam mu bila simpa.

Pitao me: "Pa zar mora baš ta dekica danas, Amila?" Ali, dekica je bila moja toga. „Je li kontaš, Fleki?"

Uputili smo se iste sekunde put „Olomana".

Kad smo prilazili, grupa tih momaka nas je primijetila i već su bili okrenuli glavu.

Flekijev fizički izgled rezonira određenu snagu.

Zaćutali su.

On im je elgantno prišao i rekao da ni slučajno im na pamet ne padne da me maltretiraju ili bilo šta dobacuju ubuduće. Bio je jasan i koncizan: Kad me vide na ulici sljedeći put da pređu na drugu stranu iste sekunde.

I tako je i bilo. Sretala sam ih poslije na ulici i zaista su prelazili na drugu stranu kako im je Fleki rekao. To je bio možda jedini način da se spasim napasti.

Blizu Ipetovog stana na aerodromu stanovao je i Zele Lipovača. Kad su se vratili iz Londona na mali predah, Alen je boravio također u stanu kod Zeleta. Sjećam se da su često dolazili do Ipeta. Zamolili smo ih da i oni učestvuju na mojoj ploči. Naravno, većina ovakvih muzičara su to radili zbog Ipeta. Dosta muzičara je voljelo Ipca i htjeli su da učestvuju u njegovom projektu. Ja sama ovakvu plejadu muzičara ne bih ni u najluđim snovima mogla da skupim. Ipe je nosio ovaj projekat na svojim leđima. Bio je željan akcije u studiju jer je pred sam zatvor imao zabranu javnog snimanja koja je trajala dvije godine.

To je bio veliki grijeh jer nije mogao da zaradi pare za svoju egzistenciju kao svirač. Jedina mu je Slađana Milošević ponudila da svira sa njom. Slađana je tada bila velika zvijezda.

Divlje jagode su imali specifičan imidž. Bili su izuzetno lijepi momci. Između Naska Budimlića i Alena teško je bilo odlučiti koji bolje izgleda. Bila sam jako ljubomorna na njihovu predivno odnjegovanu dugu kusu. Bože, što je Alen bio fin momak! To i dan danas mislim. On je bio jako profesionalan i kvalitetan pjevač tako da se nisam nimalo začudila kad je došao u Dugme nakon Tife.

Razbili smo tone stakla da bi usnimili specifičan efekt na pjesmi "Vodi me iz ovog grada" koju sam u duetu otpjevala sa Alenom. U ono vrijeme nije bilo gotovih samplova i oni koju su postojali bili su fabrički, tako da Ipe i Damir Misirlić nisu htijeli da imamo zvuk kao i ostali muzičari.

Pašin studio je bio smješten u prostorije jednog ovećeg stana iz austrougarskog perioda. Soba koja je bila prostorija za pjevanje bila je oblijepljena kartonskim kutijama od jaja. Ambalaže za jaja bile su dobri kondenzatori zvuka, a nasred sobe Paša je postavio nešto što me je podsjećalo na indijanski vigvam ili indijanski šator.

Ustvari moj prostor za pjevanje je bio jako hipi. Pjevala sam bukvalno rečenicu po rečenicu i Paša bi to sve morao da ubode precizno na mikseti. Radio je to sa preciznošću doktora koji je obavljao hirurške zahvate.

Dok smo snimali ploču i imali sreću da radimo sa izuzetnim muzičarima, nisam ni slutila tada da će to baš biti problem kad počnem javno nastupati ili imati svoj javni koncert. Većina muzičara su već svirali i pjevali u svojim grupama. Skupiti sve ove izvođače na jednom mjestu bio bi pozamašan poduhvat što finansijski, što logistički.

Dok je Laza boravio u Sarajevu, odsjedao je kod Ipeta, mislim da su se njih dvojica iskonski kapirali. Ipe je jako volio i poštovao Lazu i njihovo muzičko prijateljstvo kreće još od albuma „Stižemo" koji su 1978. snimali u Londonu. Dan kad je trebala biti promocija albuma „Stižemo" u Sarajevu, policajac Latić je uhapsio Ipeta i, nažalost, taj projekt je jednostavno propao. Gomila novca je bila utrošena u realizaciju albuma koji je bio sniman u Londonu. Bio je i meni jako drag Laza i voljela sam da se druže, jer je Laza za razliku od Kovačevića bio jedan pošten i fin muž. Sa tolikom ljubavlju je pričao uvijek o svojoj supruzi Vesni Ristovski koju je zvao Mačkica. Bilo je jako prometno u Ipetovom stanu.

Jedno jutro budim se i čujem zvuk jedne neobične pjesme koja dolazi iz Ipetovog dnevnog boravka. Jedan veliki hodnik je dijelio spavaću sobu od dnevne u njegovom stanu. Spremim se i zaputim put dnevnog boravka kad, ni manje, ni više, nasred sobe stoji Oliver Mandić našminkan i dotjeran kao da je tek sišao sa engleskog Music Billboarda.

Ipe se dosta družio sa muzičarima iz Beograda jer je provodio vrijeme snimajući u Beogradu dok je imao zabranu izvođenja i snimanja kad je bio uhapšen. Oliverov tata je bio pravnik i vodio je Ipetov slučaj nakon hapšenja tako da je i to bila veza koja je spajala ova dva umjetnika.

I tako, ulazim ja u sobu i Ipe me upoznaje sa Oliškom, svojim starim drugom. Muzičari, kad se sretnu, uvijek preslušavaju matrice tako da su tog jutra preslušavali novu pjesmu koju je snimio Oliška, a pjesma je bila „Pitaju me pitaju". Mislim da je došao u Sarajevo povodom snimanja novog spota za tu numeru na RTV Sarajevo. Meni je izgledao toliko egzotičan jer prosto nikada nisam srela nikoga ko izgleda kao Oliver. Poslijepodne mu se pridružila jedna slatka djevojčica, odnosno njegova djevojka koja se zvala Bibi, također iz Beograda. Toliko je bila nevina i medena da sam je odmah zagotivila, ali mislim da Bibi nije bila punoljetna. Nisam znala šta da mislim, bili su čudan par.

Poslije se mnogo prašine diglo oko te pjesme „Pitaju me pitaju" i autorskih prava. Pjesmu je prvo bio potpisao Oliver, ali je koautor bio njegov drug Mišo Radić čiji je nadimak bio Miša Pica, jer je imao pizzeriju u Beogradu.

Mišo je zapravo bio rođen i išao u školu u Sarajevu, ja mislim, sa Čolinim bratom Gabašem, a također je bio dobar prijatelj Gorana Bregovića. Nisam sigurna šta se na kraju desilo sa autorskim pravima te pjesme, ali je Oliver te 1984. godine pobijedio na Mesamu s tom numerom. Njegov scenski nastup je bio namjerno napravljen da isprovocira publiku jer je nosio feminiziranu garderobu. Ustvari ništa novo, jednostavno je bio jako inspirisan David Bowie albumom „Ziggy Stardust" gdje se David pojavljuje kao androgeno biće. To je sve vjerojatno OK u Engleskoj, ali u Jugi 1984. to je bilo čudo.

Pustili smo i mi, odnosno Ipe, Oliveru našu ploču "Kakav divan dan" i za divno čudo bila mu je OK.

Mi smo u Pašinom studiju privodili miks kraju. Jednu cijelu noć smo proveli Paša, Bimbo, Ipe i ja u restoranu "Patkice" na Baščaršiji i zoru dočekali maltertirajući konobara da nam pušta našu završenu ploču na kasetofonu. Cijelu maratonsku noć samo se vrtila naša kaseta "Kakav divan dan". Na taj način smo testirali konačni zvuk. Jer, OK je kad ti čuješ nešto u studiju, ali valja to preslušati na običnim kasetofonima jer je većina raje muziku i slušala sa njih. Zvučnici na tim kasetofonima su bili čista katastrofa, kao da slušaš muziku sa veš mašine. I došao je i taj trenutak da ponudimo ploču nekoj diskografskoj kući.

Razmišljali smo između Diskotona i Jugotona. Na kraju smo se odlučili za Jugoton. Zapravo se Ipe odlučio za Jugoton. Mislim da nam je to kardinalana greška bila, jer da smo se odlučili za Diskoton, vjerujem da bi nas kao grupu više pogurali. Goran Bregović je 1984. godine otvorio Kamarad, svoju diskografsku kuću pri Diskotonu. Brega je na suptilan način htio da sugeriše da je bolje za nas da izdamo ploču u Diskotonu, jer nam je Diskoton pod nosom u Sarajevu. Čak je i direktor Diskotona bio izrazio želju da izdamo ploču kod njih, ali Ipe je to hladno odbio i stvorio jednu vrstu animoziteta prema tadašnjem direktoru Diskotona Nenadu Biliću. S obzirom na to da sam ja bila Ipetova djevojka, taj animozitet se prenio i na mene. Ipe nije znao kako da bude dobar diplomata u biznisu.

Ipe i Damir su otišli u Zagreb da ponude ploču Jugotonu i Jugoton je prihvatio. Isplatili su troškove snimanja kod Paše, a sve ostalo ja nikada nisam ni vidjela. Ipe je potpisao ugovor koji ja također nikada nisam vidjela. Tolika sam glupača bila da nisam ni tražila da vidim ugovor. Ipe mi je rekao da ja imam samo izvođačka prava na toj ploči i to bi bilo to. Da li je pao neki avans od Jugotona, ni o tome pojma nemam jer je sve bilo dosta tajnovito.

Na moju veliku nesreću ja nisam kapirala da je to muzički biznis. Ja sam znala da pjevam, a o ovoj drugoj strani muzike, iskreno rečeno, pojma nisam imala i to je bila moja velika greška. Sada, sa ove distance, u stanju sam da uvidim svoj propust, ali u drugu ruku, malo se znalo o muzičkom menadžmentu 1984. godine. Mislim da bi svaki pjevač, osim što zna pjevati trebao da završi kurs biznisa. Ja sam mislila da Ipe sve zna i beskrajno sam vjerovala da on ima prave odgovore na sve. Kasnije se ispostavilo da ni on pojma nije imao.

Ima jedna adekvatna izreka u engleskom jeziku koja ponajbolje definiše nas dvoje, a to je da slijepac vodi slijepoga.

Ja sam te 1984. bila plavuša i mentalno, a ne samo fizički.

Dok su bili u Zagrebu, za vrijeme potpisivanja ugovora sa Jugotonom, Damir Misirlić mi ispriča da su se sreli sa Oliverom. Bilo je rano ujutro kad su doletjeli u Zagreb i Oliška je već organizirao žurku sa ribama u svom hotelskom apartmanu. Mogu samo reći da je super biti muška zvijezda na Balkanu i inače u svijetu. Muškarcima je sve dopušteno. Sve je to normalno, žurke, sex.

Ipeta su počele da vuku obaveze prema Dugmetu. U toku ljeta 1984. mislim da je bio ili juli ili august, Dugme je provelo vrijeme u Rovinju uvježbavajući novi album. I kako Ipe ode, tako se i ja o svom poslu zabavih.

Ja sam se u Sarajevu družila sa dosta ljudi iz različitih grupa, a ovdje više mislim na društva koja su cirkulirala kao komete jedni oko drugih. Izlazila sam do „BB kluba", Filmske akademije, „Cedusa", a ponekad bih svraćala u „Estradu". U „Estradu" je Ipe zalazio. Usto, vlasnici „Estrade" su bili Raka Marić i Perica. To je neki dugmetovski krug.

Ja sam uvijek išla na alternativna mjesta da bih izbjegla Ipeta jer nisam htjela da ga kao prikolica pratim po Sarajevu. Na alternativnim mjestima su naravno i alternativna raja. Moje društvo je bilo šaroliko, od Đure iz

Bombaj štampe do Rize iz Elvisa. Rizo je rođen isti dan kao i ja 5. aprila i tu smo negdje slični kao ovnovi. Uvijek razigrani i spremni za nove akcije. Prošlo mi je to ljeto u dernečenju sa rajom u Sarajevu. Dženana, moj vjerni pouzdanik, otišla je na ljetovanje sa Goranovim bratom Predom i djevojkom Bojanom. Oni su plovili na Goranovoj jahti po Jadranu. Zaista pravi sarajevski jet set.

Moji su također bili otišli na more tako da sam imala praznu gajbu. U Sarajevu zna strašno biti uzbudljivo ako si sa pravom rajom. Jedne noći skompah se sa Rizinom ovećom grupom raje i odlučismo da odemo kod mene. Tu smo blebetali, pili, a neki i džoint zapalili. Mislim da je sa Rizom bio Duško Plavi – tako smo ga zvali, a on je imao neke trave. Nisam sigurna da li je bila trava ili hašiš, ali sam i ja par dimova povukla. Odmah mi se spavalo.

Nikad nisam voljela taj osjećaj pospanosti tako da nisam nikada ni pretjerano upražnjavala duvanje. Ne volim usporene kretnje. Nisam nikada bila u stanju da autobus čekam na jednom mjestu, a kamoli da se usporim duvanjem. Htjela sam da probam, jer u prisustvu Ipeta to nikada ne bih mogla.

Čudni su se likovi motali te noći, ulazili i izlazili. Primijetim na balkonu da jedan momak ima kesu na ustima. Tu mi je po prvi put Duško objasnio da on duva lijepak. Navodno to nije onaj Aero lijepak, nego lijepak koji koriste obućari. Navodno, zbog toga svi su obućari non stop "high", reče mi Duško.

Ljeto u Sarajevu je priča za sebe. Nigdje nikog, svi su otišli na more. Ja bih rekla "gluho glamočko", a ustvari je to baš super jer nema svijeta. Samo je nas par ostalo.

Kad hodaš ulicom, možeš da čuješ otkucaj svoga srca. Sunce koje žeže, suh vazduh i atmosferski pritisak sa okolnih planina pritišću te kao onaj kamen što se stavi povrh kace za kiseljenje kupusa i vuče majci zemlji. Zakoni fizike i gravitacije postaju jasniji od svih onih pustih sjedenja na času fizike i matematike. Možda zato što sam uvijek na takvim časovima gledala kroz prozor i sanjala da kao Petar Pan prhnem sa prozora i padnem tamo gdje je trava zelenija. Inače, hodajući kroz te uske sarajevske ulice uvijek sam imala taj jebeni osjećaj da nešto propuštam u životu.

Da se tamo negdje stvari dešavaju, a ja da sam na kraju svjetskih zbivanja. Imala sam ime za taj osjećaj. Zvala sam ga „skučenost u srcu".

Na svu sreću Ipe se redovno javljao tako da njegova odsutnost nije uzrokovala jači osjećaj "skučenosti srca". Naravno, Ipetu nisam pričala o dernečenju, a posebno ne o tome da sam pušila džoint. Bila mi je veća frka od njega nego od mojih roditelja. No, meni su redovno stizale vijesti da je viđen sa nekom ribom itd. Tih dušebrižnika u Sarajevu bilo je na bacanje. Ili su ti to govorili da bi te potkačili ili su jednostavno uživali da ti nanesu bol.

To je nešto specifično za sarajevsku sredinu. Taj trenutak, kad neko može da izvuče iz rukava keca i povali, što moralno, što duhovno tvoju voljenu osobu sljedećom rečenicom: „Šta će ti taj miš?".

Ja mislim da su taj osjećaj i satisfakcija koji dušebrižnik dobije jači od bilo kojeg orgazma koji je doživio. Samo hoću reći da su takvi tipovi dobrano bili neiskarani jer da jesu, ne bi se bavili tuđom ljubavnom vezom.

Jednog ranog ljetnjeg jutra oko sedam sati zvoni neko na vrata. Pogledam kroz špijunku i imam šta da vidim. Pred vratima stoji Ipe. Kao da me je milion sunaca ogrijalo tog trenutka. Dugme je završilo sa probama u Rovinju i on se vratio avionom ranije. Svaka riječ koju bih upotrijebila sada bi bila patetična i nesuvisla pri opisu emocija i ljubavi koje su me preplavile.

Bio mi je sladak Ipe kad se raznježi, onolika gromada i pita me: „Da li me volkiš?" Moj odgovor bio je: „Pa naravno da te volkim."

Htio je da me iznenadi. Pao je naravno ekstatični seks. Kotrljali smo se po parketu kao gimnastičarski par Nađa Komaneči i Vitaly Scherbo. Za gipkost, elastičnost i entuzijazam mogli smo slobodno da dobijemo šest zlatnih medalja.

U takvom ekstra raspoloženju htjedoh da ga počastim nekim pićem i otvorih "bife".

Većiňa stanova, u dalekoj nam Jugoslaviji, bili su isto ili slično uređeni. Boja namještaja je obično bila smeđa, odnosno boja furnira na drvenom namještaju, a fotelje ili sofe su bile nezaobilazno presvučene smećkastim tonovima mebl štofa. U dnevnom boravku obično bi jednu stranu zida pokrivali regali. Regali su često imali ukrasne detalje Luja XIV ili su bili inspirisani starim francuskim namještajem, ali su svi napravljeni 80-ih godina. Na svu sreću, mi smo imali jedan koji je imao potpuno ravne fioke i vrata. Tipičan stil Skandinavije 70-ih. Mi smo razdvojili ta tri giganta od garderobera i polica za knjige po stanu. Dakle, u jednom tom dijelu regala koji se nalazio u dnevnom boravku, srednji dio je bio bife za piće.

Moj očuh je bolovao od dijabetesa, a mama i ja nismo pile, tako da je taj bife, dosta pozamašan prostor, bio napunjen najkvalitetnijim bocama francuskih konjaka, francuskih brendija, italijanskih likera, ruskih votki, vrsnih vina i šampanjaca. Razlog ovom širokom i bogatom asortimanu pića koje smo imali bio je to što je moj očuh pića dobivao na poklon.

Naime, kao Republički sekretar za visoko obrazovanje Mehmed Kurbegović je pomagao pri upisu na fakultet mnogim kandidatima koji su ga vijali širom Bosne i Hercegovine. Inače, moj očuh je bio mudar i naočit čovjek. Telefon je zvonio dan i noć. Zvali su ga ljudi sa molbama i zahvalnicama na njegovom urgiranju kod profesora.

Kad bi kandidat prošao, ja bih čula Mehmeda kako kaže na telefon toj osobi: Profesor me je poslušao. A kad bi kandidat podbacio, ja bih čula: Nije me profesor poslušao, izvini druže.

Kako su ga zaista gnjavili i dan i noć, nije bilo lako svima udovoljiti. Pitala sam ga kako to odrađuje. A, on će ti meni onako pragmatički:

„Ja jednostavno nikada i ne urgiram, nego pustim da se stvari odviju prirodno."

Kad je moj Ipe ugledao sve te puste flaše skupocjenog pića, okice su mu se raširile kao da je ugledao Sveti Gral.

Njegovo dobro raspoloženje i dobre vibracije koje smo širili po stanu bili su amplificirani ovim skupocjenim alkoholom koji je on sa velikim užitkom konzumirao. Telefon je non stop zvrndao jer je dosta raje zvalo mene, a sada i njega. Kao i svaka tegla meda u koju ponekad padne muha i kontaminira sadržinu, tako je i jedan telefonski poziv kontaminirao naše dobre vibracije.

Telefon zvoni: „Ko je?", pitam ja.

Druga strana: (ŽENSKI GLAS): „Htjela bih razgovarati sa Ipetom."

Pitam ja: „A ko je to?"

Druga strana: „Ja sam Nina Sever iz grupe Videosex."

Grupa Videosex je vježbala u Rovinju u prostorijama koje su bile blizu prostorija u kojima je vježbalo Dugme. Nina je postala prava napast. Zvala je noću, danju. Kad bih čula njega kako srdačno priča na telefon sa njom, ja bih prosto od muke krenula da češljam rese na tepihu da se smirim. Na kraju sam od ljubomore jednostavno iščupala telefonski utikač iz zida zajedno sa utičnicom i to je bio kraj te napasti.

KLJUČ 12

Kao pokisli psi

Medijski smo instantno bili prihvaćeni. Duca Marković je otvorila vrata za nas u Hitu meseca i ja sam se pojavila sa pjesmom „Vodi me iz ovog grada". Hit meseca je bila najprestižnija muzička emisija iz Beograda koja je bila emitovana preko JRT-a (Jugoslovenske Radio Televizije).

Pojavljivanje u toj emisiji dalo mi je nevjerovatnu popularnost. Moj scenski izgled također je bio zapažen. Imala sam styling "girl next door" bajkerska kratka kožna jakna, jako uske hlače i naravno bijesne čizme koje sam nabavila u Italiji. Ipe i ja smo uradili specijalni šoping u Milanu za moje nadolazeće nastupe. Hlače sam pronašla u maminom koferu iz 60-ih godina. Što bi rekli sada "vintage", a imale su stil capri hlača, dakle uske i dužine do članka. Bile su krem boje sa rajsferšlusom sa strane. Provela sam cijelu noć zašivajući od satena crne velike cvjetove na hlače. Uslikana televizijskom kamerom na Hitu mjeseca moj scenski izgled je bio jako efektan i pun pogodak.

Počeli su da nas zovu razni TV centri.

RTV Sarajevo snimila je moj cjelovečernji show program, a režirao ga je Vuk Janjić. Ovo je bio jedan od prvih projekata Vuka jer je tek došao sa akademije na televiziju. Ipe je odlučio da se scenski predstavi kao kapetan Spock iz „Zvjezdanih staza". U šminkernici, na televiziji, zamolio je šminkerku da mu napravi obrve nagore, ukoso da idu ka potiljku. Navodno, Spock je bio heroj njegovog djetinjstva. Kad je djevojka to i uradila, meni je sa tim obrvama izgledao više nego čudno, ali pustila sam ga da bude takav, nadajući se da se curama neće dopasti. Na kraju krajeva, sam je htio takav scenski izgled. Mudro sam držala jezik za zubima.

Zaista su objavili taj show u udarnom terminu. Sipali su pozivi kao iz rukava. Ademir Kenović, sarajevski režiser, je izrazio želju da snimi spot za nas. Godinu nakon toga, odnosno 1986. godine, Ademir Kenović je snimio film "Ovo malo duše".

Naravno, bila sam presretna jer bi se spot vrtio u jako gledanoj emisiji. Snimanje je bilo dogovoreno za ujutro u 8 sati. Ipe je razgovarao sa Ademirom prethodnih dana i tako su se dogovorili. U Ipetovom životu sat kao jedinica za mjerenje vremena nije postojao. U njegovom aerodromskom stanu jednog dana sat se pokvario i nikada ga nismo popravili, a ručni sat ja nikada nisam ni nosila. Naravno, ja nisam pojma imala da se moramo probuditi u osam i oslonila sam se na Ipeta misleći da on zna šta radi. Mi smo se ležerno probudili u 10 sati sljedeći dan i otišli do RTV Sarajevo da se sretnemo sa Ademirom. Naravno, kad sam uvidjela da smo se probudili kasno i zakasnili na snimanje nije mi bilo drago, ali Ipe mi je rekao da se smirim i da je sve pod kontrolom.

Sretosmo se na recepciji RTV Sarajevo sa Ademirom Kenovićem i Nunom Arnautalićem. Naravno, ova dvojica profesionalaca bili su zaprepašteni jer je cijela snimateljska ekipa te emisije bili na setu ujutro i spremna za snimanje osim dvije razmažene zvijezde, dva kretena.

Ipe je bio dosta nonšalantan povodom toga i svoju energiju je počeo da usmjerava ka Dugmetu.

Prosto me je bilo sramota što se nismo pojavili na vrijeme kao profesionalci. To je ono kad ti i univerzum želi pomoći, a ti sam sebi jamu kopaš. Kad pomislim na tu scenu, stid me je i dan danas Ademira i Nune.

Vjerojatno su oni ovu epizodu zaboravili odmah, ali sa razlogom me više nikada nisu pozvali ni u jednu emisiju koju su radili. To je bila jedna velika lekcija koju sam trebala da naučim.

Ipe je uglavnom prihvatio i ulogu moga menadžera. Uskoro sam dobila poziv od kultnog jugoslovenskog režisera Bore Draškovića da uradim muzičku matricu za film „Život je lep" i moj glas bi bio glas Sonje Savić u filmu. Sonja je glumila pjevačicu u tom filmu.

Ja sam bila počastvovana pozivom, ali Ipe nije htio ni da čuje. Nije mi dopustio da idem u Beograd na snimanje bez njega. Smatrao je da ja to ne treba da radim.

Ipe je bio izuzetan muzičar, ali nije bio neko ko se kapirao u pozorište ili čitao knjige. Nije mu bila poznata niti je Ipeta interesovala intelektualna avangarda, koja je meni puno značila. Bio je tipičan muzičar. Ja sam imala drugačija interesovanja i čitala sam Prousta, Kunderu, Sartra, Dostojevskog. Voljela sam češke pisce poput Hrabala. Odrasla sam čitajući stvarnosnu prozu – romane šezdesetih i sedamdesetih godina koja se kao Crni talas na filmu bavila ljudima iz predgrađa. Ja sam bila mlađa od Ipeta, ali sam imala šira intelektualna interesovanja.

Možda zato što sam bila jedinica, dosta vremena sam provodila sama u svome prostoru. Mi smo stanovali na prvom spratu, a ispod nas je bila jedna velika biblioteka. Dok su moji radili, ja bih dolazila kući poslije škole i išla redovno u biblioteku. Voljela sam miris papira i knjiga. Uživala sam u ritualu biranja knjiga. Osjećala sam se kao voajer koji ulazi u intime ljudi i likova koje nikada nisam upoznala. To je isto kao danas kada ljudi listaju po Facebooku i gledaju živote drugih ljudi kroz njihov profil, s tim što je FB uzalud izgubljeno vrijeme, a čitanjem sam obogaćivala svoj jezik.

Boru Draškovića, izuzetnog režisera koji je nagrađivan u Jugoslaviji, a i u inostranstvu, umjetnika koji se bavio raznim medijima, pisca, profesora u SAD na filmskoj akademiji, ja sam morala da odbijem. Još uvijek sam slijepo vjerovala da Ipe zaista zna šta radi!

Meni su bile pružene nevjerovatne šanse u tom vremenu. Malo ko bi sada odbio ovakvu ponudu, a ja sam sama sebi kresala krila. U životu lakoumno vjerujemo da će se ponude replicirati i da će univerzum uvijek biti na našoj strani. Naravno, univerzum i poradi nama u korist, ali ti također ukaže na propuste. Jer, kad sam ja jurila za ponudama kasnije u životu, one se prosto nisu dešavale.

Desilo se ono od čega smo strahovali, a to je da se izdavanje ploče „Kakav divan dan" podudara sa turnejom nove ploče Bijelog dugmeta. To je bio album "Kosovka" na kome se Tifa pojavljuje po prvi put nakon Bebeka i Dugme se pomno pripremalo za koncerte.

Ipe će naravno biti više zauzet sa Dugmetom, tako da od mojih koncerata ništa neće biti. A Damir je dobio sina i počeo da radi. Uskoro je Damir dobio i posao i trebao se pridružiti predstavništvu u Rusiji.

Kod mene u kući su napokon provalili da je onaj bife za piće, koji je bio pun, sada bio potpuno prazan. Mi taj bife nismo nikada ni otvarali osim kada nam dođu gosti. Jedne večeri moji su pozvali svoje dobre prijatelje na večeru i kada je moj očuh otvorio bife pred čika Draganom i teta Nadom, nije bilo niti jedne boce unutra. O epilogu ove situacije nepotrebno je da pišem. Bili su preneraženi, a ja sam, naravno, bila najveći krivac!

Do Ipeta je u međuvremenu stigao glas o derneku koji je bio u mojoj kući dok je on bio sa Dugmetom u Rovinju. Pravdala sam se na sve moguće načine, ali Ipe je tvrdio da mu je neki frajer sve ispričao. Naravno, govorila sam da to nije istina, ali ovaj idiot koji mu je sve ispričao opisao mu je čak i položaj namještaja u sobi. Mislila sam: Bože, što su ti sarajevska blebetala. Muškarci su definitivno veće tetke tračare od žena. Gušila sam se pri pomisli da svaki moj korak komentarišu i prepričavaju. Strašno mi je to smetalo.

Dugme je već krenulo sa turnejom. Ipe je dobio zadatak da pazi na Tifu za vrijeme turneje i dijelili su sobu za spavanje. Ipetov neseser je bio pun raznih lijekova, andola, plivadona, a i tableta za smirenje živaca. Po izlasku iz zatvora jedan doktor koga je posjećivao opskrbio ga je ovim tabletama koje bi trebale da liječe depresiju. Ne mogu da se sjetim da li ih je Ipe rabio dok je bio u Sarajevu, ali ih je ponio za svaki slučaj. Ipe mi se žalio poslije na telefon da mu iz nesesera nestaju tablete na neki čudan način. Obojica bi legli u isto vrijeme nakon koncerta, ali bi se Tifa, kad bi vidio da Ipe spava, obukao i izvukao da derneči sa rajom koja je pravila žurke poslije njihovih koncerata. Sumnjao je na Tifu da mu tamani tablete. Niko od starije ekipe iz Dugmeta nije išao po tim zabavama jer su bili mnogo stariji od Tife i već su prošli taj fazon.

Od mojih ploča ni traga ni glasa u prodavnicama 1985. godine. Jugoton je napokon poslao par ploča u Sarajevo, odnosno u prodavnicu Jugotona, o manjim mjestima da i ne govorim. Moje sumnje da smo napravili grešku sa Jugotonom su se potvrdile. Uglavnom sam više snimala u Beogradu i Sarajevu nego u Zagrebu. Nikada nisam bila pozvana ni na jednu emisiju na zagrebačkoj televiziji.

Sarajevske i beogradske novine su pisale više o našoj grupi. Kad smo završili i izdali ploču, Goran Bregović je rekao: "Mala, napravila si dobar posao." Međutim, sarajevski rok kritičar Ognjen Tvrtković je u sarajevskom Oslobođenju napisao jako lošu kritiku. Nahvalio je Videosex i Plavi orkestar, a nas je pokopao. Nastojala sam da se ne nerviram oko toga jer ko može za ozbiljno da uzima kritičara koji pohvali pjesmu „Mujo utovara, istovara svoja kola malena" - Plavi orkestar.

Mislim da je razlog te njegove recenzije bio lične prirode. Kad je Dugme otišlo na turneju, ja sam sa Dženanom, Goranovom djevojkom i Jadrankom Petrović provodila dosta vremena na Akademiji. U to vrijeme bilo je jako popularno izlaziti u Filmsku akademiju. Bife Akademije je vrvio interesantnim likovima iz Sarajeva 1985. godine. Članovi Pušenja su bili česti gosti tamo i tu se možda razvilo to prijateljstvo Nele –Kusta. U to vrijeme Mladen Matarić, profesor sa Akademije, je imao svoju teatarsku grupu koja se zvala Tatu–pozorište i često su putovali sa predstavama na čuveni Edinburški teatarski festival. Top lista nadrealista se po prvi put izvodila u teatru Akademije. Moj drug Miroslav Mandić – Ćiro bio je profesor na Akademiji. Plejada jako dobrih mladih glumaca se tada školovala: Haris Burina, Saša Petrovic, Đuro (Branko Đurić), Haris Hadžifejzović, Atko Glamočak, Geljo i mnogi drugi, žao mi je ako ih nisam nabrojala. U publici je također bilo jako puno interesantnog svijeta. Pošto mi je Ćiro (Miroslav Mandić) bio drug, ja sam visila na svakoj predstavi sa Dženanom i Jadrankom. Toliko sam puta odgledala neke predstave kao recimo „Ples osamdesetih" u režiji Mladena Matarića da sam kao glumac zapamtila svaku izgovorenu rečenicu. U to vrijeme je i Bora Stjepanović bio profesor na Akademiji. To mjesto je imalo posebnu atmosferu, možda zato što su se profesori Akademije družili sa svojim studentima. Nije bilo kao, recimo, na mom Pravnom fakultetu te udaljenosti profesor – student. Staromodni oblik školstva.

Jedne večeri, sa lijeve strane od Jadranke, Dženane i mene sjedio je Ognjen Tvrtković sa svojom suprugom. Mi smo se interno zabavljale i smijale i mislim da je neko od nas tri spomenuo njegovo ime u smislu da bi trebale da se prestanemo cerekati jer će čovjek pomisliti da se cerekamo njemu. Mislim da smo mu išle žešće na jaja i izraz na njegovom licu je to pokazivao, tako da sam ubijeđena da je kad je otišao kući te večeri pala je odluka da napiše kritiku o mojoj ploči.

Ponekad bi zaglavili cijelu noć sa rajom sa Akademije i kad bi se bife zatvorio, mi bismo nastavili da dernečimo na nekom drugom mjestu .Sjećam se jedne večeri, sva mjesta su bila zatvorena u Sarajevu i Ćiro - Miroslav Mandić je predložio da odemo na Željezničku stanicu. Vozovi su dolazili i odlazili cijelu noć i bife Željezničke stanice bio je otvoren non-stop. Ponekad, kad bih ulazila u haustor sretala sam na stepeništu prvog komšiju Dizdarevića kako ide na posao, a ja sam se vraćala kući. Tako mi je Ćiro jedne večeri rekao da sam jedna od 5 potencijalnih cura na njegovoj listi za ženidbu i još da imam tu čast da sam u užem izboru. Udvarao mi se na taj način. Ćiro je bio Ipetova generacija, visok momak sa kosom kao čekinja. Imao je izuzetno dubok glas tako da mi je, kad bi pričao, zvučao kao medo koji brunda. Voljela sam američkog režisera Jima Jarmuscha koji je pravio kultne njujorške filmove. Ćiro mi ga je otkrio jer su nekada organizovali filmske projekcije na Akademiji. Podsjećao me je Ćiro jako na njega, ali na nesreću, snimio je samo jedan film, a to je bio kratki film koji se zvao "Brak radnika". Film je bio jako dobar, socrealistički. Radilo se o paru koji se gotovo nikada ne sreće, jer žena radi u toku dana, a muž radi noću. Jeli su iz jednog tanjira, jednim escajgom i imali jedan bicikl. Kad bi završili sa poslom vraćali bi se kući biciklom, a onda bi ovaj drugi uzimao taj isti bicikl i išao na posao. Romantika na Ćirin način. U filmu glumi jedan lik iz "Sjećaš li se Dolly Bell". Mislim da se prezivao Zurovac.

Čudilo me zašto Ćiro nikada nije dobio novac kao Kusturica da snima filmove, iako bih po ovom kratkom filmu mogla zaključiti da bi nas Ćiro sve prijatno iznenadio.

Dženana, Jadranka i ja išle smo i dernečile po Akademiji sa takvom revnošću kao da smo išle na posao. Jadranka je tek dobila posao u Centralnom komitetu. Ona je jedina od nas tri imala ozbiljne obaveze. Dženi je studirala engleski, a ja sam bila slobodna umjetnica i nemaran student prava.

Iz noći u noć, non-stop, toliko se intenzivno živjelo i radovalo životu, družilo sa rajom da nam odlazak kući prosto nije padao na pamet. Jednom je Jadranka rekla Dženani da mora zaista kući jer radi ujutro. Mi smo je zadržavale i molile da ostane. Onda ju je Dženi pokušala odvratiti jedinim argumentom koji je imala, a to je da i ona mora kod doktora u 12 sati. Nagovarala sam je da ostane, ali sam i tada kontala da ustajanje u 7 ujutro i odlazak na posao imaju sasvim drugu težinu od odlaska doktoru u 12 sati, imajući u vidu da je Dženana stanovala u Vrazovoj ulici, odmah do Doma zdravlja. Dakle bukvalno 3 minuta udaljenosti od njene kuće.

Ipe bi me često zvao, obično oko 1 ili 2 sata ujutro. Ja bih dernečila na Akademiji i pokušavala da tempiram svoj povratak kući prije nego on nazove. Naravno, pretvarala sam se kao da sam cijelu noć provela čuvajući telefon pod jastukom i čekajući njegov poziv.

Jednog dana, na dnevnoj dozi kafe u „Olomanu“, sjedimo Jadranka, Dženana i ja u izlogu. Svaka pijucka svoj espresso. Ušao je u „Oloman“ Kiki, jedan od tadašnjih tehničara Dugmeta. I on mi odmah dojavljuje da je Ipe viđen sa nekom kokom u Zagrebu.

Bio je sunčan proljetnji dan. Osjetila sam da se oko mene zarotirao sav enterijer „Olomana“. Iz ušiju mi je bukvalno para kuljala. Po ko zna koji put moje se srce izlomilo u mikro-nano komadiće. Mislila sam po hiljaditi put, koji šupak. Zaćutah par minuta i sine mi fenomenalna ideja.

Saopštim Dženani i Jadranki jasno i glasno moj plan:

Udat ću se njemu iz inata za Ćiru Mandića!

Podsjetih ih na interesantnu propoziciju koju mi je Ćiki predložio prije izvjesnog vremena. Te sekunde smo se bacile na odabir moje vjenčanice. Sve smo mi to fino skontale. Dženana je imala neku prekrasnu haljinu koju je dobila iz Italije i ona bi mogla poslužiti kao moja glamurozna vjenčanica. Više smo se bavile estetskom stranom vjenčanja nego pitanjem: Šta će Ćiro na to sve da kaže?

Već sam rekla da je Ćiki bio profesor na Akademiji i uputih se iz istih stopa da ga obavijestim da sam prihvatila njegovu ponudu za brak. Odem do dekanice fakulteta, a na svu sreću ona me je poznavala.

Dekan fakulteta je bila Raza Lagumdžija i surađivala je sa mojim očuhom kad su otvarali Akademiju. Odatle datira njihovo prijateljstvo.

Uđem u njenu kancelariju i zamolim gospođu Lagumdžiju na najumilniji način da pozove sa časa profesora Mandića. Objasnim joj da je u pitanju nešto jako hitno.

Stojim u holu ispred kabineta i piljim u sivi kameni pod. Otvaraju se teška drvena vrata, izlazi Ćiro, sa velikim upitnikom na licu.

I tako mu objasnih da sam došla da mu kažem da prihvatam onu njegovu bračnu ponudu, ali ne spominjem razlog moje odluke. Objasnila sam mu da već i vjenčanicu imam, jedino njegovo odijelo je problem.

Ćiro je bio frapiran tom mojom ishitrenom odlukom. Još i dan-danas kad pomislim na izraz na njegovom licu, valjam se od smijeha. Kao što rekoh, izgledao je kao neki medo koji je zatečen jer mu se ruka zaglavila u velikoj tegli meda. Brundao je Ćiro o nizu razloga zbog kojih ne bismo trebali da se odlučimo na taj korak. Jedan razlog je bio dovoljno očit, a to je: „Pa nismo se nikada ni poljubili, kako ćemo živjeti skupa? A šta, ako nismo u stanju da spavamo jedno sa drugim...?"

Pa, da, napokon skontah i ja. Šta ako ima neke odvratne navike ili ne daj bože da mu smrdi iz usta, a ja pojma nemam? Šta ako jede bijeli luk i tako ide na spavanje?

Vratih se u „Oloman" da kažem Dženani i Jadranki da, nažalost, od vjenčanja neće ništa biti.

Prošlo je 30 godina od tog događaja i Mirela Misirlić, Damirova supruga ispriča mi sljedeće: Otišli su Damir i Mirela 1984. godine, na Ipetov poziv, da prisustvuju koncertu Dugmeta u Zagrebu. Nakon koncerta otišli su svi skupa na neko mrak mjesto u Zagrebu. I za stolom se sjati masa cura oko Dugmeta. Do Ipeta sjedoše neke božanstvene manekenke. Bio je jako hladnokrvan, ispričala je Mirela, nije ih ni primjećivao. Nakon te večeri otišli su svi skupa u hotel i svako u svoju sobu.

Sa Ćirom sam, naravno, nastavila da se družim i Ćiki se ponašao kao likovi iz filma Jim Jarmuscha. Uvijek je imao čudne prijedloge za naše susrete. Ja sam konstantno vukla sa sobom Dženanu i Jadranku kao svoje vjerne čuvare. Dženani, Goranovoj djevojci, malo ko je imao hrabrosti da se udvara u gradu. Bila je vanserijska ljepotica. Izgledala je kao zvijezda holivudskih filmova, plus Jenny je imala gard istinskog jet seta. Jednom riječju nedodirljiva. Svi frajeri u gradu su tajno kefali da budu kao Goran Bregović, ali ni njegovoj djevojci se nisu tako lako mogli približiti, jer u onoj Jugoslaviji GB je bio jedan od najuspješnijih Jugoslovena. Mlad, bogat i lijep, san svake djevojke. Dobro su izgrickali nokte mladići u Sarajevu tih osamdesetih da bi iole parirali Bregi.

Ćiro je bio šarmantan i nije se libio da mi se udvara otvoreno, vjerovatno se nadao da će se možda ogrebati za neko erotsko iskustvo sa mnom. Nažalost, to je bilo nemoguće jer sam ja voljela Ipeta neizmjerno. Odlučili smo jednom da idemo van Sarajeva u potrazi za nekim dobrim autentičnim restoranom. Prešli smo 100 kilometara, prošli kroz Kladanj i Olovo. Završili na Karauli.

Nismo mogli naći taj autentični restoran nikakao. Bili smo jako čudna skupina. Ćiro, Dženana, Jadranka i ja. Nikako se nismo mogli dogovoriti i uskladiti glasove kad bi stali pored nekog restorana. Uvijek se nekome nešto nije sviđalo, pa bismo nastavili dalje. Skupina izgubljena u vremenu i prostoru. Na kraju smo se vratili u Sarajevo umorniji nego što smo otišli. Proveli smo sate vozeći se u kolima, pušeći cigarete u tom malom prostoru, Ćirinom „Pezejcu", a da nismo izašli da prošetamo po toj nevjerovatnoj prirodi da udahnemo čisti zrak okolnih planina. Ćiro je počeo da gubi strpljenje sa mnom jer naše druženje nije ničemu vodilo. Poslije sam ga viđala na Akademiji u društvu drugih cura kojima je odvaljivao sličnu žvaku. Voljela sam ga kao druga i to je možda što muškarci najviše mrze. Možda je muškarcu sa Balkana prijatnije izbušiti zub bez anestezije, nego tom istom napaljenom muškarcu čuti da ga voliš kao druga.

U međuvremenu, pozvana sam da pjevam u par diskoteka. Naime, obično su to manja mjesta i pjevanje po diskotekama ja sam doživjela kao ulazak u deveti ne opjevani krug pakla od Dante Aligijerija iz njegove „Božanstvene komedije“. Pjevačice su uvijek bile meta kojekakvih "kontroverznih biznismena", navalentnih frajera i vlasnika diskoteka. Vjerujem da vlasnici diskoteka bukiraju pjevačice po svojim ličnim afinitetima. Jednostavno, sviđa im se djevojka i smatraju da mogu biti potencijalne ljubavnice. Sve se oko seksa i snošaja vrti na estradi.

Pjevanje po takvim diskotekama iziskuje veliku dozu hrabrosti i ja se divim ženama koje su opstale na našoj estradi. U svakom slučaju, ako pjevačica ima bend, ona je u boljoj poziciji jer ima neku vrstu zaštite, ali ići sam, to je već problem. Držati frajere na distanci je kao borba Davida i Golijata, barem na Balkanu. Sjećam se jednom, dok sam išla na binu, jedan me je frajer uhvatio za dupe. Okrenula sam se i opalila sam mu šamarčinu iste sekunde. Došlo je do takve frke da jednostavno nisam mogla da nastavim sa nastupom. Mrzila sam bilo kakvu vrstu fizičkog kontakta, odnosno bilo koga ko se nađe slobodan da spusti ruku na mene. Sanjala sam da budem majstor karatea i da tu na licu mjesta razbijem tog drznika. Na mene su navaljivali kojekavi sumnjivi tipovi kad god bih pjevala, ali mene niko nije interesovao jer za mene je postojao samo jedan frajer, a to je Ipac. Nastupi po diskotekama ama baš ništa sa glamurom nemaju. To je kruh sa sedam kora. I sam Bregović je govorio da nije mjesto ženama na estradi, jer je znao da je izuzetno teško muškarcima, a kamoli ženama.

Imala sam pune ruke posla jer sam dobijala jako puno televizijskih poziva. Bila sam prisutna u svim emisijama koje su se snimale na TV Sarajevo, pa čak i u čuvenim poljoprivrednim emisijama koje su se vrtile nedjeljom. Čuveno „Znanje i imanje".

Snimali smo na Ilidži program za djecu i učesnici su bili Plavi orkestar, Branko Đurić – Đuro, glumac Haris Burina i ja. Svako od nas je imao da nastupi sa jednom numerom, ali dosjetljivi režiser je zamolio sve nas učesnike da izađemo na binu i da odglumimo Đurin bend jer je on izvodio svoju pjesmu "Željo, to je moj tim". Družili smo se svi jako spontano tada i bili smo na početku naših karijera. Plavi orkestar je razvalio Jugoslaviju sa pjesmom Suada, Đuro je već bio velika zvijezda iz Top liste Nadrealista i ja sam imala neko svoje mjesto pod suncem. Često smo se svi sretali i družili u gradu. Ovo potenciram toliko, sretanje u gradu i bliskost, jer se nadaš da će ljudi zapamtiti kako izgledaš, odnosno da za pet godina nije moguće da se fizički toliko promijenimo. U „Olomanu" sam često ćakulala sa Sašom Lošićem jer je bio super simpa mladi dječak. Toliko je bio bebast da se ne bih začudila da u džepovima čuva cucle za bebe. Mi smo to u raji zvali "djetetina".

Ali nešto što sam primjećivala je da je toliko želio da bude kao Goran B. Čak je skinuo način na koji priča Bregović, tako da je uskoro počeo da zvuči kao Goran Bregović Dva.

Doživljavala sam Sašu Lošića kao Woody Allenovog arhetipa, sa psihozom, onako pomalo uvijek na ivici neuroze. Ali, kao i kod Woody Allena, tako i kod Saše, to je bilo šarmantno. Tako mi je i Saša Lošić bio simpa.

Zato mi je bilo jako čudno kad sam ga srela u Sarajevu 1999. godine u „Ćulhanu", ljetnjoj bašti koju su držale Ćeremide. Stajao je u društvu renomirane sarajevske raje. Među njima su bili osnivači Filmskog festivala i sva ta IN raja, "favoriti novog doba".

Kolektivno su se pravili da me ne vide. Bili smo udaljeni par metara jedni od drugih. Ja sam bila u društvu Tule, nekadašnjeg gitariste grupe Merlin i par drugih sarajevskih svirača.

Mislim da me možda nisu vidjeli jer su svi već bili nježno zaglavljeni u zadnjicama jedni drugih da je bilo teško podići glavu i pogledati oko sebe. To je taj specijalni šmek koji nosi sarajevska raja. Gore nego Hollywood. Pozdravljamo se samo kad si mi potreban.

Dugme je završilo turneju i Ipe se vratio u Sarajevo. Međutim, kraj njihove turneje se završio debaklom. Tifa je bio na udaru medija i krenuli su da ga mrcvare novinari po novinama. Ali, nesreća nikada ne dolazi sama, kao po zakonu univerzuma ili jednostavno prirodi stvari među ljudima. Onog trenutka kad smo najslabiji, zagarantovano je da najmračnije sile koje su bile pritajene dolaze po svoje. Otvorila se septička jama pa je ta lavina fekalija koja je pokušavala da zaspe Tifu izbacila na površinu jedno posebno govno bez presedana, a to je legendarni inspektor Latić zajedno sa njegovim kometama.

Bio je ljetnji period, šetali smo Sarajevom uzduž i poprijeko. Kafana „Estrada" je radila punom parom i Ipe me se svezao pravo. Mislim, non-stop je provodio vrijeme sa mnom. Nisam kontala u početku zašto dok mi se samo nije kazalo.

Redovno smo odrađivali sve kafane i družili se sa mnoštvom raje. Sretnemo se na ćošku „Estrade" sa Jadrankom Adamovićem i Edom Kamarićem. Adamovićev stariji brat je tip koji je uvalio Ipetu onaj hašiš koji su pronašli u njegovom bubnju 1978. godine.

Prolazi Jadranko Adamović pored nas i konstatuje:

„Ti se Ipac uhvatio svoje curice."

Ipe: „Tako mi je najbolje…"

Ipe je čuo da se inspektor Latić uhvatio Tife i šeta s njim kao s mečkom gradom svaki dan. Nagazio je Tifu i pretpostavljam, vjerojatno ga ucjenjivao. Dođe glas i do Ipeta da ga Latić želi ponovo spremiti u zatvor.

Ipe mi kaže da ga je Latić pozvao na razgovor.

U AS-u, prvoj tabloidnoj novini u YU, krenuli su već novinski članci da sve to prate. Krenuo je opet serijal "U paklu droge". Tifa je naravno glavni protagonist, ali i Ipe se ponovo na sva zvona spominje. S obzirom na to da je Tifa spavao sa Ipetom u sobi na turneji, jasno je da je u tom grmu ležao zec. Ispalo je maltene, kao da je Ipe opskrbljivao Tifu.

Ipe i ja smo bili preneraženi, frapirani i isprepadani. Sreli smo Tifu na ulici jednog dana i Ipe je vrištao na njega. Rekao je da će ga izmlatiti govnavom motkom jer je to zaslužio. Ja sam, kao vjerni Ipetov doberman, imala isto tako efektan obračun sa Tifom na sadašnjoj Ferhadiji, ulici pored nekadašnje prodavnice obuće Planika.

Nakon jednog takvog članka "U paklu droge" u kome se i ja spominjem kao Ipetova djevojka odlučismo da moramo da se što prije uhvatimo noge iz Sarajeva. Nisam mogla da spavam danima zbog tog članka u novinama, panika mi je bila od moje mame. Na svu sreću moji su bili na moru tako da su propustili ovu nemilu epizodu. Vjerujem da je Latić dobrano kinjio Tifu i tjerao ga da šmeka.

Nakon milion godina ispričala mi je poznanica iz Sarajeva koja je prisustvovala jednoj sceni u Collegiumu Artisticumu u Sarajevu. To je bilo mjesto na kome su se okupljali pisci i slikari sa Umjetničke akademije. Collegium se nalazio u Skenderiji, blizu nekadašnje prodavnice Novoteks i Jugoexport. Latić, sa još jednim drotom i sa Tifom u društvu, zauzeo busiju u Collegiumu, vjerovatno da mu otkuca ko se drogira. Ova Poznanica mi je ispričala da je Tifa sjedio jako pokunjen između ove dvojice i navodno, kad mu je mahnula više puta da se pozdrave, on je nastojao da je ignoriše. Napokon mu je prišla, sjela mu u krilo i zagrlila ga. Ona kaže da ga je samo htjela pitati: "Šta je, bolan Tifa, što si tako tužan?"

Kaže kad ga je pogledala u oči, počeo je da plače. Nije Tifi bilo lako biti Tifa u tom trenutku njegovog života.

Amir Latić je ponovo razapeo svoju paukovu mrežu i sve je ličilo na situaciju iz 1978. kad je Ipe bio uhapšen. Isti protagonisti su se opet našli u mreži, samo je u ovom slučaju Tifa bio novi lik. Ovoga puta Latić je uhvatio grupu preprodavača droge, a Tifa je bio svjedok na suđenju u septembru. Jadranko Adamović je bio dobro upetljan, odnosno, čak mislim, glavni mamac u ovoj mreži da bi se ovoga puta Tifa srozao na dno.

Jadranko Adamović je tvrdio da je Tifi prodao LSD u februaru te godine i da su poslije uživali u stanu Ede Kamarića. Umiješan je bio i Zoka Perić koji je na suđenju izjavio da je Tifu zatekao u svom stanu kako puši travu sa Adamovićem, ali da on nije vidio nikakvu preprodaju jer je bio izašao u prodavnicu. Kad se vratio, zatekao ih je da duvaju.

Ova cijela afera mi je smrdila na takvu navlakušu i klopku za Tifu.

Na svu sreću, Tifa je bio ovoga puta dovoljno pametan da kaže da on niti je kupovao, niti preprodavao, tako da su ga bukvalno vile pronosale jer je prošao nekažnjeno.

Veso Adamović je brat Jadranka Adamovića koji je Ipetu uvalio onaj buđavi hašiš 1978. zbog koga je Ipe pao. Naravno, i Jadranko se družio sa Ipetom tih davnih godina. Ipe je na suđenju dobio zatvor, a Veso je bio pušten zbog nedostatka dokaza.

Epilog situacije sa Tifom 1985. godine: Veso je 1981. u Rijeci dobio 5 godina zatvora zbog preprodaje droge, a 1985. je njegov brat Jadranko Adamović dobio četiri godine zatvora u prvostepenoj presudi. Kamarić je osuđen na dvije godine. Zoran Perić je osuđen uslovno. Mislim da niko od ovih likova nikada nije otišao u zatvor jer je sve to bila jedna farsa – klopka za Tifu.

I svi oni su radili za policiju.

To je ta klaustrofobičnost Sarajeva koju sam osjećala, a nisam mogla tačno da uprem prst kad sam bila mlada. Većina ovih likova su bili drotovi i većinom su jedni drugima radili o glavi. Kada vratim film unazad, sjetim se da se Ipe sve vrijeme pozdravljao sa Jadrankom Adamovićem po izlasku iz zatvora, a da nije nekako shvatio da je 2+2=4.

Čak nikada nijednu riječ nije uputio protiv braće Adamović.

Odnosi između Tife i Dugmeta su popucali po svim šavovima. Mislim da je ovo bio onaj zadnji raspor sa koga se Tifino dugme rasparalo jer je bilo preusko sašiveno. Tifa, iako je izuzetan pjevač i izvođač, imao je problema sa glasom tokom te turneje jer je imao osjetljiv glas. Ipe mi je spomenuo jednom da bi Tifa trebao da operiše krajnike, ali su već bili snimili ploču i kretali na turneju. Trebalo je zaista da sačekaju operaciju krajnika pa da krenu na turneju.

S obzirom na to da je došao nakon Bebeka, taj Sizifov kamen izvođača koji je nosio bio je još veći i teži.

Da je došao bilo koji muzičar u Dugme, bilo bi mu mnogo lakše, ali glas je specijalan instrument, on je slika jedne duše, odnosno glas jeste duša.

Mislim da pjevanje iz noći u noć i jeste neprirodno, a još ako ljudi nisu svjesni svog instrumenta, to ih samo učini još više konfuznim. Forsiranje glasnica satima je jako opasno i ponekad pjevači dobiju polipe na grlu. Moj zaključak sada, nakon 30 godina, je da Tifa nije bio svjestan svog izuzetnog instrumenta i da je zato koristio narkotike, tablete ili pio tokom turneje. Bio je jako mlad i trebalo je da nauči lekciju kako da ovlada tim svojim izuzetnim darom. Ali, bez obzira na sve to, imao je izuzetnu karizmu i 'presence' na bini, publika ga je jako voljela. Bio je savršen dijamant, prirodan i neizbrušen.

U intervjuu koji je objavio Ven septembra 1985. Tifa je izjavio kako nije imao podršku članova Bijelog dugmeta i da je posebno bio razočaran u Ipeta. Nažalost, od šume u koju je bio zapao, Tifa nije mogao da vidi jedno drvo koje stoji ukošeno na proplanku, dobrano išibano burama i olujama i pokušava da se održi u životu. To drvo na proplanku je, naravno, Ipe.

Za vrijeme tih mjeseci Ipe se bukvalno nije odvajao od mene i ja sam mu bila jedno odlično pokriće. Oko njega se uvijek motalo mnogo ljudi i svako je pokušao da uhvati neku korist za sebe. Pljuštale su razne nesuvisle biznis ponude. Ja sam ga uvijek savjetovala da se kloni mutnih ljudi. Za divno čudo me je i slušao. Imala sam prirodan instinkt da namirišem problem ili kako bi mi u Sarajevu rekli: Imala sam nos za šupka.

KLJUČ 13

Početak kraja

Užasno sam se bojala reakcije moje mame na ovu novonastalu situaciju sa Amirom Latićem. Naravno, kao majka, brinula se i mislim po hiljadu puta pitala šta ja ustvari radim sa Ipetom.

Zanemarila sam studije i snimila ploču. Amilin izabranik srca je mladić koji je izašao iz zatvora. Mojoj mami Ipe nije bio zvijezda tako da ga nije gledala očima kao ja.

U Sarajevu i sada jedni drugima zabadaju nos u tanjir, a kamoli 1985. godine. Sve što sam radila, bilo je mimo normi koje je taj grad imao.

Ova narkomanska afera je došla kao šlag na tortu tračevima. Pitam se kako je moja mama kao profesor engleskog jezika ulazila gorde glave u zbornicu škole „Bratstvo i jedinstvo" među svoje kolege?

Sada, kad o tome razmišljam, shvatam da su sve situacije u životu povezane po zakonu spojenih posuda.

Odlučili smo da odemo u Baške Vode jer smo bili pozvani od jednog Ipetovog školskog druga na ljetovanje.

Prije nego što sam otišla, vidjela sam Dženanu, ona je već naravno sve znala jer je bila u toku. Ispričala mi je nešto što me još više uspaničilo u vezi s inspektorom Amirom Latićem.

Dženana se družila i bila je najbolji prijatelj sa Predom Bregovićem, Goranovim bratom, a također i sa Predinom djevojkom Bojanom.

Za vrijeme Olimpijade 1984. Bojana je radila za ABC TV stanicu u Sarajevu i pozapošljavala je svu raju uključujući Predu i Dženanu da rade za njih tokom Olimpijade.

Predo je bio razveden i imao je kćerku koja je živjela u Beogradu.

Jednog petka oko 3 sata upala su tri policajca na posao u ABC TV stanicu i odveli Predu u policijsku stanicu. Izgovor za njegovo privođenje je bio da nije plaćao redovno alimentaciju svojoj kćerki.

Držali su ga satima u ćeliji i onda se pojavio inspektor Amir Latić. Kao Pigmalion je ušetao u njegovu ćeliju da razgovara sa Predom. Naravno ova situacija koju je kreirao Latić nema nikakve veze sa alimentacijom, ubrzo je Latić predložio Predi plan.

Pustit ćemo te na miru, ako nas budeš informisao o svome bratu Goranu Bregoviću.

Monstruoznost ovakve klopke govori samo koliko je Latić bio moralno nizak, beskrupulozan.

Dženana je te 1985. godine u februaru morala da ode u opštinu i da produži ličnu kartu. Na hodniku ju je odmah spazio Latić i uveo u svoju kancelariju pod izgovorom da želi da joj pomogne. Onda je počeo da vadi nonšalantno iz fioke razne vrste droga. Očekivao je reakciju na Dženaninom licu, želio je da provjeri koliko poznaje narkotike. Na njegovu veliku nesreću, Dženana zaista nije imala pojma, niti je znala da prepozna šta je šta na njegovom stolu.

Očito je bilo da je Latić na sve moguće načine pokušao da dopre do Gorana Bregovića.

Bilo mi je fizički muka kad mi je Dženana ispričala u povjerenju ovu priču. Shvatila sam kako je lako biti uvučen u ovaj bolesni rebus. Amir Latić je pokušavao da istraži svaku rupicu, pukotinu u ljudskim odnosima da bi zaokružio svoj safari na Gorana Bregovića.

Isprašili smo se iz Sarajeva juna 1985. godine i otišli u Bašku Vodu kod Ipetovog prijatelja. Odsjeli smo u kući kod jedne mlade žene čiji je muž bio moreplovac. Imala je dvoje male djece i mislim da je imala manje od 30 godina.

Imala sam neki čudan osjećaj da stvari ne štimaju, odnosno osjećaj da mi Ipe radi nešto iza leđa. Ispostavilo se da je imao aferu s tom ženom. Mislim da sam to utvrdila nakon ljetovanja. Jedan od njegovih prijatelja koji su bili s nama na ljetovanju mi je to rekao.

Postoji samo jedan most između ljudi, a to je povjerenje. Kao dlijetom otkidao je Ipe komad po komad tog mosta od povjerenja i bacao u nepovrat.

Moje "Ja" me je napustilo!

Prostor "Ja" je ispunila nesigurnost.

Držao me je u stanju konstantne paranoje. Kao da je zatvor razorio njegova osjećanja. Nije bio u stanju da vidi da me strašno vrijeđa ili je pak uživao u tome. Iza mračnog pogleda kojeg je ponekad imao pitala sam se da li poznajem tu osobu uopšte.

Koliko sam suza prolila i koliko puta sam sjedila satima u mračnoj sobi kod svoje kuće. U takvim trenucima mi je bilo jako teško da komuniciram bilo s kim.

Držala bih se da ne zaplačem na ulici nakon naših svađa, ali čim bih se približila vratima stana, nisam mogla da kontrolišem suze.

Moj očuh i mama bi dobacili kad bih ušla u kuću: „Ma hajde, što plačeš, pa nije on jedini, Amila, za ime božije."

Moj očuh: „Naći ćeš nekog drugog."

U suzama bih mu odgovorila: „Neću ja drugog, ja hoću samo njega."

Moj očuh: „Ma, hajde, jedan se otegao, drugi se protegao, vidiš li ti da si bolja od njega hiljadu puta."

Kupatilo je bilo moj sanatorij. Napunila bih kadu mlakom vodom i sjedila satima u mraku. Voda bi već bila hladna i meni bi se halka uhvatila oko usta, ali ja se nisam pomicala sa mjesta. S vremena na vrijeme bi me prenulo kucanje na vratima. Što mame, što očuha.

„Za ime božije, šta radiš toliko u kupatilu? Je li ti to sjediš u mraku?"

Ja: „Pustite me na miru!"

Naravno, posvađali smo se i ko zna po koji put ja sam ga ostavila.

Nažalost, ja nisam mogla da ostavim sebe u toj vezi. Nakon par dana ili bih ja nazvala njega ili bi Ipe nazvao mene. I mi bismo nastavljali gdje smo stali.

Doživljavala sam kao kliničku smrt svaku prevaru i svaki prekid.

Bespomočno sam se bacakala, a pojasa za spasavanje nije bilo nigdje na vidiku. Toliko je bio iskrckan moj ego i da sam kojim slučajem bila orah već bih odavno završila kao glazura na reform torti.

Ali, bio je i on navučen na mene kao na herion. Iako sam mu išla na živce kad bih "histerisala", tako bi on okarakterisao moje ljubomorne ispade. Ipe je bio taj koji me je ponovo tražio.

Vjerovatno sam ga hranila i ispunjavala ta široka emocionalna prostranstva kojih ni on sam nije bio svjestan. Ali bilo je to i nešto drugo, što sam tek kasnije otkrila. To su bili ugovori i avansi sa diskografskim kućama koje su davali draž našoj vezi.

Koliko bi on više potezao na jednu stranu, toliko sam ja trčala za njim. Trebao mu je njegov prostor. A ja sam njegov prostor kao mačka stalno osvajala.

Nekada bi iščezao, nije ga bilo satima.

Te davne 1985., bez mobilnih telefona da ga mogu upratiti, pisati mu poruke, bila sam prepuštena volji neiscrpne mašte koju sam posjedovala.

Ali svaku noć smo proveli skupa kad nije bio na turneji ili nije putovao. Iako sam se vratila svojoj kući, gotovo svaku noć sam odlazila Ipetu. Kad ga ne bih našla kako smo se dogovorili, onda bih se vraćala kući i ponovo punila kadu mlakom vodom.

Željno bih osluškivala telefon da zazvoni. Onda bi neko od mojih pokucao na vrata i rekao: „Ipe te zove."

U nedostatku mobilnih telefona, jer ih tada nije bilo, razvijala sam treće oko. Počela sam da igram tarot karte i bacam grah kako bih bila u stanju da pogledam u sadašnjost i budućnost.

Teta Ljuba je bila domarka u našoj zgradi i kada bi čistila stubište uvijek bi od nas tražila da joj napunimo kantu vode ili ispraznimo kantu prljave vode. Osjećala se tako komotno sa nama da nam može pokucati u bilo koje doba dana i noći na vrata. Teta Ljuba se žalila da je naša zgrada bila puna snobova. Ali imala je teta Ljuba itekako interesantan talent koji sam ja jako cijenila. Ona je jednostavno bila vidovita. Gledala je u grah i bila u stanju da vidi ama baš sve. Pričao je sa njom grah i kroz nju tako da sam uvijek bila Ipetu za petama. Upražnjavala je teta Ljuba ovu vrstu meditacije na dnevnoj bazi, a dovela ju je do perfekcije.

Sada znam da je to vrsta meditacije u kojoj naše JA kontaktira svoju podsvijest.

Kad bih mogla da opišem ljudsku psihu jednom riječju, moja prva asocijacija je kaleidoskop. Dječija igračka kaleidoskop možda ponajviše slikovito pokazuje ljudsku svijest.

Izlomljena slika na hiljadu komadića. Na površini držimo fasadu, a iz pozadine u širokim zahvatima ruke bojimo kako kad nam odgovara.

I onda mažemo sebi, a i drugima po potrebi situacije predstaviti najbolju verziju sebe.

Moj očuh je magistrirao psihologiju i pedagogiju i mislim da sam bila pravi slučaj za opservaciju.

Razumio je tu moju potrebu da dokučim i proniknem u svijest Ipeta. Ta ljubav je bila na granici opsesije.

Moj očuh je odrastao sam sa majkom i tetkom, tako da se i on nagledao bacanja graha koje je njegova majka Bisera upražnjavala.

Rođen je u Banjoj Luci i odrastao pored Vrbasa. Oca nije zapamtio. Bio je mali kada je izbio Drugi svjetski rat. Otac mu je bio ljekar koji je diplomirao na Medicinskom fakultetu u Zagrebu. Kad je izbio Drugi svjetski rat, njegov otac se priključio partizanima jer je htio da liječi ranjenike. Poginuo je negdje u Hercegovini 1943.

Kao mali gledao je svoju majku koja je možda svoju traumu rane udovice liječila bacanjem graha.

Bacanje graha - Odbroji se 41 graška krupnijeg graha. Razbroje se na 3 hrpice. Onda se odvajaju po 4 graške u nizu, dok se ne dobije savršeni dijagram od 9 hrpica graški.

Svaki broj ima svoje značenje.

I sam Platon je rekao da su brojevi govor bogova. Sve svete knjige su kodirane brojevima.

Onaj ko spozna brojeve taj je spoznao univerzum.

Moj očuh Mehmed Kurbegović je radio u Izvršnom vijeću Republike Bosne i Hercegovine i vraćao se kući poslije tri sata. Radno vrijeme u to doba bilo je od 7 do 3 sata poslijepodne.

Očuh mi je postao mentor u gledanju u grah. Obično bismo sjedili u dnevnom boravku i razdvajali hrpice graha na malom stoliću.

Međutim, morali bismo navući roletne jer je bio u paranoji da ga kolega sa suprotnog nebodera ne špijunira.

Bio je član Komunističke partije, kao i većina tada. Njegov položaj mu nije dozvoljavao ovakve izlete sa magijom i mistikom.

Bilo mi je čudno da se boji da ga kolega prati, ali sada tu njegovu sumnju apsolutno shvatam.

U svome sivom odijelu i sivom šeširu koji je stalno nosio mogao se stopiti u bezličnu masu uposlenika državnog aparata. Međutim, bio je jako djetinjast. Zato se i mogao poslije posla igrati sa mnom bacanja graha.

Često bih ga koristila kao svog špijuna da nazove Ipetovu mamu koja me je već toliko mrzila, da je pita gdje je Ipe. Niko nije sumnjao da sam ja iza tog poziva.

Često bih tražila da nazove G. Kovačevića i vidi da Ipe nije tamo.

Na što bi G. Kovačević malo začuđeno pitao: „Ali, izvinite, koji ste vi prijatelj?"

Rekla sam očuhu da se predstavlja kao Predrag. Taj odgovor je malo bacao Kovačevića u latentnu paranoju jer nije poznavao niti jednog Ipetovog druga koji se zvao Predrag.

Iako nisam imala mobilni da provjeravam Ipeta, moj očuh je to sve čak i bolje odrađivao.

Poslije njegovog posla, kad bi došao kući, naš telefon nije prestajao zvoniti. Ljudi su ga tražili za razne usluge.

Ja bih na koljenima molila da prekine konverzaciju i spusti telefon jer sam se bojala da će me Ipe nazvati baš kad oni pričaju. Sa tolikom opsesivnošću sam hranila tu svoju ljubav. Na granici znanosti i patologije.

Jedna pozitivna stvar se desila sa mojom muzikom, a to je da je Goran Bregović želio da nam pomogne na sljedećoj ploči. Ipe nije htio ni da čuje. Nije dopuštao niti pedlja Goranu da se približi našem projektu. Ipe je bio ljubomoran i posesivan.

Meni nije dopuštao da ja donosim bilo kakve odluke. To je također bio povod za nove svađe i prepirke. Volio je da me kinji zbog mog prijateljstva sa Goranom i Dženanom. Nije mi bilo jasno zašto je tako nepotrebno posesivan kad je on taj koji zabrijava, druži se s kim hoće i kara koke koje hoće.

Stalno je bio pod ubjeđenjem da meni Dženana suflira stvari u životu. To, naravno, nije bila istina jer me Dženi apsolutno nikada nije nagovarala ni na šta, niti je komentarisala našu vezu.

KLJUČ 14

Jutro će promijeniti sve

Dugme je u julu 1985. napokon dobilo šansu da ima koncert u Rusiji, na onom istom mjestu na kome smo Ipe i ja nastupali dvije godine ranije. To je bio Gorki Park u Moskvi. Sa njima su također nastupali Bajaga i instruktori. U Moskvi se održavao svjetski koncert omladine i studenata. Moje misli, kada se pomene Rusija, ispunjene su aferama i orgijama koje su Kovačević i Ipe upražnjavali. Gušila sam se u svojoj ljubomori.

Na moju veliku sreću, moj rođak Amir i njegova familija pozvali su me na odmor u Orebić na Pelješac jer tamo imaju kuću. Spremila sam lektiru za ljetovanje, a to je ciklus romana "U traganju za izgubljenim vremenom" francuskog pisca Marcela Prousta. Tri debela toma koja su zauzele pola moje torbe, a težine 20 kg. Međutim, ja niti stranice nisam pročitala, a evo zbog čega.

Kako se spustih na malu plažu pitoresknog Orebića, nije prošlo ni 15 minuta, odjednom, baš niotkuda, dođoše na plažu Para odnosno Dražen Ričl, osnivač Crvene jabuke, Zena - Zenit Đozić iz Top liste nadrealista i Miki Pudarić, njihov drug iz Sarajeva. Roditelji Mikija Pudarića imali su kuću u samom centru Orebića. Stara kamena kuća odmah na obali. Para je ljetovao kod Mikija, a Zenit je imao kuću odmah do mojih rođaka. Stvarno zvuči kao Mikrokosmos Bele Bartoka.

Od tog trenutka ja sam se primila kao selotejp, nisam se odvajala od njih. Ali, neko ko me je najviše slušao i sa kim sam se zbližila, bio je Para.

Osjetio je da me muči ta ljubav sa Ipetom.

Namirisao je blagu distorziju u našoj vezi. Para je bio godinu dana stariji od mene, činio mi se zreliji. On je jedan od prvih ljudi koji mi je sugerisao da bi trebala da ostavim Ipeta i da budem malo sama. Interesantno da je ta mala bubica koju mi je Para ubacio nastavila da živi u mojoj glavi. Para je bio duhovit i karizmatičan. Sa lakoćom se kretao, pričao. Prosto je plijenio žensku pažnju. Lako se disalo pored njega, osjećala sam se kao da sam se zakačila na veliki balon sa helijumom. On jednostavno ostavi ljudima oko sebe dovoljno kisika. U svakom slučaju nije bilo nikakvog gušenja u njegovom prisustvu. To ljetovanje ću uvijek pamtiti.

Orebić je malo mjesto sa dugom šljunkovitom plažom. Sjedili smo u plićaku tog jula 1985. godine, jeli lubenicu i gledali prenos uživo koncerta Live Aid sa Wembley arene u Londonu.

Vlasnik kafea je iznio TV vani na verandu tako da smo sa 5 metara udaljenosti uživali u rock koncertu.

Gledali smo pomno i studirali bendove koji su se redali jedan za drugim na toj sceni. Organizatori tog koncerta bili su Bob Geldof i Midge Ure iz Ultravoxa. Ni sanjala tada nisam da će mi Bob Geldof biti komšija u Londonu od 1990. do 2001. godine. U tih deset godina bila sam svjedok raspada njegove veze. Njegova žena Paula Yates ga je ostavila i otišla sa pjevačem iz grupe INXS, Michaelom Hutchenceom. Michael Hutchence je umro u Australiji od asfiksije, a Paula je umrla od heroinskog overdoza i ostavila troje djece za sobom.

U publici je bilo više od 72.000 ljudi. Stisnute kao sardine na stadionu gledala sam te zapadnjake sa željom da makar jedan minut budem tamo. Kažem jedan minut samo, jer sam i tada znala da je trava mnogo zelenija na mojoj strani.

Gdje na planeti zemlji postoji ovakav raj, kupamo se u plićaku, igramo odbojku, a u isto vrijeme pratimo koncert!

Naše društvo se proširilo, momci su upoznali dvije djevojke iz Beograda koje su ljetovale na Korčuli, a one su nas upoznale sa jednim Slovencem koji je bio dio pokreta Neue Sloweniche Kunst, kome je pripadala i grupa Laibach. Ovaj mladić je bio urednik fanzina za sve učesnike ovog pokreta u Sloveniji, a to su Laibach, pozorište Sestre Scipion Našice i grupa IRWIN.

Bio je UBER moderan na taj lajbahovski način, obučen u crno na 35 stepeni tog vrelog ljeta. Preferirao je hladovinu. Ono kad ti uho odgara, a on je u košulji dugih rukava. Pošto je bio jako istančan i profinjen, mislila sam da garant voli samo muškarce. Nažalost, zaslijepio me stereotip o Slovencima. Kao što oni možda misle da smo mi Bosanci divljaci, tako je on za mene bio peder. Bila sam uvjerena da nema šanse da je ovaj tip heteroseksualac.

Često smo svi skupa u Mikijevom čamcu obilazili okolne otočiće i plaže. Odlazili čamcem do Korčule jer je Korčula odmah preko puta Orebića. Na pola puta smo skakali iz čamca u vodu, ali svaki put kad bih htjela ponovo da uđem u čamac iz mora, moram priznati da je to bilo malo teže.

U svakom slučaju, ako nisi atleta, definitivno ti treba pomoć da se izvučeš iz vode i ubaciš u čamac. Ovaj Slovenac je uvijek bio blizu mene da mi doda lopovsku ili da me pogura iz vode. Fizički je uvijek bio blizu mene. Plivao blizu mene, dodirivali smo se u vodi, ali ja sam mislia da tu nema ništa čudno.

No, jedna noć je promijenila sve.

Profesor sa sarajevske Filmske akademije Mladen Matarić je imao dernek u svojoj kući na koji smo svi mi bili pozvani. Orebić i Korčulu povezivala je brodica koja nije baš često u toku noći saobraćala.

U toku dana na plaži ovaj jako fini momak mi je rekao da mu se jako sviđam i da će doći na dernek samo zbog mene. Bila sam paf... jer sam bila 100% ubijeđena da naginje ka muškarcima, a onda kad sam odvrtila film, bilo mi je očito. Ona sva pusta pogurivanja iz mora, lopovske, on je to naprosto radio da bi bio blizu mene. Dok sam se ja tako slatko smijala sa našim Slovencem, Para je upratio da ćakulamo na jedan specijalan način.

„Što ste mi vi nešto ća-ću", konstatovao je Para i u sridu pogodio o čemu se tu radi. Meni je beskrajno prijala pažnja ovog mladog slovenačkog avangardnog momka.

Taj isti dan došao je moj tata u Orebić da posjeti moje rođake. Sa tatom se nisam često viđala, a ni on me sam nije tražio pretjerano. Čak ni alimentaciju nikada nije plaćao za mene, a bio je izuzetno bogat čovjek.

Mislim da je on prvi muškarac koji je otvorio tu rupu u mom srcu koju nisam bila u stanju da zatvorim. Djevojčicama je itekako potreban otac kao role model, oslonac.

Zbog svega toga muškarci su za mene bili enigma. Moja mama je bila jaka i nastojala je da bude taj Yin i Yang.

Mama se rastavila od mog oca kad mi je bilo 3 mjeseca. Zato je moj tata bio jedan udaljeni lik sa debele distance. Tata je došao sa svojom novom suprugom koja je usput bila mlađa od mene jednu godinu. Došli su pompezno u njegovom Mercedesu. Moji rođaci su me bodrili da se pozdravim sa tatom i priđem mu kad dođe. Ali, nažalost, kada smo se sreli na verandi ispred kuće, apsolutno me je ignorisao. Poslije su mi objasnili moji rođaci da mu je žena jako ljubomorna i ona mu ne dopušta da bude prijazan ili u kontaktu sa mnom.

Ta scena mi je ostala duboko u sjećanju. Zabolio me taj njegov nehat i oholost da sam poželjela da nestanem sa te verande što prije. Otišla sam odmah do Pare, bila sam emotivno pogubljena i pokušavala sam da realno procesuiram tu situaciju u glavi. Para je naravno bio anđeo jer je sve razumio. Ni on također nije imao oca.

Na derneku kod Matarića bila je masa ljudi i, naravno, pojavio se Slovenac. Dogovorili smo se da ćemo sa tog derneka oko 10 sati uvečer zadnjom brodicom ići na Korčulu. Nisam htjela da se vratim kući, da opet vidim svoga oca i doživim ono što sam već doživjela tog dana. Željela sam da sve zaboravim što prije. Kad sam rekla Pari da odlazim sa Slovencem on je apsolutno sve učinio da me odvrati. Krenulo je muntanje koje je trajalo satima i završilo se tako što je Slovenac čekajući mene zakasnio na zadnju brodicu iz Orebića prema Korčuli. Proveo je cijelu noć na molu sam zagledan u pučinu. Nakon sati i sati ubjeđivanja, Para i ja završili smo naslonjeni na drvetu smokve u ljubavnom zagrljaju.

Poslije ovog burnog krešenda kojim sam završila ljetovanje u Orebiću, vratila sam se Ipetu, a Para je postao super-zvijezda sa svojom grupom koju je napravio te godine. Zvala se Crvena jabuka. Cijelo ljeto je proveo pjevajući pjesmu „Dirlija" i govorio mi da će to biti hit. Kad su snimili album 1986. u februaru to i jeste postao hit! Sve kako je isplanirao desilo se, ali jednu stvar nije isplanirao.

Oktobra 1986. godine tragično je izgubio život. Crvena jabuka je imala koncert u Mostaru 18. septembra i kod Jablanice su imali saobraćajni udes. Na licu mjesta poginuo je Aljoša Buha, a Paru su prevezli na VMA u Beograd.

Nikada nikom nisam rekla za tu našu ljetnju avanturu, a specijalno sam držala jezik za zubima zbog Ipeta. Osjećala sam se krivom.

Prvi oktobar 1986. je bio sunčan dan u Sarajevu. Bila sam u Centralnoj pošti pored Narodnog pozorišta i krenula sam ulicom koja vodi od Narodnog prema Titovoj ulici. Na tom putu odmah pored trafike srela sam Nevenu, djevojku Branka Đurića i ona mi je saopštila vijest iz prve ruke. Bio je u komi dvije sedmice. Para nije preživio saobraćajni udes.

Tuga koju sam osjetila bila je beskrajna, a nisam nikoga imala da podijelim moje iskustvo i tako je taj bol bio još više amplificiran.

Ipe je volio da kupuje muzičku opremu. Otputovao je u Minhen na kraći odmor i donio je u Sarajevo najsavremeniji Korg koji je tada bio nov na tržištu.

S obzirom na to da sada nije imao posla sa Dugmetom, bacio se na komponovanje kompozicija za moj sljedeći album. U toku dana bi hodao po kafanama, a uvečer bi radio i svirao na svome Korgu.

Novac kroz Ipetove ruke je tekao kao rijeka u nepovrat. Sav novac koji bi zaradio na turneji, nestajao bi plaćanjima računa raji po kafanama. Pio je dosta i častio je raju gotovo uvijek. Bio je ovaploćenje rasipničke rock zvijezde.

Čudilo me kako ostane tako brzo bez novca jer je u Dugmetu bio dobro plaćen po turneji. Ja sam plaćala sve komunalije u njegovoj kući na aerodromu i znam da su se moje drugarice jako čudile tome. Tada niti jedna djevojka u Sarajevu nije svom momku plaćala kućne račune.

Ja nisam neko ko je trošio na kafane. Mislim da sam bila pogodna osoba za bilo koga što se tiče izlazaka, jer niti sam pila, niti sam jela.

Kad mi je zatrebalo para otišla bih u neku diskoteku da nastupam sa svojih par pjesama i zaradila bih sebi za džeparac.

Jako često sam dobijala ponude za nastupe, ali nije mi se išlo bez Ipeta jer me je bilo prosto strah da tumaram po diskotekama sama. Obično bih išla na mjesta na kojima sam znala nekoga iz muzičkog posla ili je bio neko ko je znao Ipeta.

Pjevala sam na Jahorini u diskoteci, tamo je ionako zimovala sva sarajevska raja.

Vajta me je pozvao da pjevam kao njegova predgrupa u Kaštelima na moru za Novu godinu. Proslavljali smo doček nove 1986. godine.

Vajta se družio sa Ipetom godinama, kao i Ranko Boban, Vajtin kompozitor.

Krenuli smo Vajta i ja rano ujutro iz Sarajeva prema Kaštelima kod Splita. Tek što smo izašli iz Sarajeva, odmah iza Ilidže, snijeg je sipao kao iz rukava. Vozio je starijeg mercedesa čije su gume klizile po zaleđenom putu.

Prosto smo klizili kao na sankama sa jedne strane ceste na drugu. Put je bio neprohodan tako da smo pomislili da bismo se trebali vratiti. Ali nastavili smo jer smo imali prvu gažu zakazanu za sljedeći dan. Toliko sam se bila prepala da sam Vajti odmah počela da dijelim komplimente kako predivno vozi.

Mislila sam, ako mu dam moralnu podršku, možda nećemo doživjeti nesreću.

A, Vajta će meni na te moje pozitivne podrške:

„Pa ti si prva koja me je pohvalila kao vozača!"

Pomislila sam da možda stvarno i nije do leda što se tako kližemo kao na saonicama po putu, nego do Vajtine tehnike vožnje.

Ostali dio puta prepjevali smo po hiljadu puta pjesmu sa Vajtinog repertoara.

Pićim, pićim, pićit ću i do mora stići ću! Kasetofon u kolima mu je bio otkazao tako da smo horski pjevali sve pjesme koje smo znali.

Gaža je prošla super i pare od nastupa sam dobila odmah. Vajta se ponašao prema meni kao prema svojoj sestri.

Ipe je radio na našem novom projektu punom parom. Nismo imali dovoljno naših pjesama za album, tako da je Narcis Vučina napisao par predivnih balada.

Jednu od najljepših pjesama po mom ukusu, „Igre slobode" napisao je Narcis Vučina. Ipe je mislio da bi tekstovi trebali biti moderniji i preko Bajage u Beogradu je upoznao momka koji se zvao Đura. Đura se poslje proslavio sa svojom grupom koja se zvala Đura i mornari.

Ubrzo sam se upoznala sa Đurom jer je on trebao da me upozna i ocijeni moj senzibilitet. Trebalo je da kao Bimbo skroji pjesme po mojim mjerama.

Pjesme koje sam voljela na toj ploči su bile: „Ljubav je kao more" i „Igre Slobode", tekst i muziku je napisao Narcis Vučina. Ostali tekstovi, po mom mišljenju, nisu imali smisla.

Recimo „Frka" za koju smo mislili da će biti hit nije to postala. To je bio tekst koji bi odgovarao Breni. Možda je čak i preteča turbo-folk tekstu. Nesreća je bila u tome što je mene tekstopisac vidio kao neki roviti bosanski sex-simbol. Uloga u kojoj se ja nisam baš najbolje snalazila.

Frka

Tekst: V. Đurić - Đura

Muzika: Ipe Ivandić

Kad ljubim šofere, stradaju bandere

Kad ljubim kelnere, šef se sale dere

Kad ljubim pandure, lopovi se jure

Kad ljubim mornare, brodovi se kvare

Kad ljubim čuvare, kradu im sve pare

Kad ljubim ljekare, za bolesne ne mare

Kad volim vozače, pokvarim brisače

Kad ljubim pjevače, pjevaju još jače.

Nije mi do toga kad ja volim svoga

Kad ljubim Bosanca, pustim se sa lanca.

Jer najbolje potpaljuje, na mene kad navaljuje.

Ja luda sam za tim, uvijek kad sam sa njim

Frka Joj.

Ipe me je ubjeđivao da će to biti super stvar, a ja sam se bojala da iskažem svoj stav jer me je Ipe uvijek ismijavao kad bih ja dodala neku opasku. Takvu vrstu ponašanja u Engleskoj zovu 'bullying'. Ipe je bio kompozitor ove numere.

Jednostavno, gurao je ploču kao svoj projekat, a ja sam bila samo izvođač.

Jako je žurio sa snimanjem jer je htio da ispuni vrijeme prije nego što Goran krene sa snimanjem i koncertima Bijelog dugmeta. Izvršni producent na ovoj ploči bio je Mirsad Ibrić.

Prvi dio materijala smo snimili u Zagrebu u studiju Senada Galijaševića odnosno Senada od Bosne. Snimili smo dvije pjesme koje je komponovao Narcis Vučina: „Igre Slobode" i „Ljubav je kao more", kao i „Ponoćnu zabavu", pjesmu koju je komponovao Ipe.

Odsjeli smo u stanu moga rođaka Azura Kučukalića koji je tada boravio u Parizu. Stan se nalazio na Trgu Bana Jelačića u samom centru Zagreba.

Pjesma „Ponoćna zabava" je preslika Ipetovog raspoloženja. Tamna da tamnija ne može biti. Depresivna do bola. Kao da je Ipe prizivao i kontaktirao najmračnije sile kad je ovo komponovao. Moj glas je savršeno dočarao atmosferu. Osjeća se blaga deprimiranost. Onaj Nosferatu iz pjesme „Vampir der Nacht" sa ploče „Kakav divan dan" kao da nas nije napustio.

Kad bismo gledali ovu numeru kao zvučno umjetničko djelo, a ne kao pop numeru, definitivno bismo je mogli uvrstiti kao zvučnu pozadinu za performance Marine Abramović ili za film "Rosmary's baby" Romana Polanskog.

Nakon možda 60 sekundi od početka pjesme čuje se jedan nisko-sonični zvuk. Kao da se javlja duh iz druge frekvencije. Od svih onih, koji vjeruju u teorije zavjera i sotonističku manipulaciju muzike, jako me čudi da niko nije obratio pažnju na ovaj snimak.

Prošla sam galaksije i okeane prakticirajući meditaciju i jogu. Iz svih mojih spoznaja o mistici zvuka i riječi mogu samo reći da sada, kad bi mi neko dao da snimim ovako nešto, ja Amila Sulejmanović, ne bih se usudila.

Kada sam nedavno ponovo preslušavala ovu pjesmu, prosto sam osjetila da mi žmarci klize niz leđa.

Koliko je „Ponoćna zabava" bila tamna, toliko su „Igre Slobode" i „Ljubav je kao more" bile produhovljene. Mirso Sarajlić je svirao gitaru na ovim numerama. Mirsin božanstven manir i tehnika sviranja gitare uljepšali su ove pjesme. Bio je budista i mislim da je taj budizam zračio kroz njegovo sviranje. I na ovoj ploči nam se Nikša Bratoš pridružio u studiju.

U Beogradu smo snimili ostalih 6 pjesama u studiju Aquarius. Studio je bio vlasništvo Ratka Ostojića.

Kao što su kod Paše rokeri dolazili u studio, tako je Ratkov studio bio epicentar za najpoznatije narodnjake.

U njegovom studiju su nastale ploče nebrojenih narodnjaka: Šemse Suljaković, Sinana Sakića, Dragane Mirković i mnogih drugih.

Svaki studio ima svoju garnituru muzičara. Tako sam i kod Ratka upoznala interesantne muzičare. Na pet numera producirali su i svirali Đorđe Ilijin i Savo Bojić. Đorđe Ilijin je bio jako inspirisan grupom Jethro Tull i ambijentalnom muzikom. Otkrila sam da je 1983. snimio jedan neobičan projekat koji se zvao „Zabranjeno prisluškivanje".

S obzirom na to da sam ja tada bila mlada pjevačica u usponu slave, Ratko Ostojić je prihvatio da se moja ploča snima u njegovom studiju.

Međutim, u pola snimanja je postalo jako dramatično jer je Ratko tražio od Ipeta da ga isplati za ovo snimanje. Ipe je odmah prodao svoje bubnjeve Tama i frka se smirila. Mislim da mu je i Mirsad Ibrić pomogao sa ostatkom novca da bi se ploča realizovala. Đole, odnosno Đorđe Ilijin, moj snimatelj, našao me je jednu noć kako plačem i pokušavao je da me utješi. Dogovor je bio drugačiji između Ipeta i Ratka. Trebali smo da isplatimo Ratka kad potpišemo ploču sa izdavačkom kućom.

Naravno i na ovoj ploči se pojavljuje Laza Ristovski.

Munjevitom brzinom smo snimali preostale kompozicije. U proljeće 1986. za devet dana snimili smo cijeli materijal. Sjećam se da smo i stanovali u studiju na mansardi tako da smo bukvalno 24 sata radili. Sve back vokale smo pjevali Ipe i ja. Na pjesmi „Frka" u pozadini se može čuti Ipetov glas kako brunda.

Evo ti Bosanca, pusti se sa lanca!

Koliko smo na prvoj ploči vodili računa o svakom usnimljenom tonu, toliko je ova ploča bila express izdanje.

Na neki čudan način sudarile su se mračne i svijetle sile na toj ploči. Čudna jedna kuhinja riječi iz koje su se neke stvari i obistinile.

Prosto za ne povjerovati, kao da su neke pjesme ukazivale kao prst sudbine na stvari koje će se odigrati početkom devedesetih godina u Ipetovom životu.

Glavni lik u pjesmi „Frenki, nemoj me zezati" putuje poslovno u Beč. Ipe je devedesetih godina zbog tih putovanja u Beč izgubio glavu.

Pjesmu „Noćas odlazim" treba odslušati kao metafizički almanah ili proročanstvo.

Riječi pjesme: „Noćas odlazim"

Kompozitor: Ipe Ivandić

Kiše dolaze da te pokriju.

Pada noć na uzglavlju, čudan kraj za skitnicu.

Nema tragova u mojim mislima,

Nebo zna za prevaru, nisam ta koju si tražio,

Ljudi pitaju, ali ne znaju

Kraj je priče napokon, SVE TE DAH OD VJETRA RASIPA

Da te zagrlim da te poljubim.

Spavaj sad sanjaj talase, SPAVAJ SAD NE BUDI SE

Noćas odlazim.

Goran Ipe Ivandić je zauvijek napustio ovu dimenziju u noći 12. januara 1994.

Ovo je još jedna potvrda da misao, riječ i zvuk kreiraju našu sudbinu. Naravno, zavisi od snage emocije koliko će se neke stvari desiti i odigrati u životu. Ovo je samo još jedno podsjećanje da riječi itekako treba birati.

KLJUČ 15

U SARAJEVU NIKO NIJE ZVIJEZDA govorilo se osamdesetih

Ima nešto što me zaista čak pri samoj pomisli uznemiri, a to je čuvena rečenica da u Sarajevu niko nije zvijezda.

Stvari loše postavljene u kontekst vremena i prostora da lošije ne može biti.

Rečenica u kojoj dotična osoba veliča raju u odnosu na talentovanog pojedinca. Raja je institucija, a sve ostalo je jedno veliko ništa. Ničiji rad ni trud nije bio vrijedan koliko je vrijedno veličanje raje.

Pripadati skupini i ni slučajno ne iskakati iz te sive monolitne mase sarajevskog Stonehengea je krajnji cilj.

Recimo, milion puta sam prisustvovala scenama u „Olomanu", u tom malom prostoru u kome smo udaljeni jedni od drugih na dvadeset centimetara. Kad bi ušao Brega, ta raja bi se folirala da ga šatro nisu vidjeli i fokusirali bi se žurno na pijuckanje svoga espressa koji su platili od maminog ili tatinog džeparca.

Šatro su pili svoj espresso i ignorisali zvijezdu dok su se štipali ispod stola da vide jesu li to oni zaista pola metra udaljeni od mega-zvijezde Brege.

Vjerujem da te farmerke iz 1986. godine još uvijek nisu oprali.

Raja nije radila jer je mahom studirala, ali je zato pomno prisluškivali šta ko kaže.

Godina 1984. – „Oloman" – Sarajevo

Elem, uđe Saša Lošić, nonšalantno naruči svoju kafu i priča sa svojom rajom. Tek što je izašao i zatvorio vrata na to će ti jedan od tih prisutnih prokomentarisati: „Koji šupak je ovaj Loša." Ali, umjesto Loše možemo bilo koje ime staviti, recimo može biti Zdravko Čolić, Zijo Valentino, lista je zaista duga, jer je Sarajevo vrvilo od zvijezda.

Ključ 16

Mlad i zdrav kao ruža

(Filmski rad Joce Jovanovića "Mlad i zdrav kao ruža", nevjerojatno moderan film iz ranih sedamdesetih.)

Na terasi Svetog Stefana jula 1986. godine izgledali smo kao bačeni iz druge galaksije. Dubravka, Paša i Mirso još se nisu mentalno vratili kući sa koncerta u Woodstocku koji je počeo 15. augusta, a zvanično završio 18. augusta 1969.

Modno se nisu pomakli 27 godina, ali zato su svirali "boli glava". Doduše, teta Enisa, Mirsina mama, koja je bila fenomenalna šnajderica, sašila je Dubravki sako kakvi su se tada nosili. Skidali smo imidže pjevača sa MTV-ja .

Dubravka Fijala, supruga Paše Ferovića je svirala bas gitaru i pjevala. Bila je izvan vremena i prostora kao izvođač. Pjevala je u svom repertoaru izuzetno teške pjesme. Kad bi Dubravka otpjevala od Tine Turner „Nutbush city limits" kristali sa lustera luksuznog hotela

„Sveti Stefan" bi se zatresli. Mirso je imao jazz manir sviranja gitare San Francisco vibe.

Paša je ono more kablova iz svog sarajevskog studija teleportacijom replicirao na terasu hotela "Sveti Stefan". Vjerujem da se direktor hotela za glavu uhvatio kad nas je ugledao.

Nismo izgledali kao estradne zvijezde koje su pjevale po terasama tog ljeta u Budvi. Ja sam sebe vidjela kao antiestradnog izvođača. Nisam sigurna kako je Ipe namaknuo ovu tezgu, ali znam da mu je i sestra pjevala u Budvi. Mislim da je pjevala sa grupom Makadam.

Ja u nekom New Wave polu-ušminkanom fazonu, raščupane kose i imidžom antizvijezde pokušavala sam da odradim ovu ljetnju tezgu od mjesec dana.

Kad smo mi kao bend došli u Budvu, Ipe je u tom istom periodu otišao da potpiše ugovor za našu ploču "Igre Slobode" sa PGP. Oliver Mandić je postao jedan od urednika PGP diskografske kuće iz Beograda i Ipe je smatrao da je to super potez za nas. Mislio je da treba da napustimo Jugoton i pređemo u PGP, konkurentsku diskografsku kuću zagrebačkom Jugotonu.

Ipac se isprašio u Beograd i nikako da se vrati. U tom period meni je kao princezi na zrnu graška ama baš sve smetalo. Jako mi je nedostajao. Znala sam da se on po Beogradu zabavlja i moje misli su bile zaokupljene time šta li on baš tada radi. Uvijek sam se fokusirala na ono najcrnje, a to je da se provodi sa curama.

Članovi benda su bili zaokupljeni sobom. Mirso Sarajlić je bio budista i provodio je sate čitajući knjige svoga gurua iz Indije. Kad nije čitao, onda je meditirao. Bubnjar koji je svirao sa nama tog ljeta je provodio dosta vremena sa Mirsom, a Dubravka i Paša kao bračni par su također bili sebi okrenuti. Ja sam provodila najviše vremena sa Lanom, Dubravkinom i Pašinom kćerkom. Lana je možda imala pet godina tada, ali glas kad priča bio je izuzetno dubok za to malo slatko biće. Zvučala je kao promukli kamiondžija nakon neprospavane noći.

Toliko sam vremena provodila s njom da su uposlenici i gosti hotela mislili da je Lana moja kćerka. Imali smo sobe jedna do druge, odnosno to su više bili apartmani sa baštom ispred i pogledom na more. Vrhunac luksuza osamdesetih. Sa prvim zracima zore Lana je dolazila meni. Ja sam voljela da spavam dokasno, ali u prisustvu Lane to je bilo nemoguće. Spavam i osjetim da me neko gleda. Lana sa grančicom u ruci pokušava da mi golica nos.

Rečenica „pusti me na miru, Lana ‚vidiš da spavam" ama baš ništa nije značila mojoj novoj prijateljici. Studirala je svaki moj pokret, nisam mogla da se tuširam i zatvorim vrata. Lana je insistirala da bude sa mnom. Iako je bila mala, imala je autoritet žene od pedeset godina. Nijedan adut koji sam ja imala nikada nije dovoljno jak da se odbranim od ove slatke napasti.

Jednom me je Lana gledala u kupatilu kako se tuširam i konstatovala.

Zašto ti nisi ovako fino ravna kao ja i pokazala na svoje kukove. Bilo je milion pitanja „zašto". Ja sam pokušavala da objasnim tu misteriju života Lani, a i sama sam bila puna pitanja, samo druge vrste.

Dubravka i Paša su na početku smatrali da Lana kao mala djevojčica treba da ide na spavanje ne kasnije od devet sati uvečer. Mi smo počeli da nastupamo odmah iza 9 na terasi hotela. Jedne noći, odmah oko 12 sati, dolazi Lana na terasu u pidžami i pravo prema Dubravki.

Lana je priljubljena uz Dubravku i čupka žicu bas gitare na kojoj Dubravka svira. „Mama, šta radiš?", pita Lana dubokim glasom i gleda je pravo u oči. Bašta terase je bila polupuna hotelskih gostiju.

„Lana, pusti me na miru, vidiš da sviram!"

Bili smo svi kolektivno začuđeni kako je uspjela da izađe iz sobe, pronađe dupli ključ koji je bio sakriven u štoku iznad vrata, otključa vrata i dođe na terasu.

Lana je sve upijala i promatrala. Upratila je da su Dubravka i Paša rezervni ključ čuvali sa unutrašnje strane vrata.

Rekla nam je da se popela na stolicu i dohvatila ključ i tako otvorila vrata. Bila je dovitljiva, ličila je na glumicu iz filma „Mjesec od papira" Tatum O'Neal. Pitala sam se kako je uspuzala uz taj štok, ali to je Lana.

Ja sam prolazila kroz razne emocionalne faze, željno iščekivajući Ipeta. Nema ga, pa nema. Plus nemam telefon na koji bih ga kontaktirala.

Pročulo se na budvanskoj obali da pjeva jedna visoka plavuša iz Sarajeva. Odjedanput su počele da dolaze grupe muškaraca iz Nikšića da me gledaju. Mladići su u paketu od 10 muškaraca fercerali obalom i pokušavali da se uhvate u koštac sa nekom pjevačicom. Bili su zgodni momci, ali opasni.

Uvijek sam imala instinkt da ja tu nemam šta da tražim. Prvo, sa Ipetom sam, a i da nisam, ne bih se upustila u te vode. Momci su na terasu donosili, bunde, Cartier satove, Rolexe, najskuplji nakit kao žeton za vezu sa pjevačicom. Ja sam to sve, naravno, odbijala. Pratili su me. Primijetili su da nemam momka. Mislili su da sam sama.

Uspaničena sam bila šta će Ipe reći. On bi sve prokomentarisao kao moju grešku.

Momci su bili dobro izdresirani od drugih pjevačica i zato su donosili te poklone jer sam saznala da su druge pjevačice uzimale poklone. Čudilo ih je da se ja nisam uhvatila na mamac.

Raspolagali su najluksuznijom robom iz inostranstva.

Kad sada slušam o legendarnim Pink Pantherima koji provaljuju po zapadu u luksuzne butike nakita, satova i dragulja po londonskom Bond Streetu, pariškom Rue du Faubourg Saint-Honore i u Ženevi, ja zamišljam ove moje iznenadne fanove.

Među njima bio je i najuporniji momak, visok, atletski razvijen, zift crne kose. Nešto između Alaina Delona i George Cloonyja. Dolazio je svaki dan da me vidi.

Odmah mi je dao do znanja da sam stvorena za njega, baš takva, kao Brigitte Nielsen, zato što sam visoka i plava. Dok sam šetala sa Lanom uvečer i čekala da Dubravka završi svoj blok pjevanja, sretala sam ga po perivojima, baštama i u baru hotela „Sveti Stefan".

Gdje god sam bila ja, bio je i on kao moja sjenka.

Jednu noć sam morala do depandansa u kome sam odsjela. Otišla sam da nešto uzmem i nađem njega kako sjedi na stolici ispred mojih vrata u mraku.

Noge su mi se bile odsjekle kad sam ga ugledala u tom polumraku. Međutim, kad je vidio da sam ja ustuknula, progovorio je.

„Ne boj se! Priđi, molim te."

Izvadio je ispod jakne jednu oveću crvenu kutiju, veličine školske teke. Kutija je bila obložena kožom i na površini je imala ucrtane zlatne ornamente. Kad je otvorio, zablještali su kao farovi dijamanti i plavi safiri iz ove kutije. Htio je da mi pokloni Cartier ogrlicu za koju sam i tada znala da je basnoslovno skupa.

Krenuli smo da se natežemo, on da insitira na poklonu, a ja da odbijam.

U mojoj glavi je panično odzvanjalo šta ako sada Ipe naiđe jer je javio da će doći uskoro.

Šta da me nađe u polumraku sa ovim tipom ispred moje sobe.

Ipe bi mi definitivno glavu odvrnuo.

Spasila me Lana i izvukla iz svega ovoga. Kad je primijetila da me nema na terasi, a znala je da treba da pjevam, pošla je po mene da me traži.

Lana ga je samo ošacovala i obratila se meni. Gdje si, moraš sada da nastupaš!

Ipe se napokon pojavio sutradan. Nesanice, stomačni bolovi i glavobolje su nestale kao rukom odnesene kad se Ipe pojavio. To je Dubravka konstatovala.

Bila sam presretna, a imala sam i razloga da slavim jer je Ipe, kaže, uspješno potpisao ugovor sa PGP-om za naš album „Igre slobode". U tom ushićenju nisam puno pitala oko ugovora, a Ipe se nije baš ni trudio da ga pokaže.

Opet su sva prava njemu pripala kao i avans, a ja sam dobila izvođačka prava. Kao i sa prijašnjeg projekta meni je pripala jedna velika nula.

Ali, sretna i zadovoljna da smo skupa, novcima, na nesreću, nisam pridavala posebnu pažnju. Iako sam pjevala Madonninu pjesmu „Material girl" koja kaže: „'Cause we are living in a material world and I am a material girl", za koju mogu reći da je kapitalistička himna, ja to ama baš ništa nisam dobro shvatila.

Na kraju, kad smo bili isplaćeni za ovu tezgu, začudilo me je kako je moguće da je Ipe plaćen više nego ja za ovaj ljetnji nastup. Ali, na svu sreću nisam lomatala glavu previše sa tim problemom jer sam osmišljavala garderobu za moje predstojeće televizijske nastupe.

Vjerujem da sam vjerno i sa ponosom nosila slogan konfuzne plavuše!

Pojavila se i Goca na našu terasu jedne noći. Gorde i dignute glave pričala je sa svakim članom moje grupe, a ja sam vjerovatno bila nevidljiva. Nije me primijetila.

Ipe me je poveo da vidim njen nastup sljedeću noć u obližnjem mjestu, ali ta moja nevidljivost je vjerovatno postala zakon fizike. Imala sam isti tretman. Nevidljiva.

To ignorisanje mi je, ruku na srce, bilo odvratno. Pasivna agresija koju ja zaista nisam zaslužila.

Pokušavala sam da razumijem ovu vrstu animoziteta koju je ona ima prema meni.

Možda zato što je Ipe sa mnom pravio muziku, a ne sa svojom sestrom.

Da se ne foliramo, Goca je bila super pjevačica. Pjevala je štošta, od Mirzinog jata do back vokala na Čolinim albumima. Sa mužem Sanjinom Karićem napravila je par pjesama, ali su se razišli. Zato je nastupala sa grupom Makadam u Crnoj Gori. Ali nije Goca jedina bila ljubomorna na mene, iza nje je bio bataljon sličnih.

Izdvajala sam se jer sam bila drugačija. Stvari su se oko mene jasno polarizirale. Slušala sam razne priče o sebi koje su dopirale sa raznih strana.

Međutim, dolazak Ipeta unio je mali nemir u moje prijateljstvo sa Lanom. Nisam joj mogla posvetiti svu pažnju kao kad sam bila sama.

Ljubimo se jedno jutro i osjećam da nismo sami u sobi. Lana nam stoji iznad glave i nekom grančicom čačka Ipetovo uho.

Njeno sljedeće pitanje je: „Šta to radite?"

Ja: „Ljubimo se."

Lana: „Hajde prestanite!" Htjela je da idemo na plažu.

Koliko sam je ja voljela, toliko je Ipe bio kao Tom iz filma Tom i Jerry sa Lanom. Njih dvoje natezali su se non-stop.

U toku ljeta beton se užari, ja mislim, i do 40 stepeni. Lana je voljela da obuće Ipetove japanke i ode u baštu da se igra. To bi Ipeta dovodilo do ludila. Onda bi se krenuo natezati sa Lanom da se vrati i donese mu japanke jer ne može po vrelom betonu da hoda.

Lana stoji i mlati neki žbun grančugom koju je dovukla odnekud i ni pedlja ne popušta. Nije joj mogao apsolutno ništa, sve do jednom. I tu situaciju je prigrlio objeručke.

Kraj ljeta završili smo svi u Dubrovniku. Nakon Budve otišli smo kod Bobe bubnjara, Dubravkinog rođaka. To je onaj isti Bobo koji je od Ipeta kupio bubnjeve nakon našeg koncerta u okviru „Makovih dana poezije" sa koga smo ostali neisplaćeni. Stan je bio na Stradunu.

Lana se jedan dan na prozoru igrala sa Dubravkinim dijamantskim prstenom koji je Dubravka od mame dobila na poklon. Naravno, niko pojma nije imao dok nam nije rekla da joj je ispao iz ruke. Prozor sobe nalazio se na zadnjem spratu, a gledao je na najprometniju sporednu ulicu koja je bila na ćošku Straduna. Tokom ljeta ulica je prepuna turista. Tražiti prsten u vrevi ljudi je kao potraga za iglom u plastu sijena.

Priznala nam je da je pao u kanalizaciju. Dubravka je iste sekunde otrčala na ulicu i kad je došla praznih šaka, sa papučom u ruci je potrčala za Lanom da je namlati.

Lana je brža od svih. Prozori stana su bili svugdje širom otvoreni i moglo se preko terasa nekako prebaciti na susjedni balkon.

Međutim, Ipe je sebi dao zadatak da uhvati Lanu i isporuči pravo u Dubravkine ruke. Nažalost, bio je spor, star i trom. Lana je imala reflekse i instinkte kosmonauta.

Već u ranu jesen produkcija PGP je organizirala sve svoje izvođače koji su bili potpisani da idu na veliki koncert u Skoplje. Ploča "Igre slobode" još nije bila zvanično izašla. Ja sam imala ugovorene promotivne nastupe na RTV Beograd. Tako smo nekako i isplanirali da odradim TV nastupe i odmah idem u Skoplje. Sjećam se jednog ranog jutra, doputovala sam avionom i pravo na TV u Košutnjak. Bilo mi je simpa kad sam vidjela Bebi Dol u hodniku.

Smiješno mi je bilo pitanje koje mi je postavila: „Odakle dolaziš?"

„Pa, iz Sarajeva, draga Bebi."

Kod Bebi jedino možeš da dođeš iz Pariza, Londona ili New Yorka. Kakvo crno Sarajevo! Kroz njene duge trepavice mogla sam da pročitam izraz u njenim očima.

Jao, što je seljanka ova Amila! Često bih je tako imitirala u raji.

Na svu sreću dali su mi znak iz produkcije da krenem na scenu jer kreće snimanje emisije u kojoj ja učestvujem. Nisam morala da smaram Bebi više.

Bulumenta pjevača i izvođača rasporedila se po autobusu koji je organizovala produkcija PGP. U to vrijeme, 1986. godine, direktor PGP-a bio je Stanko Terzić, a urednik je bio Oliver Mandić. U toj istoj godini, pred sami kraj, Peca Popović će se priključiti produkciji. Tako da su sa nama u Makedoniju išli Oliver Mandić i Peca Popović.

Sjedila sam do Pece Popovića, bilo mi je zabavno čavrljati sa njim i na taj način olakšati sebi ovaj dosta dugi put.

Pokušavam da se sjetim svih izvođača, ali uzalud. Sjećam se dobro grupe Zana, Bebi Dol i beogradskog dua Lorenzo & Marconny.

Ipe mi je već pričao kad je došao u Budvu iz Beograda kako je kod Oliške upoznao dva "pešovana" i da su mu bili simpa.

Oliver je imao tu vrstu estetike i volio je da okuplja ljude koji su vizuelno upečatljivi. I sam je na prvom albumu koketirao sa transvestitizmom.

Mislim da ovi momci nisu po seksualnoj predispoziciji bili „pešovani", ali nosili su bijele čipkaste rukavice i duge satenske mantile sa ogromnim naramenicama po uzoru na Joan Collins iz serije Dallas. Mom Ipetu bijele čipkaste rukavice su bile glavni adut po kome ih je okarakterisao kao „pešovane".

Ponovo sam srela malu Bibi koju je Oliver poveo sa nama u Skoplje. Ludnica je bila na sceni velike dvorane na kojoj smo nastupali. Bilo je dupke puno. Kada sam se pojavila na sceni, nastale su ovacije. Bila sam, mogu reći, izuzetno iznenađena. Ispratio me je sa scene gromoglasan aplauz, mislila sam da će moja ploča ipak biti hit. Ispostavit će se kasnije da sam, nažalost, samo ja to mislila.

Iza bine, u prostoriji gdje su bili smješteni izvođači da čekaju svoj red za nastup, ludilo je također zavladalo.

Oliver je najavljivao grupe, ulazio je i izlazio iz svlačionica u kojima smo sjedili svi.

Drama je nastala kada je Oliver utripovao da mala Bibi flertuje sa Lorenzom iz grupe Lorenzo & Marconny. To ga je toliko bilo izbacilo iz takta da je vrištao punim plućima na Bibi. Zana Nimani, a i ja, priskočile smo u odbranu Bibi. Zana je smirivala Olišku, a ja Bibi.

Što se tiče grupa tipa Lorenzo & Marconny, feminiziranost ne bi prošla u Sarajevu. Bendovi su više bili testosteronom nahajcani ili smo imali dječije bendove kako ih ja znam okarakterisati.

Takve grupe za mene su bile male slatke androgene skupine. Penicilin djevojčicama od trinaest godina.

Ploča „Igre slobode" doživjela je istu sudbinu kao i moja prethodna ploča. Nije se mogla nigdje kupiti.

Da li je u pitanju nedostatak na tržištu polivinilnog klorida od koga se pravi ploča, često sam se pitala. Iako je recenzent moje ploče bio Đorđe Dabač, očito da to nikakva garancija nije bila za uspjeh moga projekta.

Kao što je teško na Google map naći ulazak u središte zemlje, mislim na legendarnu Agarthu zbog koje su Nijemci za vrijeme drugog svjetskog rata izgradili baze na Antarktiku, tako je bilo teško pronaći moj album u prodavnicama širom Jugoslavije 1986. i 1987. godine.

Inače, Đorđe Dabač je bio sjajan klavijaturista iz čuvenog Plavog ansambla koji je proslavio Đorđa Marjanovića u Rusiji.

Ključ 17

Twin Peaks

Američka surealna drama režisera David Lyncha i Marka Frosta

Ništa me još nije zaista bilo pripremilo za sve ono što će se dešavati u narednom periodu. Moj očuh se nije dobro osjećao oktobra 1986. godine. Nešto ga je strašno mučilo. To nešto je bilo više od bolesti. Vrsta stresa koji lako može da porouzrokuje bolest.

Dešavala su se neka jako čudna previranja i ja nisam mogla da pročitam znakove koji su ukazivali na to. Bilo mu je loše, zaista jako loše.

Čudilo me je kada je jednog dana najavio da ide u Igalo. Par dana prije odlaska proveo je vrijeme kući. Nije išao na posao. Zvao je nekoga na telefon non-stop, ali taj se nije javljao.

U međuvremenu je Ipe dao sjajnu ideju da preko očuha stupimo u kontakt sa Fikretom Abdićem iz Agrokomerca i zatražimo od njih da sponzorišu našu ploču.

S obzirom na to da su obojica iz Krajine, mislim moj očuh i Abdić, Ipe se nadao da će Agrokomerc pogurati naš projekt.

Moj očuh je, naravno, bio spreman da nam pomogne i pitao je Fikreta Abdića. Stvari su se odvijale sporo, ali izgledalo je da će se to sponzorstvo i desiti.

Kao što rekoh, meni je izgledalo da će se nešto pozitivno desiti, ali iznenada je krenula da se kotrlja prvo kao kamićak, a onda kao ogromna snježna grudva, da bi na kraju eksplodirala afera Agrokomerc. Krenuli su da terete Abdića za upad u monetarni sistem i zbog te afere je Hamdija Pozderac, bosanskohercegovački političar, morao dati ostavku 1987. godine.

Naravno, zbog cijele te drame, ruke Fikreta Abdića bile su vezane i mislim da je čak bio pritvoren. Ipetov plan je pao u vodu.

Međutim, kroz ovu neostvarenu saradnju i kontakt koji je Ipe uspostavio preko mene i očuha sa Abdićem, Ipe je gorko platio početkom 1992. godine. Početkom devedesetih Ipe je uložio novac u dionice Agrokomerca. U pitanju je bila neka roba koja je stizala iz Kine.

Alen Islamović mi je ispričao da ga je često viđao u tom periodu, jer je dolazio u Bihać. Ipe mu je ispričao kako je već dva puta dobro obrnuo lovu i bio je jako zadovoljan.

Međutim, na zadnjoj transakciji koja se dešavala u trenutku kad je rat već počeo da bjesni, Ipe je izgubio sav novac. Niko pametan u tom trenutku ne bi se upuštao u bilo kakve poslovne radnje na Balkanu. Po Alenovim pričama Ipe je bio u panici i naravno očajan.

Što se tiče Ipeta, svi su znakovi bili vidljivi. Bilo kakav poslovni potez u tom trenutku je jednostavno bio osuđen na propast. Mogao je da vidi šta se dešava. Ljudi su bježali glavom bez obzira, nisu ulagali novac u dubiozne biznise. Spašavala se glava tada, ali on nije znao da čita ljude niti situacije.

Počelo je da se odmotava crno klupko Ipetovih zadnjih godina života. Kucao je na pogrešna vrata u pogrešno vrijeme.

Mama je jedne subote odvela mog očuha u Igalo na terapiju od dvije sedmice. Nadali smo se da će mu Igalo prijati. Nakon dvije sedmice vratila ga je ponovo kući. Bilo mi je drago da ga vidim, ali on je opet počeo da poziva na telefon i traži nekoga ko se zvao ZEKO. Čak je mene zamolio da ja pozovem neke brojeve i tražim tog istog. Nadao se da će meni da se javi Zeko na poziv.

Navodno, preko tog Zeke znao je tačno šta ja radim u gradu kad izlazim vani. Pitala sam se ko je jebeni Zeko?

Bio je jako uznemiren moj očuh i na svaki neodgovoreni poziv grlo mu se stiskalo i nije mogao da priča. Gledala sam tu dramu koja se odvijala pred mojim očima, a nisam bila u stanju da proniknem i shvatim o čemu se tu radi.

Toliko mu je bilo pozlilo nakon četiri dana po dolasku kući, da je hitno bio odvezen u ordinaciju za uposlenike i političare Izvršnog vijeća Bosne i Hercegovine.

Tamo su, navodno, otkrili da ima akutni edem pluća. Mama ga je odvela u bolnicu jednog novembarskog jutra i to je bio posljednji dan da sam ga živog vidjela. Sutradan je preminuo na rukama moje mame. Otišla mu je u posjetu i našla ga je u uspaničenom stanju. Gušio se.

U pepeljari pored njegovog kreveta nalazila se prazna iskorištena ampula. Umro joj je na rukama.

Očuh je umro 7. novembra 1986. godine.

Otišla sam u mrtvačnicu poslije toga da vidim da je stvarno mrtav. I stvarno, na mramornoj ploči ležao je moj očuh, već malo sivkast u licu. Od kuće sam mu bila donijela šešir koji je on najviše volio. Položila sam mu na grudi i tog trenutka prošla mi je kroz glavu poznata slika.

Ponekad bih vidjela moga očuha sa šeširom kako sjedi u Wartburgu sa još dva slično obučena čovjeka. Truckali su se na dotrajalim federima Wartburga kao olovne igračke. Samo bih vidjela šešire kako kao čunjevi idu sa lijeva na desno.

Željela sam tako da ga zapamtim.

Ponosnog na svoju krntiju od Wartburga jer ga je Istočni Nijemac napravio.

Ukop moga očuha je također bio splet bizarnih okolnosti. Sahranjivan je više puta. Iz ateističke kapele na groblju Bare u Sarajevu, na insistiranje njegove majke Bisere, odvezen je u Tuzlu. Prvo je bio ukopan kao ateista. Sjećam se, bila sam na sahrani i nosila ogromni vijenac Izvršnog vijeća.

Bio je komunista do kosti, ali Mehmedova stara majka Bisera nije mogla sina da ukopa ateistički, pa je pokušala krišom dovesti hodže. Na to su drugovi komunisti oštro reagovali, te je odustala od svog plana. Ukopan je na muslimanskom groblju.

Zašto je umro moj očuh, ja ni do dan danas nisam mogla da dokučim. Neki ljudi jednostavno ponesu tajnu sa sobom u grob.

Ostala je jedna čudna praznina iza moga očuha.

Ključ 18

Pljuni i zapjevaj

U septembru 1986. godine Dugme je snimalo album „Pljuni i zapjevaj, moja Jugoslavijo". To je bio album na kome se Alen Islamović pojavljuje kao Dugmetov treći pjevač.

Goran je htio da napravi album na kome će se svi državni neprijatelji pojaviti na istom mjestu. Zamislio je da ima kao goste na ploči:

1) komunistu revolucionara - disidenta,

2) hrvatskog nacionalistu

3) srpskog nacionalistu.

Pjesmu „Padaj silo i nepravdo" htio je da mu otpjeva Koča Popović, "Ružica si bila" trebalo je da otpjeva Vice Vukov, a omot ploče da bude „Dve godine garancije" Miće Popovića.

Koča Popović nije se pojavljivao u javnosti od 1972., otkako je srpskim liberalima dao podršku i razišao se sa Titom. Vice Vukov je bio totalno zabranjen u medijima zbog svog prohrvatskog opredjeljenja, a Mića Popović nije bio poželjan također iz političkih razloga.

Međutim, od ovog koncepta se ništa nije ostvarilo.

Kad je Goran otišao u BG da se susretne sa Mićom Popovićem, direktor Diskotona ga je susreo u Beogradu i odvratio od tog plana, jer je vjerovao da niko neće štampati taj album.

I sam Peca Popović je rekao: „Sine, suviše si mlad da praviš sebi takve probleme." Ove podatke sam tek skoro saznala iz knjige Dušana Vesića „Šta bi dao da si na mom mjestu", inače, fenomenalno napisane biografije Bijelog Dugmeta.

Taj isti dan i Raka je otišao da vidi Vicu Vukova. Istog dana se vratio i policija ga je presrela na aerodromu.

Nedavno mi se javio jedan protagonist sa tog Rakinog saslušanja koji mi je rekao:

"Onaj Raka k'o harlovina sa onim svojim glasom odmah je rekao: 'Šta mene pitate, pitajte Gorana.'"

Vice Vukov nije nikada zapjevao na tom albumu. Stavljena je zabrana na saradnju Vice Vukova i Bijelog dugmeta.

Najviši politički vrhovi Juguslavije stopirali su ovu saradnju.

Koča Popović nije htio da učestvuje.

Goranov sljedeći izbor je bio Svetozar Vukmanović Tempo.

Na kraju je pjesmu „Pljuni i zapjevaj, moja Jugoslavijo" otpjevao Tempo sa horom djece iz Doma za nezbrinutu djecu „Ljubica Ivezić".

Ja sam često znala reći da će moj sljedeći momak biti iz Doma za nezbrinutu djecu "Ljubica Ivezić", jer mi je bio pun kufer Ipetove mame koja me je mrzila kao i njegove sestre.

Dženena mi je rekla da je susret Tempa i Gorana u Reževićima u Tempovoj kući bio zapravo susret sličnih duša. Tempu je Goran bio simpa. Brega je izvadio svoju teku u koju je pisao tekstove i pročitao tekst, a u tekstu za svaku riječ zalijepi se tona Svetozarevih emocija i sjećanja.

Sva težina i lakoća Balkana.

Pljuni i zapjevaj!
Pljuni i zapjevaj, moja Jugoslavijo!
Matero i maćeho, tugo moja i utjeho.
Moje srce, moja kućo stara,
Moja dunjo iz ormara,
Moja nevjesto, moja ljepotice,

Moja sirota kraljice,

Jugo, Jugice..

Kad je Tempo saslušao do kraja pjesmu, rekao je: „Pa ovo je oda Jugoslaviji!"

Ove detalje mi je prepričala Dženana, ali na moje veliko čuđenje, Ipe ove detalje nije spominjao. Kao da nije imao dodirnih tačaka sa Dugmetom.

Ipe i ja smo se kao pas i mačka svađali svakih šest mjeseci. Nekada bi Ipe namjerno, znajući da sam ljubomorna, uživao da izazove moju ljubomornu reakciju.

Bili smo u diskoteci BB odnosno Beograd koja se nalazila odmah prekoputa Pozorišta mladih. Onako sabijeni jedni uz druge u grupi šireg društva, Ipe mi kaže kako se neka cura dobro protrljala o njega.

Baš je rekao kako je "sifone" trljala o njegova leđa.

To mi je onako hinjski šapnuo u uho.

Kao kad u španskoj koridi biku mahnu crvenom zastavicom, tako sam se ja upalila.

Mislim da sam tog trenutka dobro zagrebala i zgulila kožu sa njegove šake. Ipeta je to nekada zabavljalo, prosto da me muči.

Naravno, cure su se kao na magnet lijepile na Ipeta.

Nekada sam bila mnogo mudrija u tim našim prepucavanjima, nisam ga direktno konfrontirala.

Rekla sam Dženani i Jadranki da sam jedan dan uzela Ipetov telefonski imenik i promijenila sve brojeve telefona, ali samo djevojaka.

Recimo, tamo gdje je bio broj jedan ja bih prepravila u četiri, od trojki su nastajale osmice, petice sam pretvarala u šestice.

I, naravno, taj imenik sam uredno vratila u zadnji džep njegovih hlača. Primijetim jedan dan jedan veliki uskličnik na Ipetovom licu. Nema petlju da stisne pa da me pita kako to da telefoni Sanja, Sanela, Ana i Arnela i mnogih drugih ne rade. Onako indirektno me pitao da li znam da li je sve uredu sa sarajevskom poštom.

Ja klimnem glavom i kažem: „Koliko je meni poznato, sve je OK."

Sada je mene zabavljalo da ga vidim u jednoj blagoj panici.

Moja Dženana je bila moj guru i luka u koju sam mogla uteći.

Jednom, nakon svađe sa Ipetom, bilo je jako kasno da idem kući. Pozvala sam Dženanu i rekla joj da dolazim. Ona je bila kod Gorana u Nemanjinoj, a Goran je baš tada išao na susret sa Tempom tako da nije bio kući.

Kad sam joj se pojavila sa svim koferima i povrh svega skijaškom opremom na vratima, Dženana je samo mudro prokomentarisala kao proročica Pitija sa grčkog Partenona.

„Džaba si vucarala te stvari jer ćeš sutra sve to opet vratiti kod Ipeta."

Zna Dženana!

I tako i bi!

Mi se pomirismo. I mir, mir, mir, niko nije kriv - do sljedeće drame.

Kada bi me Dženana posavjetovala ili kritikovala uvijek sam to primala k znanju jer njeni komentari nikada nisu bili maliciozni. Istinski sam je voljela.

Možda zato što sam je kao jedinica doživljavala kao sestru. Dženana i Jadranka Petrović su bile najbolje prijateljice od njihove desete godine i ja sam im bila kao mlađa raja, "privjesak". Pred njima sam jednostavno mogla biti ja, bez ikakvih foliranja, a one nisu bile cure koje su tračale i prepričavale događaje.

Imale smo jako visok stepen povjerenja na kome bi nam i agenti američke tajne službe CIA pozavidjeli.

Počela su uveliko snimanja ploče „Pljuni i zapjevaj, moja Jugoslavijo". Brega je ovog puta osmislio da mu se na ploči pojave back vokali. Želio je da napravi ženski trio, rock verziju ladarica.

Po prvi put u studiju Radio i TV produkcije Sarajevo u ulici Danijela Ozme srela sam Zuzi – Zumretu Miđić. Nas dvije smo otpjevale sve back vokale na toj ploči.

Zu je već bila legenda back vokala, ona je otpjevala vokale u filmu „Nacionalna klasa" na numeri „Floyd", dosta je pjevala sa Zdravkom Čolićem, a veliki je hit imala u grupi Mirzino jato.

Zuzi sam odmah prozvala ZU i do dan danas to je tako ostalo. Jedina od svih nas muzičara koja je imala ozbiljan posao bila je Zu, radila je u Izvršnom vijeću jer je bila diplomirani ekonomista. Zu je također završila Srednju muzičku školu u Sarajevu i tako je upoznala Gocu, Ipetovu sestru.

Jednog dana Goran je donio pjesmu na kojoj smo samo imale zadatak da otpjevamo refren. To je bila pjesma „Noćas je k'o lubenica pun mjesec iznad Bosne".

Stalno sam uspoređivala njegove tekstove sa mojim koje sam snimila na zadnjoj ploči. Prolazio mi je kroz glavu beznadežni tekst „Frka" sa kojim se nikako nisam mogla pomiriti. Nakon hiljadu puta otpjevanog refrena „Noćas je k'o lubenica pun mjesec iznad Bosne" kaže mi Zu koja se toga dobro sjeća.

Ja se obraćam Goranu kao da sam sa Marsa pala.

Ja: Čuj ovo!

Goran: Šta?

Ja: Noćas je k'o lubenica pun mjesec iznad Bosne!? Kako si ovo, majke ti, skont'o. Ovo je fenomenalno!

Zvučala sam vjerovatno čudno jer nisu znali šta je ustvari mene mučilo, a to je tekst mojih pjesama „Frka" i „Slobodna djevojka". Mrzila sam te tekstove kao malo šta u životu. I danas imam averziju prema tim pjesmama. Ako na YouTube naiđem na te pjesme, rado ih preskočim.

Opet sam u studiju srela Alena Islamovića, ali sada je bio pjevač Bijelog dugmeta.

Pod dirigentskom palicom Gorana nastajale su pjesme koje se i danas slušaju. Ja sam pomno studirala Goranovu sposobnost da kao alhemičar pretvori običan metal u zlato. Odnosno, da svaku svoju pjesmu pretvori u nešto što svi vole da slušaju.

Pred sami kraj, sa Goranom smo uradili i jednu reklamu „Hajdemo u planine" koju je Goran vješto obradio i stavio na album. Ta pjesma je postala hit i prodala cijelu ploču.

To je ta njegova spretnost alhemičara da od reklame za turizam napravi hit koji se vrtio non-stop po radio stanicama.

Studio u Danijela Ozme bio je pun muzičara. Često sam viđala Bodu Kovačevića, Fadila Redžića, Sinana Alimanovića. Ovi muzičari su svirali u revijalnom orkestru RTV Sarajevo i često bi nakon njihove probe ostajali u studiju i prisustvovali snimanju Dugmeta.

Obično, kada se snima ploča, prvo se snime bubnjevi, pa bas gitara, solo gitara i klavijature. Vokali su zadnji. Ipe bi se vraćao u studio da me pokupi sa snimanja.

S obzirom na to da je Ipe odradio dio svoga posla, nije više morao da boravi u studiju non-stop. Goran je taj koji je prisutan tokom cijelog snimanja.

Odmah blizu studija nalazio se legendarni restoran „Mažestik" čiji je vlasnik bio Ruho. Sve one muzičare koje sam sretala u produkciji, opet sam sretala navečer poslije snimanja u „Mažestiku". To je bilo jedno od omiljenih mjesta Davorina Popovića. Ako je Brega bio šef, onda je Davorin definitivno bio predsjednik. Tako ga je Ipe zvao.

Davorin je uvijek bio elegantno obučen, u najljepše skrojenom italijanskom odijelu, preko kojeg je nosio Diorov tamnoplavi kaput od kašmira. Naravno, i cipele su bile italijanske.

Izgledao je kao gospodin sa francuske rivijere. Davorin je imao gard predsjednika multikorporacije.

Sjedili bismo oko Davorina kao đaci prvaci i upijali svaku njegovu riječ. Volio je da se druži sa političarima i znao je govoriti često kao odgovor na sve: "Budi pametan!"

Tada nisam kontala šta znači "Budi pametan!", a nakon mnogo godina shvatila sam da ta rečenica govori sve. Kroz lakonski izgovorenu rečenicu "Budi pametan!" može se pročitati hiljadu poruka između redova. Vrhunac mudrosti.

Sa čašom u ruci najskupljeg viskija i kroz dim cigarete Gauloises, koju je pušio, komentarisao je mnoge stvari, a između ostalog, što mi je ostalo u sjećanju, i to kako je mrzio papke.

Ništa čudno za Sarajlije jer Sarajevo je imalo kolektivnu odbojnost prema papku. Zato me jako začudilo kad sam vidjela da su u Sarajevu nazvali jednu ulicu po Davorinu Popoviću. Taj dio Sarajeva i ne izgleda kao da je Sarajevo.

Ulica nazvana po Davorinu nalazi se na periferiji Sarajeva. Pjevač bi se okretao u grobu da zna koju su mu ulicu dodijelili.

Kad sam vidjela tu ulicu, pomislila sam kako je Davorin govorio da, kad bi papka vidio da se davi, da bi mu pomogao da potone. Mrzio je papanluk više nego išta.

Davorin je odrastao odmah pored Fisa u Miss Irbinoj.

Njegovi parametri kretanja u Sarajevu su bili Marijin Dvor (jer mu je kafić „Davorin" bio na Marijin Dvoru) – bašta Fisa – „Mažestik".

Strogi centar Sarajeva.

Moj zaključak je da bi na toj relaciji prikladnije bilo dati naziv neke ulice po Davorinu Popoviću.

Volio je moju Dženanu jako i kada bismo ga sreli, uvijek bi joj govorio kako njegova djevojka Sanja ima 32 zuba bez plombe. Zato što je i Dženana imala savršene zube, 32 bez plombe. Papanski je, naravno, biti bez zuba, ali jako često viđeno na ulicama Sarajeva tih dalekih osamdesetih.

Za vrijeme opsade Sarajeva, tačnije 1992. godine, Davorin je pomogao Dženani i Jadranki da izađu iz Sarajeva. Goran je već bio u Parizu i očekivao je Dženanu da mu se pridruži.

Davorin je obećao Dženani da će je izvesti iz Sarajeva u junu mjesecu. Navodno, su Indexi autobusom trebali da idu na turneju. Međutim, nije se moglo tek tako izaći iz Sarajeva, što mi je bilo jako poznato jer ni moja mama nije mogla da izađe za vrijeme rata.

Bile su potrebne teške veze da se omogući izlazak. Davorin je rekao Dženani da se ništa ne brine jer će on reći da je Dženana njegov back vokal.

Dženi ga je uspaničeno pitala znajući kako loše pjeva: „Šta misliš da me zaustave na barikadama i zatraže da nešto otpjevam!"

Na šta je Pjevač rekao: "Ništa ne brini!"

Davorina smo zvali "Pjevač" punih usta jer je bio institucija. To mu je bio nadimak.

Dženana zaista ima jako puno vrlina, ali pjevanje definitivno nije oblast njene ekspertize. Tako je loše pjevala, da bih je ja ponekad zamolila da mi nešto otpjeva čisto da me nasmije.

Dok su radili na tom izlasku iz Sarajeva, više puta je Dženi prelazila iz Vrazove do Miss Irbine sa Jadrankom. Pošto je već krenulo granatiranje, prelazak iz Vrazove do Miss Irbine trajao je satima. Inače, taj put se u miru pređe za osam minuta.

U cijeloj frci Dženani pasoš prestane važiti. Davorin je imao jarana Jovu u SUP-u koji je Dženani usred rata uspio da produži pasoš.

To je ona čuvene pametna rečenice koju je Davorin govorio "Budi pametan!" koja ti je i kočnica i kuplung, a bogami i mjenjač brzine i vodič kroz životni luna park.

Bio je omiljen među ljudima iz raznih političkih struktura. Imao je dar komunikacije sa ljudima. Nije bio nadmen, bio je gospodin i raja ga je poštovala.

Jednog dana, kada su Dženana i Jadranka prošle kroz kišu snajpera i granata do Davorina u Miss Irbinoj, on im je saopštio da turneje neće biti.

Ali, vi ćete izaći iz Sarajeva, to vam Pjevač garantuje!

Prva barikada koju moraju da prođu bila je motel „Delminijum" na Stupu koji držao Miro Čurčić. Pošto su ljudi voljeli Davorina, tako je i Miro bio spreman da učini ovu uslugu Davorinu i propusti Dženanu i Jadranku da izađu iz Sarajeva.

Trebalo je preći 12 kilometara pod granatama od Miss Irbine do motela „Delminijum".

Stup je tada bio pod kontrolom Hrvata. Davorin je zamolio svoga druga Škiju, čuvenog fudbalera Želje, da ih preveze.

Josip Katalinski – Škija je prvo bio odbrana u Želji, a onda je postao centarfor. Dženi mi je ispričala čuvenu foru sa Škijom koju joj je Brega ispričao.

I tako, kad je trebao jednom da puca korner u Želji, on je glasno rekao:

„Ej, pričuvajte malo ove papke, idem dati go!"

To je ta nevidljiva linija u Sarajevu koja nas spaja, vječni otpor prema papcima.

Davorin je savjetovao Dženanu i Jadranku da organizuju odlazak iz dva puta. Prvo da prenesu kofere i ostave kod njega tako da na dan odlaska ne budu sumnjive bilo kome ko bi htio spriječiti njihov odlazak.

I tako bi.

Škija ih je vozio u svom golfu sto kilometra na sat dok su na sve strane praštale bombe i odzvanjale razne vrste detonacija. Zalegnuti na podu Golfa, pokušavali su da ostanu živi i zdravi jer je dan prije toga jedna njihova jaranica, odnosno žena Marija Čerhaka Koviljka – Blondi iz Pošte zaradila geler u nogu.

Ono što je pjevač obećao, to se i desilo.

Dženana i Jadranka bi mogle također da napišu knjigu o svome izlasku iz Sarajeva. Nakon 10 dana, Dženi je završila u zagrljaju svoga budućeg supruga Gorana Bregovića, a Jadranka u Puli. Tako su Dženana i Jadranka bacile sve niz rijeku i sa malim koferima u koje su stavile par uspomena, slika i nešto malo garderobe pošle u novi svijet uz pomoć legendarnog Pjevača.

Rekla mi je Dženana da je Davorinu do kraja života ostala dužna za ovu nevjerovatnu intervenciju.

Ploča Bijelog dugmeta „Pljuni i zapjevaj, moja Jugoslavijo" objavljena je 17. novembra 1986. godine.

Par dana prije izlaska ploče Dugmeta, odnosno 10. novembra, izašla je moja ploča „Igre slobode", a na taj isti dan obavljena je sahrana mome očuhu Mehmedu Kurbegoviću.

Na groblju Bare bila sam dva puta u jesen 1986. godine. Prvi put 4. oktobra na sahrani Pare – Draženi Ričla iz Crvene Jabuke i 10. novembra na sahrani moga očuha.

Život je definitivno čudniji od svake fikcije.

Ipe je bio u svom svijetu, tako da nije primijetio smrt moga očuha, a na dan sahrane bio je jako zauzet sa Goranom Kovačevićem, mojim velikim rivalom.

Ne sjećam se da mi je izrazio saučešće, ali je pokušavao da pronađe bend s kojim bih ja trebala da promoviram našu ploču „Igre slobode".

Bio je zaokupljen sobom. Vjerujem zato što je bio "demaged goods" emocionalno.

Imao je jako malo prostora usvom srcu za resto empatije koju bi trebao da podijeli sa okolinom.

Bio je emocionalno hermetički zatvoren, mnogo toga do njega nije dopiralo. Ponekad bi se to učinilo drugim ljudima kao vrsta arogancije. Obično se u Sarjevu kaže za tako nekoga da ne jebe živu silu. Mislim da je imao problem sa autoritetom. Bio je simpa sa nekim lijevim ljudima, a prema ljudima koji bi mu mogli pomoći nekada je bio nadmen.

Spiritualno je bio jako mlada duša, živio je život bez imalo mudrosti. Ja sam se sve više osjećala kao njegov emocionalni talac. S obzirom na to da sam ga slijepo voljela i pratila, ja sam samoj sebi počela da postajem kolateralna šteta.

Početkom decembra Ipe je otišao na Bjelašnicu na pripreme sa Dugmetom. Vježbali su repertoar za turneju "Pljuni i zapjevaj, moja Jugoslavijo". U međuvremenu, Ipe je pronašao jednog gitaristu sa kojim bih ja trebala da osnujem bend i promoviram ploču „Igre slobode". Momak je imao heavy metal imidž, mogao je slobodno da svira sa Divljim jagodama.

Ipe ga je sreo u „Estradi" jer su tamo dolazili mnogi muzičari. To mjesto je bilo kao klub muzičara. Za Ipeta su se lijepili mnogi mladi muzičari i bio im je u neku ruku kao rock idol. Na nesreću, ne mogu da se sjetim imena, ali mislim da momak nije bio iz Sarajeva.

Dogovorila sam neformalni susret sa ovim momkom.

Došao je u moju kuću da razgovaramo. Sjedili smo u dnevnom boravku, a moja mama je u trpezariji pričala s nekim na telefon. Dok smo mi ćakulali o našim eventualnim zajedničkim nastupima, on je čuo da moja mama spominje u svojoj konverzaciji preko telefona smrt moga očuha. Pitao me je o tome odmah. Objasnila sam da se, na nesreću, eto baš poklopila smrt moga očuha sa izlaskom moje ploče. Ali sam ga također uvjerila i rekla da ću definitivno poraditi na promociji svoje ploče, "because the show must go on".

Htjela sam i njega uvjeriti da to neće ništa utjecati na naš posao koji bi eventualno trebali da uradimo skupa. Rastali smo se i zahvalila sam mu se još jednom na odvojenom vremenu za mene, sa željom za našu eventualnu saradnju.

Nikad ga poslije toga nisam vidjela. Nazvao me je i rekao da nije siguran da želi da radi sa mnom.

Pitala sam ga koji je razlog, a on mi je odgovorio da nije siguran da želi da radi sa mnom zato što mi je očuh umro. Mislio je, valjda, da se neću posvetiti projektu.

Medijski sam i na ovoj ploči bila jako aktivna. Na RTV Sarajevo imala sam jako puno nastupa. Nije bilo emisije u kojoj ja nisam učestvovala. Ali od ploče u prodavnicama ni traga ni glasa.

Ipe je sporadično silazio sa Bjelašnice u Sarajevo, uglavnom preko vikenda. Dugme je užurbano vršilo pripreme za turneju „Pljuni i zapjevaj, moja Jugoslavijo".

Za čudo božije, ja sam mu jako nedostajala. Rekao mi je da su se svi u bendu razboljeli na Bjelašnici. Brega je fasovao strašnu gripu. Navodno sobe u kojima su bili smješteni bile su jako zagrijane, a prozor nije mogao da se otvori tako da su se maltene gušili od ustajalog vazduha. Ispričala sam Ipetu o svom čudnom sastanku sa muzičarem kojeg je pronašao. Ipe mi je rekao da će mu uši izvući kao zecu kad ga vidi u „Estradi".

Dugme je napokon sišlo sa Bjelašnice u Sarajevo i njihove pripreme su bile završene. Ipe je dosta vremena provodio u „Estradi". Često sam mu sugerisala da nađe prostor za vježbanje bubnjeva umjesto što u „Estradi" gubi dane i ostavlja pare. Svidjela mu se ideja, ali pitao je da li bih ja u mojoj zgradi pitala predsjednika kućnog savjeta da nam da prostor podrumskih prostorija za vježbu.

Već smo bili osmislili kako bismo taj prostor uredili.

Međutim, predsjednik kućnog savjeta nije imao sluha za ovu vrstu molbe.

Smatrao je da će to biti leglo za narkomaniju. Naravno, dobro se informisao ko je Ipe. Nažalost, reputacija bivšeg zatvorenika i narkomana stalno je pratila Ipeta, a time i mene. Teško je bilo pobjeći od prošlosti!

Ja sam se toliko nadala da ćemo imati te prostorije, pa sam bila jako razočarana ishodom. Ne samo da bi to bilo dobro za nas da prakticiramo kao muzičari i vježbamo, nego bi mi Ipe bio stalno na oku. Međutim, nikada se ne zna u životu zašto je nekada dobro izgubiti nešto što toliko želimo.

Vrvila je „Estrada" od novinara iz cijele Jugoslavije decembra 1986. godine. Album „Pljuni i zapjevaj, moja Jugoslavijo" koji je Dugme objavio bio je medijski hit. Na albumu se ponovo pojavljuje novi pjevač, ovoga puta Alen Islamović, a koncept i naziv ploče je bio politički provokativan.

Ipe mi je ispričao kako su jednom navukli novinara iz Beograda na foru.

Obično bi u „Estradi" stajao sa Mićom, Pericom - bubnjarem iz Vatrenog poljupca i suvlasnikom „Estrade",

Žikom - Peričinim bratom i naravno, sa svima koji bi se tu našli. Mislim, bilo je raznih grupa koje su fercerale oko muzičara, a također i novinara koji su posjećivali Sarajevo da bi uradili intervju sa Goranom Bregovićem povodom izlaska ove ploče.

Stoje tako Ipe, Raka, Mića, Perica, Žika, zgodna riba i novinar iz Beograda. Kad je cura otišla u toalet kaže Perica svima:

„Joj, kako me ova koka uhvatila za jaja", na što će ti ovaj novinar iz Beograda:

„Joj i mene... i mene".

Na šta su se svi grohotom nasmijali, jer ga je ustvari Perica držao za jaja.

To im je bila fora. Da navuku frajera!

Slatko sam se i ja nasmijala, ali tamo gdje su Žika i Mića, tu ima i belaja. O Žiki je Ipe pričao sa velikim simpatijama, ali kao o nekome ko je manijak za koke.

Bio ga je glas da se uvaljuje i odvaja radnice iz fabrike „Ključ" kad bi izlazile kući poslije posla. Mislim da im se "šlepao", samo da se okrzne za seks. S obzirom na to da je Žika bio oženjen, Ipe ga je pokrivao u njegovim izvankućnim aktivnostima. Bio je oženjen Sanjom koju ja nikada nisam upoznala. Mislim da je imao sina. Stanovao je blizu Ipeta.

Ipe se zamijenio sa svojom mamom u to vrijeme. Dao je mami svoj četverosobni stan na Aerodromu, a on je prešao u njenu garsonjeru na Džidžikovcu. Stan je bio u centru Sarajeva i imao je bolju lokaciju za obavljanje njegovih "biznisa".

Nego, da se vratim Žiki.

Ni holivudskom scenaristi u najluđim trenucima inspiracije ne bi pali napamet scenariji koje je Žika svojoj Sanji uvaljivao da bi se iskrao iz kuće na samo jedan dan.

Dođem jedan dan kod Ipeta, posred dnevnog boravka stoji kompletna ribarska oprema, ribolovni štapovi, role za ribolov, plovci i olovo, udice i parangali, najlon i upredenice za ribolov, mreže, duge ribolovne čizme, pa čak i podvodna puška za ribolov, puna rasvjeta za noćno ribarenje.

Pitam Ipeta šta je to.

I onda mi Ipe razjasni.

Žika je isfolirao Sanju da ide s njim u ribolov, a ustvari se švalera sa nekom kokom. S obzirom na to da je Sanja jako inteligentna provalila bi ga da je laže ako bi joj samo tako rekao da ide na pecanje. Zato je morao nabaviti cijelu opremu za ribolov da bi Sanju uvjerio da je to istina. Pitam Ipeta šta namjerava da radi sa punim kontejnerom crva koje mu je također donio i već vidim kako su se razmilili po limenoj kantici.

Hoće li ih čuvati ili baciti u susjedni park?

Jer, ako vrati crve kući, Sanja će provaliti da je sve to ipak laž, mudro zaključih ja!

Kao i pravi ribolovac došao mu je Žika u četiri sata ujutro sa kompletnom opremom na vrata i probudio ga. Vratit će opremu sutra popodne kad se bude vraćao kući.

Ja sam se zaplela kao pile u kučinu sumnjajući u našu vezu i vjernost moga momka. Iznijeti na plećima vezu sa okušanom rock zvijezdom nije bilo lako. Zavidjela sam mnogim djevojkama mojih godina koje nisu imale ovu dilemu.

Ja sam samu sebe krivila. Mrzila sam svoju opsesivnost, egocentričnost. Prebacivala sam sebi tu odvratnu želju za slavom koja je krivac za sve. Prezirala sam taštinu u sebi zbog koje sam toliko patila. Jednostavno nisam mogla da pomislim kako može biti sa nekom drugim, a ne sa mnom. Nisam imala slične primjere oko sebe od kojih bih naučila kako da se postavim. Nijedna heroina iz književnih romana koje sam čitala nije me pripremila na ovo iskustvo. Čitala sam Virginiju Woolf i shvatila da ja nikada neću biti gospođa Ramsay iz romana „Svjetionik" - smirena, bezuvijetne ljubavi, oslonac svima, majka osmero djece. Niti je Ipe gospodin Ramsay, naučnik, filozof. Muško-ženski odnosi u tim knjigama nisu ni približno bili slični infernu kroz koji sam prolazila.

Kao rezultat svega toga eksplodirala bi naša veza, posvađali bismo se na mrtvo ime i svaki put bih rekla - ovo je definitivni kraj. Pred samu Novu godinu opet je pukla veza po šavovima.

Samo dvadeset četiri sata, ako se ne bismo čuli, predstavljali su jedan milenij. Amplituda osjećanja koja me je drmala kretala se od duboke tuge, preko osjećaja odbačeniosti do dubokog duševnog nemira. Emocionalnu vožnju koju sam prolazila 20.000 milja pod morem, niti Jules Verne ne bi mogao opisati. Problem je naravno bio i u Sarajlijama. Voljela mi je raja reći u brk kako su vidjeli

Ipeta tu i tu. Upratili su ga da je sa nekom kokom. Ljudi su jednostavno uživali da me vide nesretnu.

Dan prije Nove godine javi mi se Ipe na telefon. Kao šatro je htio da dođe da pokupi neku jaknu koju je ostavio kod mene. Bukvalno sam mislila da će mi se telefonska slušalica istopiti u ruci od silne sreće. Proširi se naša konverzacija od jakne do toga kako smo jedno drugom nedostajali. Utvrdismo da ne možemo živjet jedno bez drugog. Bilo mi je drago kad me je pitao gdje slavim Novu godinu. Ja sam već bila dogovorila sa Jadrankom i rajom da ćemo slaviti u diskoteci BB. Dogovorili smo se da dođe popodne kod mene po jaknu.

Izbezumljena od sreće, jedva sam čekala da se pojavi na vratima. Kad je Ipe došao, moja mama se šokirala kad nas je vidjela da smo pali u ljubavni zagrljaj jedno drugom. Mama je bila pod utiskom da više neću riječi s njim progovoriti. Nisam je bila uputila u razvoj dalje situacije i ishod telefonskog razgovora. Dogovorili smo se da Ipe dođe sljedeći dan poslije 11 sati kod mene, sat vremena prije Nove godine. On je trebao da slavi Novu godinu kod Gorana Kovačevića. Moja mama je išla kod svoje sestre.

Na dan Nove godine jedva sam čekala da kazaljka na mom satu pokaže 10 sati i da se što prije vratim kući. Ljubav je kao ecstasy naturale, ne postoji taj narkotik koji može da nahajca raspoloženje kao, recimo, sastanak sa osobom koju tvoji hormoni do ludila vole.

Otrčala sam kući i panično htjela da odradim milion stvari za sat vremena. Od tuširanja, čekiranja na šporetu šta se sa sarmom dešava, do namještanja jastuka u dnevnom boravku. Trčala sam kao muha bez glave iz sobe u sobu. Tražila sam prikladnu ploču da stavim na gramofon, a gramofon se nalazio u mojoj sobi. Ulazna vrata su jako daleko od moje sobe.

Pogledam na sat, već je 11, moga Ipeta nema, nastavim sa uređivanjem našeg ljubavnog gnijezda za Novu godinu i nakon 45 minuta čujem zvono na vratima.

Kad sam otvorila vrata, Ipe je već bio dobro pripit. Ispričao mi da je sjedio ispred moga balkona i vidio je nekog frajera koji je iskočio kroz prozor. Navodno bio je u 11 sati, ali ja nisam čula zvono. Onda je otišao oko zgrade i bacao kamenčiće na prozor.

Totalno je bio utripovao da sam imala nekoga u kući. Ovo mi je došlo kao šok. Koliko sam se ja smijala na to, on je postajao sve bjesniji. Odjedanput me je snažno udario. Udarac je bio toliko jak da sam se zalijepila na radijatore u hodniku stana. Udario me je snažno nogom u leđa. Mislila sam da ću izdahnuti.

Počela sam da se pravdam, ali on je postajao još histeričniji. Kad sam se digla, uzeo je stolicu iz dnevnog boravka i bacio u mom pravcu.Teška stolica me je promašila, ali se razbila o zid. Po prvi put sam ga vidjela ovako bijesnog.

Bilo me je strah.

U sebi sam govorila: ovo nije ljubav. Iskonski sam znala da ovdje nešto nije normalno. I racio i srce su mi to govorili. Ja sam se i dalje pravdala Ipetu da zaista nisam nikoga imala u kući.

Dvanaest sati je prošlo, a nismo jedno drugom čestitali Novu godinu. Nakon sati raspravljanja i ubjeđivanja, došli smo ponovo do zaključka da beskrajno volimo jedno drugo. Zagrlili smo se i tako zaspali u zagrljaju. Dočekala sam 1. januar 1987. emocionalno i fizički iscrpljena. Toksičnost naše veze poprimila je jedan novi oblik drame.

Nije to drama romana „Svjetionik" Virginije Woolf u kome duboke unutrašnje prikrivene drame junaka sa otoka Skye u Škotskoj utječu na njihova intelektualna previranja.

Ovo je vrsta bolesti, zaključila sam. Racio mi je govorio da bih morala aktivirati psihološku budnost pod hitno, inače ćemo oboje potonuti.

KLJUČ 19

Abrakadabra - Invazija Marsovaca

Sjedim u Londonu maja 2017. sa viklerima na glavi i napokon sam se nakanila da napišem završetak knjige, da opišem 1987/1988., definitivni odlazak u London.

Muka mi je od same sebe, muka mi je ponovo da kopam po prošlosti.

Sa osjećanjima je kao i sa fizičkim stvarima. Trenutak kad idem da bacim smeće, otvorim kontejner i sve je naizgled čisto. Samo negdje sa strane zalijepljena polumokra piljevina od krompira i luka stoji i kvari perfekciju. Nemam toliko duge ruke da sastružem prljavu gomilicu koja se nakupila sa strane. A znam vrlo dobro da će da se raspada i smrdi.

Pisanje moram privesti kraju. Ovog inkuba kojeg nosim definitivno moram da deložiram.

Šta da kažem onoj Amili prije 30 godina?

Šta?

Zašto nisam rođena sa analgetikom u ustima da ublaži utiske.

Odgađala sam da napišem svoj finale. Kraj jedne veze kao i naprasni krah moje karijere. Iako sam mislila da sam sve zaboravila, utvrdila sam da se svega jako dobro sjećam. Moje srce kao najinteligentniji organ sve memoriše i nikada ne laže.

Prebirem po glavi da nađem bolju riječ za turobnost srca koju sam osjećala, zvuči kao dijagnoza koju sam sebi postavila. Kao da ga je zla vještica prokazala i zatamnila.

Sjećam se kako mi je jedna voodoo vještica u New Yorku 1993. rekla kako vidi ispred sebe vješticu koja me je proklela osamdesetih godina u Sarajevu. Tražila je dvije hiljade dolara da mi kaže ime te prokletnice. Nisam imala dvije hiljade dolara da utvrdim ko je to, tako da nisam nikada saznala, ali moja lista osumnjičenih bila je poduga.

Presjekla sam kao hirurg tu bolest koja me je iznutra nagrizala i pobjegla. Morala sam da spasim glavu. Inače bih bila spržena kao žohar na sarajevskom asfaltu. Jedan mi je duhovni učitelj iz Indije, Sri Venugopal Goswami, rekao da sa svakim fotografisanjem naša duša gubi esenciju. U Londonu sam tražila odgovore na sve što mi se dešavalo u mom prijašnjem životu. Moja muzička karijera se završila u Jugoslaviji, ali taj završetak je bio inicijalna kapisla za moj duhovni put. Nema hljeba bez motike, a posebno duhovnog spokoja, ako se dobro nismo nakopali. Novine su često objavljivale moje fotografije osamdesetih godina.

Atma ili duša koja je spiritualni bljesak pun energije također je hrana demonskim energijama.

Duboko sam sada uvjerena da bi svaki mladi čovjek koji ide na scenu trebao biti duhovno i spiritualno pripremljen. Jer dok on nesvjesno nahrani sve demonske sile i dok svaki mali i veći đavo dođe po svoje, pitam se, koliko svjetlosti ostane za njega. Nikako me ne čudi da tu prazninu želi ispuniti sintetičkim sadržajem, kao recimo tabletama, narkoticima i alkoholom.

Prijateljica iz Hrvatske, glumica Vesna Orel, upoznala me je sa radom najznačajnijeg pozorišnog režisera Petera Brooka. To se desilo u Londonu početkom devedesetih godina. Ona je učestvovala u njegovoj pozorišnoj radionici i objasnila mi je kako je njegova tehnika upravo takva. Peter Brook sa duhovne i spiritualne tačke radi na glumcima. Njegov rad je inspirisan učenjima Gurdjieff. Nije završila kurs jer je provalio da nije platila. Kad je otkrio da je uljez u njegovoj radionici, "zamolio" ju je da napusti klasu. Nije bilo nimalo spiritualno od nje da učestvuje u nečemu sto nije platila.

Eh, mislim se, gdje bi mi bio kraj da sam 1982. godine upoznala Petera Brooka.

Goran je okupio back vokale u svom stanu u Nemanjinoj. Rekao je meni i Zu da će sa nama biti još jedna djevojka back vocal. Ona se zove Lidija, a inače je iz Los Angelesa.

Januar u Sarajevu, zima je. Ja sa hiljadu džempera i jakni ispod kaputa. Samo što još nisam jorgan zagrnula i tako izašla. Ulazim u Goranov salon.

To je jedna ogromna soba u kojoj se nalazi samo sofa, glomazna i jednostavna. Ispred sofe stoji jedan stolić koji je vibrirao od telefona koji je non stop zvrndao. Koliko se sjećam i mi smo kod kuće imali takav telefon. Veliki crni telefon. Na zidu je stajala nedovršena oveća slika Karla Marxa. Nisam sigurna ko ju je slikao. Možda Braco Dimitrijević, bio mu je drug, ili ne... nisam sigurna.

Možda je baš takva trebala biti - nedovršena ili sam ja pogrešno ocijenila. Nisam nikada pitala takve stvari jer se nisam htjela provaljivati pred Goranom. Bojala sam se da ne pomisli da sam papanka.

Stan je u zgradi starije gradnje, možda iz austrougarskog perioda. Na prozorima nema zastora ili roletni.

Samo prozori sa velikim bijelim okvirovima, čista jednostavnost. Vjerujem da je za komšije prekoputa ovo bila veća senzacija od Scene "Obala" na Filmskoj akademiji. Samo staneš na prozor i gledaš šta Goran Bregović radi. Inače omiljena zanimacija Sarajlija u tom vremenu.

Sjedi na sofi djevojka duge plave kose, priča srpski, ali sa malim akcentom. To je Lidija Mihajlović. Kao da je sunce Kalifornije donijela sa sobom. Nosila je dugu haljinu od jako tankog materijala, a ispod je imala kaubojske čizme sa resama.

Kako se upoznajemo meni kroz glavu prolazi misao, čekaj, čekaj, poznato mi je ovo lice. Vraćam film i tup.

Ljetnji raspust 1979., ja sam u Dubrovniku na ljetovanju kod svoje prijateljice Vesne. Sjećam se Lidije iz diskoteke "Bakus". Stajala je sa svojom prijateljicom crne kose. Oko njih je bio veći krug kavaljera. Mješovito društvo Beograđana i Sarajlija.

Lidija i Darinka su izgledale američki. Nosile su šimi cipele na štiklu, uske topove od elasticiranog materijala, sjećam se Lidije po majici tirkizne boje sa otvorenim leđima i suknje do koljena u punoj glokni. Ispod suknje je virila podsuknja koja je držala suknju u stilu Diorovog kroja iz pedesetih godina.

U njenom društvu stajao je jedan Sarajlija koji se zvao Gogo Marjanović. Moja drugarica Vesna Šćepanović je bila ludo zaljubljena u Gogu. Nažalost, nije jedina bila jer je on bio penicillin za djevojke iz Sarajeva. Zbog Goge smo i otišle na more u Dubrovnik. Imala je familiju u Dubrovniku i ostale smo u stanu njenog rođaka. Pratile smo Gogu kao sijenke po Dubrovniku i naravno Vesna se potrudila da sazna koje su to cure u društvu Goge. Sretale smo ih na plaži hotela "Šeherzada", tamo smo se kupale. Bila sam zadužena da špijuniram za Vesnu šta Gogo radi, s kim priča dok ona leži na peškiru i gleda u nebo. Tako smo saznale da je Lidija rođena u Los Angelesu i da dolazi na ljetnje raspuste u Beograd kod svoje tetke.

Dubrovnik je bio leglo šminkera iz Jugoslavije sedamdestih i osamdesetih godina. Ako neko imalo drži do sebe kao šminker, "Bakus" je bio mjesto na kome se kalio šminkerski čelik.

Ispričam Lidiji ovu scenu iz Dubrovnika i utvrdimo kako je svijet mali. Goran sjedi sa gitarom na stolici i nas tri oko njega probavamo dionice. Utvrdimo da nam se glasovi fenomenalno slažu. Lidija je super pjevala, bila je muzički tačna. Apsolutno nije nikada falširala i odlično je hvatala terce na glasove od Zu i mene. Ispričala nam je da je tako izverzirana zbog svoga brata Ace. Njih dvoje su pjevali često skupa u Los Angelesu. Obožavala je svoga brata Acu, bio je slikar i muzičar.

Nas tri smo imale dobru hemiju. Slagali su nam se glasovi, ali i karakteri. Bile smo tim. Lidija nas je odmah prozvala Dugmetama, a Lidija je postala Lida. Lida će vječno da živi u našim srcima jer je preminula u septembru 2014. godine Lida je sahranjena 4. oktobra 2014. u Los Angelesu. Patila je duže vremena od čudnog oblika raka kojeg njeni doktori u Los Angelesu nisu dijagnosticirali na vrijeme. Liječili su je od neke desete bolesti i tek dvije sedmice pred sami kraj uspostavljena joj je prava dijagnoza. Bila je vedra i vesela osoba tako da je, po onim svim teorijama pozitiviteta, Lidija zadnja osoba koja bi trebala imati karcinom. Radila je kao PA (personal assistant) slavnim glumcima u Los Angelesu. Jedna od njih je bila i Rene Russo sa kojom je isla u školu glume. Ljudi su željeli biti u njenom društvu jer je bila duhovita i zabavna.

Goran je odlučio da mi nastupamo sa Dugmetom samo u velikim gradovima. Dugmete bi trebale da nastupaju samo u Skoplju, Beogradu, Zagrebu i Sarajevu. Nastupi sa Dugmetom dale su novu dimenziju mojoj muzičkoj karijeri. Utonula sam u pripreme za Dugmetove koncerte, a kao lijevom nogom odrađivala obaveze oko moje ploče "Igre slobode".

Ustvari, greška sa mojim projektom je bila ta što ja nisam imala tim ili grupu muzičara koji bi radili sa mnom. Ipe je napravio ploču, naplatio i za pojas zadjenuo. Na svu sreću imao je Dugme i to mu je sada bio posao. Moja opcija su diskoteke i pjevanje na playback. U to vrijeme mnoge poznate pjevačice su pjevale na playback. Meni su se takvi natupi činili kao degradacija svega onoga što sam postigla na ploči. Svjesna sam kvaliteta koji sam imala i to je glas, nisam sebe doživljvala kao vizuelnog performera.

Turneja Dugmeta "Pljuni i zapjevaj, moja Jugoslavijo" počela je 31. januara 1987.

Prvi koncert bio je u Kumanovu 1. februara, a već 4. februara je bio zakazan koncert u Skoplju. Zuzi, Lidija i ja smo se pridružile Bijelom dugmetu 3. februara. Biti dio Dugmetovog putujućeg cirkusa je uzbudljiv doživljaj. Oko Dugmeta se mota million likova i karaktera. Prvi put mi je Zu u Skoplju kazala da obratim pažnju na čovjeka sijede kose koji sjedi sa Suzanom Mančić za stolom.

Zaboravila sam ime hotela u kome smo odsjeli, ali sjećam se foajea i velikog šanka. Ispred su bili stolovi postavljeni sa bijelim stolnjacima. Suzana Mančić je bila jako poznata i popularna u to vrijeme. Bila je djevojka koja je izvlačila Loto i naravno to se gledalo širom Jugoslavije. S obzirom na to da je bila izuzetno zgodna i lijepa vjerujem da su je tražili da pjeva širom Juge. Elem, promatramo njen sto i vidimo kako joj jedan čovjek nešto žustro govori. Iz daljine mi izgleda da joj nešto nije pravo.

Kaže Zu meni: "Eh, to ti je čuveni menadžer Džarovski."

Prije koncerta Dugmeta pitala sam se kako će sve to ispasti sa našim vokalima i kako ćemo se uklopiti, imajući na umu da smo vježbale dionice samo uz gitaru. Utvrdim te noći da je Goran Bregović Herbert von Karajan na sceni, savršen dirigent. Pratile smo svaki njegov pokret, mig, znak na sceni. I proveo nas je kroz repertoar kao iskusni učitelj. Pjevale smo gdje treba, zastajale i pravile pauzu gdje treba, jednostavno šljakale smo sa Dugmetom kao švajcarski sat. Iza mene je svirao Ipe, moj najveći kritičar.

Poslije koncerta rekao mi je: "Macice, bila si izvrsna." Kamen mi je pao sa srca. Inače znam šta bi se desilo da sam pogriješila. Gađao bi me palicom kao u Rusiji.

Koncert je propratio bizaran eksces. Navodno, čuli smo od tehničara Dugmeta da su našli vojnika u publici koji je onanisao na koncertu. Bit će da su mu se dopale Dugmete. Vjerujem da to nisam bila ja, jer sam zaista bila jako mršava i ravna kao daska. Najosebujnija figura među nama bila je Zu. Imala je stas Playboyeve zečice.

Sjećam se da smo poslije koncerta bili pozvani na jedan privatni party kod Stefanovskog iz grupe Leb i sol. Ostao mi je u sjećanju kao jedna osoba sa razvijenom spiritualnom dimenzijom. Nisam razgovarala s njim, ali se sjećam da sam slušala njegovu konverzaciju sa Ipetom. Toliko nas je adrenalin pucao, da prosto nismo bili gladni. Bilo je dosta kasno kad smo se vratili u hotel. Ipeta se svezao jedan jako čudan lik. Kao i uvijek, Ipe je magnet za papke. Frajer je bio kao klon Gorana Kovačevića. Išao mi je na živce, a i ja njemu. Bio je neka vrsta menadžera. Nagovarao je Ipeta da mene ostavi u Skoplju da odradim nastup u kasinu hotela. Odveo nas je te noći do kasina da vidimo prostor. Prostor kao prostor izgleda OK, ovalna sala koja izgleda kao amfiteatar. Velika scena, zagašena svjetla i crvena boja dominirala je salom. Na scenu su izašle sestre Baruđije.

U kasinu par ljudi, nekako mi je atmosfera bila kao iz filma Lordana Zafranovića "Splav Meduze", preciznije opskurna. Moji instinkti su se alarmantno protivili ovoj propoziciji. Osjetila sam opasnost i tačka. Od moga nastupa ništa! Imala sam čudna predskazanja. Jednostavno sam se bojala sama ostati s tim likom. Nisam mu vjerovala, imala sam osjećaj da bi me silovao.

Ipe je bio izuzetno visok, a ovaj novi priljepak u Ipetovoj kolekciji kontroverznih menadžera je bio možda i viši od njega. Nadvio se kao planina iznad nas.

Prosto mu nije dao da diše. Kad smo stigli u Beograd na koncert, on je već bio tamo.

Stare fotografije čuvam u jednoj kutiji od cipela već godinama. U toj kutiji starih uspomena pronađoh fotografiju na kojoj sam sa Ipetom i tim priljepkom. Izlazimo poslije koncerta na Sajmištu nas troje. Boje su još uvijek intenzivne, ali glavu tog lika sam premazala crnim flomasterom. Na ramenima mu je velika kocka, mrlja. Po toj žvrljotini mogu da zaključim da mi je baš dobro išao na živce.

Ja sam većinu vremena provodila sa Zu i Lidijom. Nekako sam izbjegavala Ipeta u toku dana. Zu mi je rekla da sam joj izgledala jako utučena. Iako je Zu bila jako dobra prijateljica njegove sestre Gordane sa kojom je pjevala u Mirzinom jatu i koju je njegova mama jako voljela, Ipe nije bio blizak sa Zu, možda mu je bila prepametna. Kada bismo bili u velikoj grupi svi skupa sa Goranom Bregovićem, osjećala sam Ipetov pogled na mom potiljku. Nije volio nikakavu izuzetnu srdačnost koju sam ja možda pokazivala prema Goranu B. Stalno sam morala da odmjeravam i važem svaki pokret, a i riječ. Lidija nam je bila otkrovenje. Beskrajno zabavna odvlačila je moju pažnju od tekuće problematike.

Kad smo izašli na scenu Sajmišta, imali smo šta da vidimo. Pukla je dvorana puna, krcata. Možda je bilo 30.000 ljudi na tom koncertu. Izgledalo je da toj masi ljudi nema kraja. Koncert je najavio Usref Osmanović Rulja, Dugmetov veliki navijač i povremeni tehničar.

Goran nam je prije koncerta rekao da će na dnevniku RTV Beograd biti direktno uključenje u salu. Kad smo stali na scenu, grunula je iz razglasa pjesma "Padaj silo i nepravdo". Sva svjetla su bila prigušena na bini osim jednog slapa svjetlosti koji je obasjavao Gorana. Kad je prestala muzika sa razglasa, Laza Ristovski je već svirao početak pjesme "Pljuni i zapjevaj, moja Jugoslavijo". Sjećam se trenutka kada su bljesnula sva svjetla i Goran je najavio preko mikrofona publici da se dnevnik TV Beograd direktno uključio u program. Goran Milić, urednik programa se obratio milionskom gledalištu koji su sjedili ispred ekrana i rekao: "A, za kraj dnevnika, Goran Bregović i Bijelo dugme sa turneje 'Pljuni i Zapjevaj, moja Jugoslavijo'." Goran Bregović se obratio publici u sali i rekao da smo direktno uključeni u program, a onda je okrenuo mikrofon u publiku i rekao: "Možemo li jedan pozdrav za sve Jugoslovene?" Prolomio se gromoglasan pozdrav u sali.

Osjetila sam tog trenutka hiljadu žmaraca kako mi prolaze kroz tijelo. Kao da su mi ti žmarci ispunili sav prostor u moždanom korteksu. Kažu da ljudski mozak ima od 15 do 33 miliona neurona koji su aktivni. Kod mene se taj broj neurona te noći multiplicirao i moj doživljaj je bio snažan.

Mogla sam da brojim neuron po neuron kako se pali. Po istom principu brojanja kao kad ljudi koji ne mogu da utonu u san pa broje ovce na pašnjaku.

Publika je gromoglasno propratila ovaj događaj. Nikada se nije desilo u historiji Jugoslavije da se rock koncert prenosi preko dnevnika. Sa ove tačke gledišta vidim koliko je to bilo značajno, a mi ni sanjali nismo kakav će se nokturno razviti devedesetih godina. Međutim, moja unutrašnja drama nije bila ni približna drami kroz koju je Zu prolazila tog trenutka na Sajmištu.

Radila je u Izvršnom vijeću Bosne i Hercegovine i znala je da ne bi dobila dopust sa posla da ide na turneju sa Dugmetom. Uzela je bolovanje i nadala se da će sve to neopaženo proći. Te noći sve njene kolege iz Izvršnog vijeća, zajedno sa milionima Jugoslovena koji su gledali dnevnik, imali su šta da vide. Ispričala mi je Zu da su je dobro naribali na poslu kada se vratila u Sarajevo.

Poslije koncerta na Sajmištu, završili smo za šankom Hotela "Metropol" u kome je Dugme često odsjedalo. Mnogi muzičari iz Beograda su dolazili da se pozdrave sa muzičarima iz Dugmeta. Ipe je pijuckao za šankom do kasno u noć sa svojim kolegom bubnjarem Dragoljubom

Đuričićem iz Yu grupa Leb i sol i Kerber. Dragoljub je bio jedan od rijetkih ljudi koji su posjećivali Ipeta u zatvoru. Ispričao mi je kako je jednom otišao da posjeti Ipeta kad je prolazio kroz Zenicu. Ipe je tada radio kao konobar u zatvoru. Ipetov šef sale, odnosno policijsko lice koje je tu radilo, da bi ponizio Ipeta pred Dragoljubom, naredio je Ipetu da im donese piće. Tako da je Dragoljub morao da sjedi sa šefom i pije kafu, a Ipe kao konobar da stoji i gleda svoga druga kako pije kafu. Šef je liječio komplekse, a i trenirao strogoću na Ipetu. To je utisak koji je Dragoljub stekao tokom te posjete.

Kad sam gledala dokumentarac "Izgubljeno Dugme" u kome sam i sama učestvovala, zaparalo mi je uši kada je Raka na pitanje da li je posjećivao Ipeta u zatvoru odgovorio sljedeće: "Pa, u to vrijeme sam bio zauzet sa Dugmetom da nismo viđali rođenu mamu." Mislim da je bio brutalno iskren. Barem sam ja to tako doživjela.

Članovi Dugmeta bi se razmilili poslije koncerta, izgledalo je kao da živimo u paralelnim svjetovima

Poslije koncerta Ipe je volio da cirka i tako da se lagano uvede u san. U toku noći uvijek je bio u polupripitom stanju. Nije bio tip alkoholičara koji pije da se napije i teško pije. Niti sam ga ikada vidjela da tetura. Sa lakoćom je pio i vjerovatno se tako kao balon i osjećao. Potreban mu je bio taj gas u leđima da preživi dan sa samim sobom. Ispod tako mirne površine udarali su teški talasi o hridi njegovog emocionalnog kontejnera. U takvim stanjima je bio i najnježniji prema meni. Prosto me tуширao izljevima ljubavi i u tim trenucima sam mu sve opraštala.

Ležimo u hotelskoj sobi, ja gledam film na televiziji. Bio je to naučno-fantastični film. Radilo se o invaziji marsovaca na planetu zemlju. Ipe hrče kao mačor, zvuči kao da prede. Odjedanput čujem škljocanje brave na vratima.

Gurnem Ipeta nogom ispod jorgana uspaničeno, ali on je u dubokom snu i nema šanse da se probudi. Vrata su se već odškrinula i uspaničeno ga drmam, i već panično vičem da se probudi. Mrak je u sobi, samo plavičasta svijetlost sa TV-a ponegdje osvjetljava sobu. Vidim konture tijela srebrene boje na vratima. Toliko panično vrištim "Marsovci, marsovci!" i snažno drmam Ipeta za ramena.

Odjedanput čujem ženski glas sa vrata koji pita tihim glasom: "Da li je ovo soba Ipeta Ivandića?"

Djevojka je bila fan, šta drugo reći. Ništa mi drugo ne preostaje nego da poredim ovaj događaj sa vicem o Fati i Sulji koji se nalaze na nekoj proslavi.

Za koju god žensku Fata pita u sobi, Suljo joj odgovori:

Eh, vidiš ona tamo ti je ljubavnica tog i tog, a ona tamo ljubavnica nekog drugog. Eh, ona tamo ti je Mujina itd. Da bi na kraju Fata pitala Sulju ko je ona što stoji ispod prozora. Na što će ti Suljo: Eh, moja draga Fato, ta je naša!

Na to zaključi Fata: "Dragi Suljo, hvala bogu, već sam se brinula, jer naša je najljepša."

Tako i ja pomislih. Hvala ti bože što je ova cura ušla, pa makar mene i ne bilo tu, pa makar oni imali super seks, samo nek nije invazija marsovaca.

Naš sljedeći koncert je bio 16. februara u Zagrebu. Nije mi toliko koncert ostao u sjećanju koliko naše poznanstvo sa Marinom Perazić, a kad kažem "našim", mislim na Dugmete (Lidiju, Zu i mene). Koncert je održan u Domu sportova i bio je dupke pun, pa čak je ostalo par hiljada ljudi vani koji nisu mogli kupiti kartu. Goran je odlučio da uradi reprizu koncerta sutradan, međutim, bilo je samo par hiljada ljudi prisutno na koncertu. Ovog puta menadžeri koncerta su zakazali, a boga mi Goran im je to i dao do znanja. Bili smo svi skupa u svlačionicama kad ih je naribao i to sa velikim razlogom.

Marina je snimala novi album i htjela je da čuje mišljenje Gorana Bregovića o svojim novim pjesmama. Kao nabrijani profesionalac nosila je kasetofon svugdje sa sobom. Goran, uvijek zauzet, zamolio je Zu da presluša pa da mu kaže svoje mišljenje. Tako je Marina u Zagrebu provodila dosta vremena sa Dugmetama. Marina Perazić je u to vrijeme bila velika jugoslovenska zvijezda, njena pjesma "Program tvog kompjutera" vrtila se na svim radio stanicama od Vardara pa do slovenačkih Alpi.

Opus Dugmeta završen je na Sarajevskom koncertu koji je bio održan u dupke punoj Zetri. Bio je kišan dan i kad sam pogledala u publiku, velika sala Zetre izgledala je kao more otvorenih kišobrana koji su se njihali u ritmu muzike. RTV Sarajevo je snimala ovaj koncert, a Ademir Kenović je bio režiser ovog muzičkog dokumentarca.

Bijelo dugme je iz Sarajeva nastavilo sa koncertima koji su bili zakazani diljem Jugoslavije. Međutim, rodila se ljubav u Sarajevu između Lide i mog školskog druga Nebojše Jarića. Nebojša ne samo da je bio moj komšija, stanovali smo ulaz do ulaza, nego smo skupa išli u razred u Osnovnoj školi "Bratstvo i jedinstvo" na Grbavici. Tako Neba iz Treće gimnazije u prvom razredu prelazi u moju Prvu gimnaziju. Njegov šarm, a i stas, nisu prošli nezapaženo: visok momak plave kose i plavih očiju. Zaljubili su se jedno u drugo, pa je Neba ubrzo otišao u Los Angeles za Lidom.

Dani su se kotrljali kao biseri na đerdanu poslije Dugmetovog koncerta, pozivana sam na mnoštvo tezgi da pjevam, a ja sam ih vješto izbjegavala.

Stan Gorana Bregovića bio je uvijek pun gostiju. Kad je na turneji, Bregini prijatelji su koristili njegov stan umjesto hotela. Sa Dženanom sam otišla jedan dan da predamo ključ dvojici mladića koji su odsjeli kod Gorana. Jedan je bio slikar i totalno nebitan za moju priču, a drugi takođr nebitan na širem kosmičkom planu, ali bitan u ovoj priči.

Sjećam se kako me je jednom 1981. moja prijateljica Vesna Šćepanović koja je bila ludo zaljubljena u Gogu Marjanovića histerično nazvala kući i glasom uspaljene tinejdžerke saopštila kako je upravo vidjela Gogu pored "Park kafane" odnosno "Parkuše" u društvu jednog mrak frajera. Kao tipični blizanac u horoskopu bila je totalno u nedoumici ko joj se ustvari više sviđa - Gogo ili nepoznati momak.

Kada sam ušla u stan sa Dženanon, usred konverzacije on me uhvati za dupe pred tim svojim prijateljem. Nisam sigurna šta je htio time da pokaže?

Međutim, ja sam reagovala kao neutronska bomba na ovaj njegov potez. Eksplodirala sam, sa razlogom. Ja sam bila zvijezda, a on je, što se mene tiče, bio niko i ništa. Ne podnosim fizičku bliskost ničim pozvanu.

Da je bio neki Sarajlija, mislim da bi bili sofisticiraniji u razmjeni uvreda koje su slijedile. Iako je eto i malo živio u inostranstvu, imao je taj grubi karakter gorštaka. Nažalost, ni ja mu nisam ostajala dužna, ali njegova zloća je prevagnula. Prvo, fizički je bio i jači i viši od mene. Već je krenuo da mi prijeti, da bi njegov bijes eskalirao na Ipetu. Odjedanput saznajem stvari o Ipetu od totalno nepoznate osobe. Spominjao je neke Barbie lutkice sa kojima se Ipe igrao u zatvoru, apsolutno nesuvisle stvari. Ali, ustvari, on je poznavao Ipetovu bivšu djevojku Zvjezdanu Miljković.

Zapanjio me je njegov izljev mržnje prema Ipetu. Zakačili smo se na mrtvo ime. Čovjek je prijetio, prijetio i prijetio. Dženana je već pokušavala da smiri situaciju, ali gost ni da čuje. Tim svojim gestom hvatanja mene za dupe kao balkanski muškarac on je demonstrirao nedostatak respekta prema Ipetu. Vratili smo se million godina u pećinu i odjedanput je ispred mene izronio primordijalni pećinski oblik homoida. Mogla sam da čitam misli ovog šupka, razmišljao je tipa:

"Ko si ti, Ipe Ivandiću, eh sad ću ti trebu za guzicu uhvatiti i pokazati koji si ti miš." Riječ je o endemičnoj sujeti, bliskoj samo veoma primitivnim plemenima. Izašle smo iz stana vidno potresene, Dženana i ja. Poslije toga je Dženana iste noći rekla Goranu šta se desilo. Dženi mi je rekla da ih je Goran zamolio da napuste stan i to odmah.

Tako je i bilo.

Ovo je bio tipičan primjer muške ljubomore prema Ipetu. Ipe Ivandić je bio rock star. Definisao se tako, ali vjerovatno ni sam nije bio svjestan težine tereta koju izvjesna uloga u životu nosi. Da se definisao kao umjetnik, ljudi bi ga možda i drugačije gledali. Njegov odlazak u zatvor je ustvari proizvod upravo toga.

Neki su ga doživjeli kao obijesnu zvijezdu. Vjerujem da su mnogi bili sretni da ga strpaju u zatvor. Ta definisanost o kojoj govorim su subliminalne poruke koje šaljemo okolini.

Naravno da nije sa transparentima hodao i govorio ja sam rock zvijezda. Ipetov veliki uzor je bio Keith Moon, bubnjar grupe The Who. Tako je nekako i sebe svrstao u slične parametere. Keith Moon mu je bio uzor. Po njemu se mjerio i želio je da bude kao on.

Keith je luđački svirao i super-raskalašeno živio. Bio je poznat po svojoj ekscentričnosti i samoubilačkom načinu života. Jako puno je pio, tako da je veoma rano u životu počeo da koristi medikamente za liječenje alkoholizma. Obijesne zvijezde u to vrijeme kršile bi namještaj po hotelima u kojima su odsijedali na turneji. Keith Moon je to izmislio.

Sedamdesete su možda, što se tiče takvih vrsta sloboda, bile jedinstvene. Kad to kažem, mislim na sex, drugs and rock 'n' roll. Svijet je otvoreno i slobodno uživao u hedonizmu, a rock muzika je bila kao raketno gorivo koje je davalo smisao takvom načinu življenja.

To je vrijeme u kome se kod nas još nije mnogo znalo o sidi i ljude nisu plašili ratovima svakih pet minuta. Rock muzika je bila revolt prema konformizmu i konzervativnom društvu. Tako se i Goran Ipe Ivandić obreo u toj priči. Rock zvijezde su živjele "to the full", ono do daske, ali su i umirali naprasno. Recimo, Ipe nije bio poput Jima Morrisona koji je bio pjesnik. Jim Morrison je studirao književnost i iz bunta da nešto kaže ušao je u rock sastav The Doors.

S obzirom na to da je bio izuzetno zgodan, na prvim albumima je producentska kuća koristila njegov sexy image za bolju prodaju njihovih ploča. Jim Morrison nije htio biti takva vrsta rock zvijezde, bio je pjesnik. Htio se definisati kao pjesnik, umjetnik.

Njegovi uzori su bili Allen Ginsberg i bio je inspirisan Ginsbergovim djelom "Howl" koje je bilo zaplijenjeno u prvom izdanju i protiv kojeg su se vodile brojne sudske tužbe za nemoralnost. Pjesma počinje riječima: "Vidjeh najveće darove moje generacije uništene ludošću dok su sjedili histerični goli..."

Koristim ove primjere da bih dočarala idole na koje smo se mi u Jugoslaviji pokušavali ugledati.

Motivi i razlozi, zbog kojih smo u nekoj priči, kroje sudbinu koju ponesemo.

Ipe se sa ove turneje vratio u fenomenalnom finansijskom plusu. Goran Kovačević je krenuo već da radi na Ipetu i ispira mu mozak. Ubjeđivao ga je da bi taj novac trebao uložiti u izgradnju restorana u Novalji na Pagu. Goran Kovačević je posjedovao dar da ubijedi Ipeta da bi to bio fenomenalan biznis. Palio ga je kao levata na priču tipa: "Bit ćeš gazda". Nažalost, Ipe se upalio kao hepok kockica na tu njegovu ideju. Naravno, za ovaj finansijski tango potrebne su dvije osobe. Jedan prevarant, a drugi budala!

Goran Kovačević je također predložio Ipetu da proda stan i tako sa velikim kapitalom otvori nešto grandiozno na Pagu. Planirali su da dovode slavne grupe tipa Pink Floyd, The Rolling Stones i da imaju koncerte na otvorenom. Restoran u Novalji je direktno na plaži i u uvali Zrće. S obzirom na to da je plaža Zrće jedna od najljepših plaža u Hrvatskoj, čisto kristalno more, predivna priroda, ta lokacija je postala mondeno ljetovalište i centar za mlade koji vole ljetnje festivale. Prije par godina sam vidjela u engleskom Daily Mailu princa Harrya kako đuska na toj plaži.

U proljeće 1987. godine Goran Kovačević je otvorio restoran "Lovac" koji se nalazio na Mejtašu. Restoran je imao veliko dvorište popločano kaldrmom. Ispod vinove loze su bili postavljeni veliki rustikalni stolovi sa drvenim klupama, baš kao namještaj koji možemo vidjeti u planinarskim odmaralištima. Otvaranje restorana propraćeno je jednim člankom u magazinu Ven i naravno paparazzi su se našli na mjestu baš kad smo Ipe i ja bili tamo. Nije bilo posjećeno mjesto, uglavnom preovladavala je siva eminencija.

U to vrijeme Kovačević se intenzivno družio sa Janesom Tadićem, direktorom Sarajevske koncertne agencije. Janes je radio i na projektu Miss BiH. U "Lovac" je Kovačević dovodio kojekakve direktore, ali i lokalne starlete. Ja se sa Kovačevićem nisam niti viđala, niti boravila u "Lovcu", osim ako sam baš morala, a to mogu da nabrojim na prste jedne ruke.

Ipe mi je ispričao kako je Kovačević našao jednu curu da oralno zadovolji ispod stola nekog od direktora koji su mu dolazili u restoran. Klasika, pomislila sam.

Baš onako kako Kovačević voli da se bavi biznisom. Pola kupleraj, pola restoran. Međutim, Kovačevićev restoran nije bio uspješan i vjerujem da je više bio u deficitu nego u suficitu od dnevnog pazara.

Kada sam prisustvovala pričama o njihovom budućem biznisu na Pagu, nisam mogla da vjerujem kako megalomanski Kovačević troši i u priči Ipetove pare. Što kokuz osmisli, to ni Rockefeller ne ostvari. Finansijer projekta Pag bio je isključivo Ipe, a Kovačević je preuzeo ulogu kreativnog direktora. Pitala sam Ipeta jednom kako može tako slijepo da vjeruje Kovačeviću kad mu restoran "Lovac" ne posluje dobro. Zdrav razum mi je govorio da tu nisu čista posla, imala sam predosjećaj da tu nešto ne štima. Prosto sam mislila, ako je takav ekspert za ugostiteljstvo, onda bi na primjeru projekta "Lovac" trebao da pokaže koliko je uspješan da vodi biznis takvog tipa. Odnosno, bilo bi neprofitabilno ulaziti sa Kovačevićem u bilo koju priču.

Međutim, odmah mi je Ipe rekao da ja nemam pojma šta pričam. Ta njegova opaska me nije zaustavila nego sam mu i dalje željela otvoriti oči i dati do znanja da srlja u glupost.

Na svu sreću, Bombaj štampa je snimala svoj prvi album i Đuro - Branko Đurić me je pozvao da budem prateći vokal na njihovom albumu. Prihvatila sam se tog zadatka objeručke. Ne zbog bilo kakve finansijske dobiti, jer toga nije bilo tada, nego da se maknem iz tih priča u "Lovcu". Međutim, moje snimanje zamalo da se nije nikada ni desilo, jer sam imala jednu nezgodu. Moja mama je išla kod jedne veoma stručne kozmetičarke koja je imala sina mojih godina. Momak se zvao Lale i bio je poznat u našoj sarajevskoj raji. Ja sam također išla kod njegove mame na kozmetičke tretmane i jednom sam srela Laleta u hodniku. On mi je predložio da dođem kod njega sljedeći put i da je on već stručan i može uraditi kozmetički tretman. Zadržala sam se jedan cijeli dan kod Laleta. Satima je eksperimentisao na mom licu, stavljao maske, stiskao kožu koja je u startu bila ok. Već mi je poslije par sati dodijalo da ležim na kozmetičarskoj stolici i pokušavala sam da ubrzam Laleta da završi ovaj maraton uljepšavanja. Nisam se gledala u ogledalo, ali njegov pogled je bio zabrinjavajući. Kada mi je Lale na kraju prinio ogledalce da se pogledam, mislila sam da ću pasti unesvijest. Moja koža je toliko bila iziritirana da su po cijelom licu poiskakali crveni prištevi. Izgledalo je kao površina mjeseca. Plačući sam se vratila kući. Mama je otvorila vrata i sa užasom propratila moj dolazak. Isplakala sam se dobro u jastuk te noći i utvrdila da neću moći izaći iz kuće narednih mjesec dana. Međutim, Đuro je sutradan navalio da dođem na snimanje. Objasnila sam mu o čemu je riječ, ali on je rekao da se ništa ne brinem i da nema veze kako ja izgledam. Rekao je, pomisli kako se ja osjećam, aludirao je bio na rohavost svog lica. Imao je jako problematičnu kožu u mladosti. Uspio me je nasmijati i pristala sam da dođem na snimanje. Kada me je Đuro ugledao, prozvao je Laleta "sarajevski Scar Face" i ja sam postala reklama Laletovog kozmetičkog salona. U luku su ga cure poslije toga zaobilazile u Sarajevu. Međutim, moja koža se smirila nakon sedam dana i nije bilo nikakvih ožiljaka.

Đuro je bio veliki fan Električnog orgazma iz Beograda i furao se opasno na Gileta. Oni su bili super cool bend osamdesetih i naravno Đuđi nije bio jedini. Jednog dana zove me Đuro i kaže da su u Sarajevu momci iz Orgazma i poziva me da dođem na dernek. Kazao mi je da su mu rekli da bi voljeli da me upoznaju. Ja sam također bila napaljena na njih zešće, ali mi je bilo šega da oni uopšte znaju da ja postojim. Odlepršala sam da se vidim s njima, ali sam istovremeno bila u paranoji da me Ipe ne provali, jer je mrzio da se družim sa muzičarima. Ja sam se ko šupak krila po Sarajevu da ne bih bila provaljena da sam bila na tom derneku. Ipe je volio da ima svu slobodu, ali jako malo slobode je ostavljao meni.

Jako se dobro sjećam Gileta i Čavketa i tada su mi oni saopštili razlog zašto su htjeli da me upoznaju.

Kad su bili na nekom festivalu u Poljskoj, odsjeli su kod domaćina koji je bio organizator festivala. Taj momak je imao skromnu kolekciju ploča kući, ali između tih par ploča u njegovoj kolekciji je bila i moja ploča "Igre slobode", vjerovala ja ili ne.

Kaže Gile da su uzeli trip i htjeli su da slušaju neku muziku, ali nisu imali ništa interesantnije od moje ploče. Tako su otripovali na moj album i skontali da sam ja ok. Naravno, to me tako nasmijalo, jer sam se pitala na šta li je to ličilo kad su slušali pjesmu "FRKA". Nadam se da su se "podigli" na toj pjesmi, a ako su preživjeli "Noćnu zabavu" na tripu, a da nisu vene prerezali, onda je ta ploča prošla pravi test izdržljivosti. LSD ili trip koristile su farmaceutske kompanije još od 1953. godine u USA i Engleskoj u psiho-terapijeske svrhe. Liječnici su prepisivali LSD ljudima koji su patili od depresije ili alkoholizma. U Londonu sam živjela pored jedne starije i dosta konzervativne gospođe koja mi se pohvalila da ne bi mogla da živi sa svojom depresijom bez LSD-a.

Mjesec dana kasnije sam u Beogradu ponovo srela momke iz Orgazma. Dobila sam interesantnu ponudu iz Beograda da učestvujem u rock operi "Kreatori i kreature". Otišli smo skupa Ipe i ja na studijsko snimanje vokala za rock operu. Ispostavilo se da je autor rock opere Vladimir Milačić i neki dalji rođak Ipetov.

Priča "Kreatora i kreatura" prati živote junaka koji su ustvari tipični primjeri urbane jugoslovenske mladeži. Majku i oca glumili su Snežana Jandrlić i Ljuba Moljac. Dejan Cukić je bio Snežanin sin. Kada mama, odnosno Snežana, ode na put, njen sin Dejan pozove na party u gajbu svoje društvo. Sa sociološkog stanovišta ova rock opera odiše načinom života jedne srednje klase u Jugi. Roditelji imaju dobar stan, zaposleni su i rade. Mladi su napredni i veoma prozapadno orijentisani. U sceni nakon odlaska mame Snežane, njen sin Dejan Cukić organizuje party na kome se pojavljuju Čavke – Goran Čavajda bubnjar Električnog orgazma, Zana Nimani - jedna od većih zvijezda osamdesetih i ja. Vizuelno i scenografski rock opera je bila osmišljena kao crtani roman. Prva scena je scena psihodelije. Mi ulazimo u kadar i oko nas na zidovima gajbe naslikane su pop art slike koje titraju na zidovima. Ovaj kadar dočarava atmosferu svijesti u kojoj se nalazimo. Mi glumimo da smo na tripu, odnosno na LSD-u. Rok opera "Kreatori i kreature" je bila avangardna za svoje vrijeme pa čak i sada kada gledam nakon više od 30 godina. I kao takva prosto je nevjerovatno da je rock opera prikazana u udarnom terminu na Jugoslavenskoj radioteleviziji JRT, a realizovana je u saradnji sa RTV Beograd.

Iako smo bili zemlja Istočne Evrope, socijalistička, naši tadašnji intelektualci, umjetnici pratili su dešavanja u svijetu. To se naravno reflektiralo i na kreativni rad u Jugoslaviji. Mislim da je Milačiću, kad je pisao ovaj scenario, moždani korteks subliminalno registrovao rad Timothy Learyja, šezdesete, hippie pokret, a iz te podsvijesti proizašao je ovaj rad.

Timothy je bio čuveni profesor psihologije na Harvard univerzitetu u SAD-u. Bio je jedan od glavnih aktera hippie i new age pokreta. Magistrirao je iz oblasti utvrđivanja strukture intelekta. Kao psiholog i naučnik on kaže da je rad u ovoj oblasti nauke bazirao na vječitom pitanju naučnika i filozofa kako ljudski nervni sistem radi.

Smatrao je da je nervni sistem ključ ljudskog znanja. Proučavajući stanje ljudske svijesti tražio je i rekvizit koji će mu omogućiti da otvori tu riznicu. On kaže, kao kad doktor gleda kroz mikroskop i koristi ga kao tehnički rekvizit da dođe do naučnih spoznaja, tako u kliničkoj psihologiji postoje sredstva ili rekviziti koji će nam pomoći da razumijemo nervni sistem. Tako je LSD, ustvari, instrument koji se koristi da bi se spoznao nervni sistem. Na taj način uz pomoć droga koristimo ljudski mozak da bi došli do bazičnih odgovora na pitanje šta je život.

LSD je otkrio sa svojim kolegom profesorom Richardom Alpertom. Bio je jedan od najvećih profesora kliničke psihologije. Ostavio je veliki pečat na šezdesete i sedamdesete godine. Timothy je zajedno sa svojim studentima radio eksperimente i konzumirao LSD. Tražio je da svako nakon iskustva na LSD-u napiše sastav jer su proučavali djejstvo ove droge. Smatrao je da LSD pospješuje razvoj ljudske svijesti. Kao ikonu šezedetih i sedamdesetih mnogi poznati američki pisci su pratili Timothyja Learyja, kao na primjer Allen Ginsberg, Jack Kerouac, Bernie Sanders. John Lennon mu je posvetio pjesmu "Give peace a chance". Njegov manifesto iz 1966. godine protiv establishmenta u Americi "Turn on, tune in, drop out" izazvao je veliki skandal u Americi, tako da je bio protjeran sa fakulteta, kao i njegov kolega Richard Alpert koji je otišao u Indiju i postao čuveni guru Ram Das.

Atmosfera koja provejava rock operom je bila po senzibilitetu post punk, junaci iz naše priče žive naizgled hedonistički život, ali društvo ih natjera da preuzmu i usvoje konformistički način življenja. Život gdje se sve novcem može kupiti.

Međutim, poruka na kraju opere je da se sve novcem i ne može kupiti, a pogotovo ne sreća pojedinca. Tisa, lik koji glumim, na pola komada ostavlja momka Čavketa i udaje se za Massima Savića i oni postanu jako uspješan i bogat par. Ali vidno nesretni u toj raskoši u zadnjoj sceni Massimo uključuje TV i pojavljuje se Tisa na ekranu koja pjeva: "Kad gledam oko sebe retko viđam ljude. Vidim samo zveri što se samo žure da ugode sebi." Dakle vječita ljudska borba dobra i zla. Poruka je da bogat i bezbrižan ne mozeš biti ili treba tražiti možda neke druge vrijednosti u životu.

Kao životi protagonista rock opere, tako su i naši privatni životi oslikavali ovaj scenarij. U Košutnjaku smo snimali "Kreatore i krearture" i zadržala sam se u Beogradu mjesec dana dok nismo završili snimanje. Na setu smo se svi družili i bili Jugoslavija u malom. Čavke, Dejan Cukić - momak Zane Nimani u Operi, Massimo Savić, Đole, Snežana Jandrlić, Ljuba Moljac i kao gost se pojavio Bora Đorđević, ali on je samo snimio glas. Od papira su napravili lutku koja je bila Bora Đorđević.

S obzirom na to da je u operi Čavke bio moj momak tako je on bio i moj domaćin. Smještena sam bila u čuvenom hotelu "Union". Sa Čavketom sam se najviše družila i naravno družili smo se sa Giletom. Čak je i Branko Đurić imao jednu malu kameo ulogu u ovoj operi. Bio je ljetnji dan i svi smo se skupili kod Čavketa, mislim da smo taj dan imali pauzu od snimanja jer ne mogu da se sjetim da smo išli do Košutnjaka. To prosto nije bilo moguće zbog sljedećeg. Čavke mi je već pokazao na početku mog dolaska boce čaja od maka koje čuva u frižideru. Od latica maka se pravi   opijum i Čavke je konziumirao ovaj napitak iz svoje kućne radinosti. Naravno da smo smotali i poneki džoint, ali ta boca čaja od maka je bila nešto specijalno i za specijalnu priliku.

Vruć ljetnji dan u Beogradu, asfalt se topi. Sjedimo u jednoj velikoj sobi u stanu Čavketove mame, Gile, Đuro, Massimo, Čavke i ja. Nisam sigurna da je Dejan Cukić bio tada sa nama. Pili smo taj čaj od maka da se rashladimo i meni je izgledalo da smo u toj prostoriji već milenij. Na početku sam čula žamorenje naših veselih glasova, a onda sam čula kako svaka molekula u vazduhu vibrira i pulsira. Namještaj u sobi po zakonu metafizike se rasklapao i komunicirao između sebe. Uhvatilo nas je pravo.

Sjedili smo kao merkati iz Savane sa naćuljenim ušima, željni da čujemo poruku iz kosmosa. Međutim, u sebi smo vjerovatno mislili da držimo sve pod kontrolom.

Kad smo izašli van i kad me obasjalo sunce, osjetila sam svu ljepotu bivstvovanja na planeti zemlji. Međutim, neko od nas je predložio da bi sasvim razumno bilo da pridržimo zid Čavketove zgrade tako da smo se prihvatili tog posla. Stajali smo svi i čuvali zid da ne padne. Nisam sigurna koliko je to trajalo.

Ali se sjećam da su me ruke počele da bole. Nakon izvjesnog vremena naišla je Čavketova mama. Vraćala se sa posla sa rukama punih cekera sa pijace.

Mama je prošla i pravo - tup na Čavketa: "Je li, bre, šta radite tu?"

Na to je Čavke odgovorio da čuvamo zid da ne padne!

Čavketova mama je stala i pogledala ga pravo u oči i lakonski izgovorila rečenicu "Opet si se drogirao!" i produžila.

Živjeli smo pjesmu Orgazma "Igra rokenrol cela Jugoslavija, sve se oko tebe ispravlja i savija" koja je ujedno bila veliki hit.

Vratila sam se u Sarajevo i naravno o iskustvima i novim percepcijama kosmosa niti riječi nisam pisnula Ipetu. Kad me je pitao kako je bilo, samo sam rekla dosta naporno i to je bilo to. Svaku noć smo se viđali u njegovom stanu na Mejtašu, a u toku dana Ipe je provodio vrijeme sa Kovačevićem. Kovali su konje po mjesecu, odnosno razrađivali su plan "Novalja".

Na fizičkom planu bili smo bliži nego ikada. Prosto nevjerovatno da sa nekim možemo imati jaku seksualnu privlačnost, a istovremeno mentalno biti jako daleko. Ja sam odrastala. Da, kroz našu vezu ja sam se transformisala iz blećka u malo manjeg blećka. Nekako sam počela stvari drugačije da gledam i osjećam. U svakom slučaju, intelektualno sam bila jača. Postoje neke teme o kojima, recimo, nikada nismo pričali, a to je književnost. Kad bih ja zabrijala u bilo koju analizu, Ipe bi mi rekao: "Što su ti velike oči, balavac" (ponekad me zvao balavac). Obraćao mi se kao djetetu koje tu lupeta nešto, a ustvari prikrivao je svoj nedostatak znanja. Sa obostranim smijehom mi bismo završili konverzaciju, ali mene je nešto duboko kopkalo.

Nisam verbalno mogla da to procesiram, ali sam osjećala jaz koji se stvarao između nas. A opet, u drugu ruku, miris njegove kože, dodir, to mi je sve bilo božanstveno. U tim najintimnijim trenucima, dok bi vodili ljubav, registrovala sam svaki mali tik na njegovom oku. Samo tada mogla sam da se zagledam u njegovu dušu duboko i bez ikakve barijere. Mogla sam da vidim jednog ranjivog čovjeka. Već je prešao trideset godina, a ja sam bila u mojim ranim dvadesetim. Tačnije 23 godine mi je bilo. Bio mi je najljepši, baš u tim trenucima naše duboke zagledanosti. Tada sam ga posjedovala, jasno nam je oboma bilo da sam imala nadmoć nad njim. Bio je svjestan da me je duboko ustoličio na svoj erotski tron. Bio je vezan tajnom vezom koju ju teško verbalno objasniti, jer ona se samo može osjetiti. Namjerno ovdje želim da potenciram vođenje ljubavi, a ne seks, jer mi smo u toj našoj erotici bili ovisnici jedno o drugom, metastazirali u bludu kao klinički pacijenti.

Jedan dan se Ipe vratio sa kupljenom avionskom kartom do Malezije ali za jednu osobu. Htio je da se odmori nakon iscrpljujuće turneje.

Polako smo ulazili u ljetnji period i raja je počela odlaziti iz Sarajeva. Pakovali su se koferi i išlo se na more. Meni je Jadranka ostala kao substitucija za ljetnju avanturu kao i ja njoj. I, naravno, opet u nezaobilazni Dubrovnik. Supruga Bobe bubnjara me je pozivala da dođem u Dubrovnik, bila je sama. Bobo je otišao u vojsku, a ona se porodila prije par mjeseci. Nije bilo muškarca na dubrovačkom stradunu da se nije okrenuo za Ivanom ili da je nije dobro očima odmjerio. Kad bih htjela da opišem njenu ljepotu po stilovima kola, onda je Ivana bila Porsche. Taj fenomen femme fatale nisam do tada upoznala niti sam poslije toga srela djevojku sličnu Ivani. Koliko god bi frajeri poklekli pred njom, ona ih je također zavodljivo gledala. Imala je taj ženski instinkt i kada je frajer sa leđa gleda, ona bi prosto osjetila, okrenula se i nasmiješila se momku. Međutim, Ivana je privlačila pažnju frajera čiju pažnju ne želiš da privučeš. Motalo se po stradunu more čuvenih jugoslovenskih mafijaša sa kojima je bolje biti na debeloj distanci, nego čačkati mečku.

Baš sa jednim takvim Ivana je dobro razmjenjivala poglede. Te godine bila je prava invazija žešćih momaka iz Crne Gore. Često bih viđala na Stradunu Ratka Džokića koga sam već upoznala na turneji Bijelog dugmeta. Dolazio je da se pozdravi sa nama poslije koncerta u Beogradu. Za njega sam čula tada da je među tim žestokim momcima imao presedan. Eh, on je bio jedan od likova koji su odmjeravali Ivanu ali, bogami, i ona njega, tako da smo Jadranka i ja u društvu sa Ivanom bile u centru pažnje na Stradunu tog ljeta gospodnjeg 1987. godine.

Planirale smo Jaca i ja da ostanemo duže, ali nakon nemilog događaja, naizgled ničim izazvanog, morale smo odlepršati u Sarajevo mnogo ranije nego što je bilo predviđeno. "Bakus" je vrvio od interesantnog svijeta, iz Beograda, Sarajeva i Nikšića. Diskoteka se nalazi u starom dijelu Dubrovnika malo dalje od Porporele. Na putu prema hotelu "Šeherzada". Ogromna sala u kojoj smo plesali bila je povezana sa drugim prostorijama koje su bile na otvorenom. Unutra je izgledao kao oveći labirint. Prelazili smo iz jedne sobe u drugu, pijuckali orandžine i čekirali jedni druge tokom noći. Primijetimo Jadranka i ja da nas dvojica momaka prate. Kako mi pređemo iz jedne sobe u drugu, tako i oni u stopu za nama. Nama su oni bili totalno neinteresantni, tako da im nismo pridavale nikakvu pažnju, niti ih nečim poticale da nam priđu. Međutim, odvažiše se momci da nam priđu. Kako nam priđose, prva rečenica iz njihovih usta je bila upućena Jadranki.

"Hoćeš da popušiš u parku cigaru?" Bili su iz Nikšića.

Mi smo se samo pogledale i vrisnule u smijeh. To nam je bilo pravo šega jer tako nešto mi nikada nismo čule u Sarajevu. Frajeri nisu odvajali cure na tu žvaku.

Horski smo odgovorile ne i produžile u toplu ljetnju noć da se zabavljamo. Oko dva sata ujutro krenule smo kući uskim putem koji vodi pored Porporele i pred samim zidinama Dubrovnika gdje se nalazi ulaz na Stradun iz mraka, iza jednog zidića izroniše naši Nikšićani iz diskoteke.

Čekali su nas cijelu noć. Ali mi je bilo čudno kako su znali da ćemo tim putem proći!

Jaca i ja smo se veselo gegale, išle prema kući i kada smo ih spazile u toj mukloj noći, bez ijedne žive duše oko nas, samo smo se sledile. Bilo ih je četvorica.

Krenuli su da nas maltretiraju. Prvo pitanje je bilo da im odgovorimo zašto smo se nasmijale na poziv za cigaru.

Imala sam široke tregere na hlačama jer je to bilo moderno tada. Jedan me uhvatio za treger jako i ispustio ga, da me udari. I krenulo je maltretiranje: "Slušaj, mala, kad te uhvatim za ovaj treger i odbacim na zid iza tebe, vratit ćeš se k'o bumerang nazad."

Nakon izvjesnog vremena prepirki završili su konverzaciju sa nama i rekli da žele da iz ovih stopa napustimo Dubrovnik. Vidno uspaničene vratile smo se Jadranka i ja do Ivaninog apartmana na Stradunu. Prepale smo se, ali smo mislile jednostavno ćemo ih izbjegavati i nećemo se tako nasilno vratiti u Sarajevo.

Ali ne lezi vraže, sutradan u piceriji na Stradunu sretosmo se sa jednim od njih. Prišao nam je i rekao da nas podsjeća na ono sto su sinoć rekli, a to je da hitno moramo napustiti Dubrovnik, inače će nas sljedeći put izmarisati. Povjerovale smo mu. Imao je psihopatski pogled i vidno sužene zjenice. Avaj, sve što je lijepo mora da se brzo završi.

Otrčala sam na Džidžikovac da se vidim sa Ipetom. Vratio se iz Malezije, preplanuo i vidno relaksiran. Sa ushićenjem sam stavila naušnice koje mi je poklonio. Bile su tipičan suvenir iz Azije, lepeze okrenute naopačke. Kad sam se vratila kući i ushićena pokazala naušnice mami, ona je samo prokometarisala: "Pa, baš se pretrgao." Pretrgao ili ne, za mene su bile kao naušnice iz Tiffany prodavnice.

Prošlo je mnogo godina poslije toga, kada ću dobiti poklon baš iz te prodavnice od onoga koji me zaista voli. Starija i mudrija razumijem mnogo bolje šta znači davati nekome poklon. To zadovoljstvo poklanjanja je kao ritual, vrednuješ svoju ljubav i želiš da usrećiš svoje najvoljenije biće. Ovo govorim ne iz snobizma, ne mora, naravno, muškarac da donosi kamione brilijanata izabranici, nego svako po svojim mogućnostima. Ako ljudi nemaju sredstava da iskažu takvu ljubav, onda mogu nešto da naslikaju, osmisle. Ne mora biti vrijednost materijalna, koliko sentimentalna. Može i osušeni cvijet u knjizi koju tvoja draga voli biti najljepši poklon. Ja sam bila vrednovana plastičnim naušnicama od uličnog prodavca iz Kuala Lumpura.

Nastavili smo našu vezu istom dinamikom. Odjedanput nestane, tajanstven je. Jedan dan mi je pukao film i ja sam jednostavno nestala. Očekivao je da se vidimo navečer, onako po dogovoru, kao i uvijek. Ujutro bi se rastali i Ipe bi me naručio za osam ili devet sati uvečer. Te večeri nisam došla. U međuvremenu, upoznala sam jednog momka mojih godina koji se zvao Elči. Svirao je u grupi SCH ili Šizofrenija. Bili su stroga avangarda, nešto poput Laibacha, ali opet i ne. Uostalom avangarda. Imali su mrak underground hit "Romanija", a tekst ide: "Jezdio sam dvije zmije sedam dana preko Romanije", čista šizofrenija.

Često sam ga viđala blizu Ipetovog stana u Aerodromskom naselju. Ponekad bi se sreli u sarajevskim lokalima, tipa "Cedus". Mjesta na koja Ipe nikada nije zalazio. Pozvao me da dođem do njega jer je pravio dernek. Naravno otišla sam i nisam se pojavila kod Ipeta te noći. Ućutala sam se.

Nema me, jednostavno propala u zemlju. Nakon dva dana, kada sam nazvala kuću, mama mi je rekla da me je Ipe iste noći tražio. Zvao me je deset puta u toku noći, kako kaže, moja mama vidno uspaničena. Usput me mama pitala: "Gdje si ti, Amila, i kuda se skitaš?" Rekla sam joj da sam u Dubrovniku.

Okrenem od Elčija telefon da popričam sa svojom rajom, Dženana, Jadranka i one mi kažu da je viđen u diskoteci "Beograd", "Caffe 84" kod Zagića, "Akademija", sva mjesta gdje ja izlazim. Priča raja da me traži, eh, to su one načule.

Komunikacija u Sarajevu osamdesetih tipa rekla–kazala bila je bolja od iPhonea 6.

Mislim, pa nek' me traži. Sad ću ja malo biti misteriozna.

U međuvremenu, Elči je postao glavni "casualty" moje drame. Osjećala sam se kao Ana Karenjina bez svog Vronskog sjedeći tako na podu njegove sobe na Dobrinji. Elči je bio pobornik Yoge i transcendentalne meditacije.

Vjerovao je da mu je kosmos poslao mene, ali u isto vrijeme njegova djevojka Azra, kavijaturistica iz SCH, bila je jako sumnjičava šta ja tu radim. Bili smo "worlds apart", što bi se reklo na engleskom, ali opet vjerujem slične duše. Godilo mi je da mislim kako Ipe traga za mnom po Sarajevu, dok sam sa Elčijem vježbala tehniku transcendetalne meditacije. Našu šutnju prekidao je zvuk aviona koji su polijetali i slijetali u Sarajevo jer je Dobrinja odmah pored aerodroma. Naravno, u meditaciji je glavna stvar ne misliti ni o čemu, nego očistiti mozak od gluposti koje gomilamo, odnosno izbaciti eksterni svijet i posvetiti se disanju. Okrenuti se sebi. Pokušavala sam da se okrenem sebi u meditaciji, ali mi je Ipe uvijek iskakao u svijesti, kao zec iz šešira. Okuražila sam se nakon par dana da ga nazovem jer mi je mama, kada sam je nazvala, rekla da je insistirao da mu se pod hitno javim.

"Halo", čujem sa druge strane slušalice.

Ipe: "Maaaaaacice, pa gdje si ti?"

Amila: "U Dubrovniku, na aerodromu!" (sva sreća da je upravo sletio avion na butmirski aerodrom)

Slušam eter. Uho zalijepljeno za slušalicu.

Ipe: "Ahaha!", osjetim da mi je povjerovao, jer je čuo zvuk aviona. "Kad dolaziš?", pita me.

Mislila sam da kažem sutra, ali odmah sam promijenila mišljenje kad sam ga čula.

Amila: "Pa, popodne moj avion stiže u Sarajevo."

Tako smo se ponovo skompali, bez previše objašnjavanja. Zaintrigiralo ga je šta ja radim u Dubrovniku. Ali lagala sam sve što pas sa maslom ne bi pojeo i nekako je povjerovao.

Prestala sam da vjerujem u ono da su u laži kratke noge. Uvjerila sam se da nisu, jer je i mene Ipe folirao opasno sa svojim avanturama i ja bih mu povjerovala.

Kad sam se pojavila na Ipetovim vratima poslije "izleta u Dubrovniku", obratio mi se pozdravom: "Evo meni moje izbjeglice!" Bilo mu je jako drago da me vidi, ali sam ga i zaintrigirala. Pomislila sam, o bože, da li ćemo morati vječno igrati igre. Ovo je sve pomalo destruktivno. Nakon toga bio je malo oprezniji prema meni, ali fundamentalni problem je taj što sam mu jako malo vjerovala.

To me je izgrizalo. Moj očuh je stalno govorio: "Zlo sirće samo sebi naudi." Ponekad sam osjećala da me duša boli od te puste neadekvatno uzvraćene ljubavi.

Kao balkanski špijun tražila sam adute da se uvjerim u ono u što sumnjam. U jednoj fioci, gdje je držao dokumente, jednog dana pronađoh kovertu. Bila je otvorena i unutra su se nalazile fotografije i pismo. Uzmem kovertu i izvadim slike. Imam šta da vidim. Fotografije iz Malezije, ali sa nekom ženskom. Malo punija djevojka smeđe kose, jako pitomog lica.

Srce mi je stalo, napokon corpus delicti. Ovladala me je strašna tuga, gotovo kao malaksalost. Ipeta nije bilo kod kuće. Jedva sam se obukla, noge su mi bile olovno teške. Suze više nisu ni tekle, samo sam znala da ja više ovo ne mogu podnijeti. Osjećala sam pritisak u glavi i nisam više znala da li je dan ili noć. Sve je bilo crno jer sam sve vidjela crno. Otišla sam kući, a prije toga satima sam hodala po Sarajevu da pročistim mozak i procesuiram ovaj zadnji zaplet u našoj vezi. Sva sreća, mame nije bilo u kući. Nisam htjela da me vidi ovako očajnu. Predvečer me nazvao Ipe da dođem do njega. Došla sam, ali pravila sam se da je sve ok. Nisam znala kako da započnem konverzaciju. Nisam htjela da mu priznam da sam kopala po njegovim stvarima. Jednostavno, ostalo mi je toliko malo ponosa. A kopalo me je strašno iznutra da nešto kažem. Večerali smo i ja sam još uvijek glumila samokontrolu. Štipala sam se pod stolom da ne izletim i ne zaurlam:

"Šupčino, s kim si bio na odmoru?"

Nosila sam njegove plastične minđuše i došlo mi je da ih zgulim sa ušiju i krenem skakati po njima. Nek se rasprsnu baš tu, u njegovoj kuhinji. Međutim, iznenađena sam bila svojom samokontrolom mada je bilo pitanje sekunde kada ću eksplodirati.

Htjela sam da mu se osvetim, da ga uvrijedim. Indirektno, kao mačka.

Kao moj mačak koji je mrzio kad bih negdje otputovala. On bi, kada bih se vratila, svaki put piškio na moj kofer. Znao je da mi se na taj način sveti što ga ostavljam.

Legli smo i, naravno, opet krenuli da vodimo ljubav.

Ja sam se odjedanput digla, upalila svjetlo na Ipetovo zaprepaštenje, okrenula njemu i rekla kako je ustvari jako loš ljubavnik.

Nije mogao da vjeruje pa sam još dodala da slabo kara. Bio je šokiran, povrijedila sam mu muški ego. Krenuli smo da se prepucavamo. Njegovo sljedeće pitanje je bilo: "Koji ti je kurac?"

Na šta sam ja kao omađijana otišla do ladice, izvukla slike i pokazala mu. Kad sam ih bacila pred njega rekla sam:

"Eh, ovo je taj za koga pitaš!"

Kao da je sijevnula munja između uha i očiju. Obraz mi je gorio. Ipe me toliko udario da mi je krv počela da teče iz uha. Udario me je nogom u stomak, savila sam se. Poklekla sam, a onda me počeo udarati nogama. Pokušavala sam da se uspravim, ali on je bio jači. Otvorio je prozor i htio me gurnuti kroz prozor. Držala sam se koliko sam mogla za okvir njegovog prozora. Prsti su mi klizili preko okvira od prozora i u jednom trenutku je izgledallo kao da me je već izgurao. Odjedanput me je snažno udario po glavi koferom koji se nalazio na sredini sobe. Čovjek je poludio!

Gledala sam kako da pobjegnem iz njegovog stana i izvučem živu glavu.

Onaj sav bijes, koji nikada nije imao muda da istrese bilo kome, mislim da se te noći sručio na mene. U glavi mi je zvonilo od pustih udaraca koji su me boljeli. Scena na prozoru trajala je malo duže, jedva sam se oduprla i skupila dovoljno snage i vještine da iz njegovog dnevnog boravka potrčim prema izlaznim vratima. Bila sam u spavaćici i tako bosa i raščupana istrčala sam na Džidžikovac. Kod vrata mi se nalazila tašna koju sam dograbila. Krv mi je tekla iz nosa.

Dok sam trčala niz Džidžikovac prohladne septembarske noći, napravila sam pakt sa samom sobom da se više nikada neću vratiti Goranu Ipetu Ivandiću. Ovo je bio kraj. Zgadio mi se, sve mi se zgadilo. Utekla sam, imala sam osjećaj olakšanja.

Uzela sam taksi sa štanda na dnu Džidžikovca. Taksista me je pitao: "Djevojko, hoćete li da vas odvedem u noćnu ambulantu?" Dao mi je maramicu da pokupim krv koja je kapala sa nosa. Rekla sam adresu ulice u kojoj stanujem. "Tamo me vozite!" Bilo je kasno, oko jedan sat ujutro i mama je već spavala. Ušunjala sam se i otišla do svoje sobe. Nisam htjela da je budim. Do dugo u noć sam zurila u plafon ne misleći ni o čemu. Od tog udarca koferom lobanja me je tolko boljela da prosto nije bilo prostora ni za kakve misli. Ujutro sam se mimoišla s mamom, nisam htjela da je sekiram pred odlazak na posao. Čekala sam da se vrati kući sa posla pa da joj kažem ovaj put za svagda. Više nikada neću biti sa Ipetom.

Nakon dva dana našla sam se sa Dženanom i Jadrankom. Ispričala sam šta se desilo, novi zaplet, a i rasplet moje veze. Na kraju priče rekla sam im da do kraja života ne želim da vidim Samsonite kofer ni na aerodromu.

Nasmijale smo se, ali u meni je bijes tinjao. Post festum sam počela da oštrim nokte sa željom da mu dokažem da mi nije stalo. Naravno, nisam ga nazvala. Rekla sam sama sebi, ako i slučajno stavim prst i okrenem njegov broj telefona, dabogda mi taj prst otpao. Probudio se u meni inat.

Jeste, teško mi je, ali ću umrijeti, a nazvati te neću, šupčino! Zadržala sam detalje našeg rastanka samo za sebe narednih trideset godina sve do ovog trenutka, kada opisujem šta se desilo. Bilo me je stid da priznam koliko nisko je palo finale ove toksične veze. Preuzela sam krivicu na sebe. Čuvala sam tajnu jer to društvo traži od svakoga i preuzela obavezu odgovornosti da pohranim sve negativno. Teško i gorko sam ponijela breme koje sam tako žurno gurala u podsvijest.

Bio je jedan jako sladak dječak, godinu mlađi od mene. Bio je šminker, dobar student sa zalizanom kosicom i zvao se Čarli. Ovaj momčić je krenuo da baca parangale na mene odavno, ali ja nikada nisam bila zainteresirana za bilo kakav flert. Skontali smo se. Ni sama ne znam kako se to odvijalo, filmskom brzinom. Insistirao je da se držimo za ruku ili da zagrljeni šetamo gradom. Ovo je bilo kao šok za Sarajevo. Raja prosto nisu mogla doći sebi kada bi nas vidjeli na ulici. Svi su znali da sam ja Ipetova djevojka.

Ljudi su u nas gledali kao u spektakl. Još samo danas Cirkus "Sirano" u vašem gradu.

Fizički mi je bilo muka, permanentno mi se povraćalo. Međutim, znala sam da je ovo zadnji čavao koji ću zakucati u lijes moje i Ipetove veze.

Znala sam tačno šta sam radila. Poslije ovoga nema šanse za bilo kakav povratak. Na ovaj način zatvarala sam sebi put da ikada, možda u trenutku ludila, posegnem za telefonom i željom da budem sa Ipetom, ovim gestom sam zauvijek zatvorila vrata. Zadala sam sebi šah-mat.

Čarlija su svi opsjedali, govorili mu svašta protiv mene. Njemu su drobili da sam sa njim da bih ga iskoristila, da bih se Ipetu vratila. Međutim, istina je bila sušta suprotnost. Možda ga i jesam iskoristila, ali da ne budem više sa Ipetom.

Čarli mi kaže jedan dan da je vidio Ipeta jako kasno u diskoteci "Beograd", kaže da je bio sa Goranom Kovačevićem. Stajao je u grupi svojih prijatelja i onda mu je neko od njegove raje pokazao Čarlija.

Čarli je nazvao Ipeta "Planina" i malo je zazirao od njega. S vremena na vrijeme nabasao bi na Planinu i svaki put mi prenio gdje ga je vidio. Ipe je krenuo da me traži po Sarajevu, ali sudbina će htjeti tako da smo se uvijek mimoilazili po kafanama, diskotekama.

Ipe je bio ponosna zvijezda i nije htio da popusti da me nazove prvi, ali je mislio, ako se sretnemo, da će nekako izgladiti stvari. Ovoga puta bilo je teško izgladiti stvari između nas. Znala sam da tu nema života, ali moje srce patilo je još dugo. Još sam ga voljela.

KLJUČ 20

Jesenja sonata 1987. - ČUVARICA TAJNI

Čarli je odlepršao iz mog života jednog kišnog sarajevskog dana na uglu Radićeve ulice. Počeo je da mi užasno ide na živce. Žuljale su me nove italijanske čizme koje sam kupila u jednoj jedinoj radnji u Sarajevu koja je prodavala italijansku garderobu i galanteriju. Čim sam osjetila u njegovom glasu da bi možda mogao biti ciničan, odlučila sam da to odmah prekinem.

Žuljale su me čizme, kiša je počela da pada, a on mi je nabrajao neke primjedbe. Izvikala sam se na njega, okrenula na drugu stranu i sebi rekla: To meni s glave ne treba u životu. Goran Ipe Ivandić mi je bio životna škola. Kad sam kasnije kod nekog svoga kavaljera namirisala i trunku Ipetovog karaktera, bježala sam glavom bez obzira. Kao što sam prije zaobilazila nastupe i odbijala ponude za svoje estradne izlete, tako sam sada priželjkivala ponude takvog tipa. Bilo koja destrukcija samo da odvratim misli od Ipeta i raskida veze. U Sarajevu mi je bilo teško proći ulicom, a da mi barem deset ljudi ne priđe i ne kaže nešto u vezi s Ipetom.

Prihvatila sam ponudu da pjevam u jednoj diskoteci u Titogradu. Odlučila sam da povedem sa sobom Miška Mihajlovskog koji je bio član grupe D' Boys, svirao je udaraljke. Ipe je dobro znao Miška i tako sam ga upoznala preko Ipeta u jednom od mnogih posjeta Beogradu. Na snimanju "Kreatora i kreatura", dok sam bila u Beogradu, viđala sam se sa Miškom povremeno. Miško je bio urnebesno duhovit, sporo je pričao i kretao se elegancijom japanske gejše.

Ja sam ga posjećivala na Dedinju, imao je ogroman stan. Živio je kao holivudska diva iza navučenih tamnih plišanih zastora. Nosio je svileni kimono i plišane papuče, besprijekornih i uglađenih manira, bio je atipičan muškarac sa Balkana. Privlačila me je njegova estetika, bio mi je enigmatičan. Njegov tata je bio diplomata, visoka politička faca u samom političkom vrhu Jugoslavije. Miško Mihajlovski radio je jedno vrijeme u Saveznom sekreterijatu za inostrane poslove. Ispričala mi je njegova prijateljica Ljiljana sljedeće. Za vrijeme jednog prijema koji je organizirao egipatski ambasador, Miško se obratio ženi egipatskog ambasadora i rekao joj "Šušu, follow me", na što ga je žena slijepo pratila kao omađijana. Miško se supruzi egipatskopg ambasadora obraćao do kraja večeri sa "Šušu, follow me". Naravno, to su primijetili prisutni i izbio je skandal. Ujutro ga je na poslu čekao premještaj u Tadžikistan na što Miško nije pristao, podnio je ostavku i tako završio oficijalni radni vijek u SMIP-u.

Miško bi nas obično poslužio čajem iz porculanskog servisa koji je vjerujem bio kupljen na dalekom istoku, prekrižio bi noge na fotelji u svom svilenom penjoaru i na koljena stavio veliku tacnu na kojoj se nalazio pribor za rolanje džointa. Na toj velikoj porculanskoj tacni nalazile su se također kesice narkotika raznih potencija i veličina. Mi bismo obično posegnuli za hašišom. U jednoj od tih seansi Miško mi je rekao da bi jako volio da sa mnom nastupa u nekoj od diskoteka.

Kad sam dobila ponudu da pjevam u novootvorenoj diskoteci jednog hotela u Titogradu, odmah sam pozvala Miška.

Došao je u Sarajevo da uvježbamo repertoar, bio je kod mene kući, a ja sam mu prepustila svoju sobu. Kutijicu sa narkoticima je naravno bio ponio i na put. Rekla sam mami da mora da bude fleksibilna i dopusti Mišku da duva kod nas jer je to jako moderno i normalno. Za divno čudo moja mama nije imala primjedbi.

Sjedi tako Miško, jednoga dana, sa prekrštenim nogama, pije kafu sa mojom mamom i priča o smislu i besmislu života. Moja mama, jedna pragmatična žena koja je radila cijeli život, sluša Miška koji joj iznosi svoja razmišljanja. Ja se spremam tako da ne sjedim sa njima, ali čujem jednim uhom da moja mama pita Miška.

"Pa dobro, Miško, kako onda da 'odlepim' materijalne stvari?", jer joj je Miško prije toga rekao da je on 'odlepeo materijalne stvari'.

Okrenula sam se da vidim da možda i moja mama ne duva sa Miškom jer ova njena upitna rečenica me totalno iznenadila.

Stigli smo u titogradski hotel po dogovoru i potražili vlasnika diskoteke. Dok smo sjedili u foajeu, primijetili smo veći okrugli sto pun muškaraca koji bukvalno pilje u našem pravcu. Kako smo ušli na vrata, već smo privukli pozornost auditorijuma iz ćoška. Miško sa zatamnjenim naočarima u zatvorenom prostoru i moja malenkost također, privlačili smo pažnju robusnih balkanskih muškaraca.

Govorom tijela, a i gestikulacijom koja je išla u našem pravcu mogla sam da zaključim da smo im išli užasno na živce.

Naravno, i ja sam bila obučena adekvatno Miškovom izgledu.

Ja sam nosila dugu suknju do poda koja je izgledala kao krinolina na koju su bili zakačeni repovi od tkanine. Kad bih hodala ovi repovi od platna vukli bi se po podu. I, naravno, crnu kožnu bajkersku jaknu. Nisam izgledala ispolirano kao što sada na estradi gledamo pjevačice, ja sam bila u rock fazonu tako da je garderoba bila namjerno pocijepana. Ja sam voljela nedovršeni look. Na apsolutno novoj majici bušila sam rupe cigaretom da to dobije taj malo pohabani rock izgled. Voljela sam da prepravljam stvari, da nosim haljine naopačke. Nisam sjedila kod kuće kao po zadatku i bušila majice žarom od cigareta. To se nekako dešavalo organskim procesom kod mene. Sjedila bih sa nekim u društvu, pričala i krenula da se igram sa odjevnim komadom. Taj izgled je bilo neobično vidjeti u Jugoslaviji 1987. godine. Izgledala sam kao stranac u vlastitoj zemlji.

Već su nam momci za okruglim stolom poslali konobara da pita šta pijemo. U nekim normalnim situacijama to može biti ok, ali kako sam vidjela da su se naoštrili na nas morali smo dobro diplomatski odvagati šta da uradimo. Na veliku sreću odjedanput se pojavi Ratko Džokić koga sam srela sa Ipetom iza bine nakon Dugmetovog koncerta u Beogradu. Kad me je ugledao, prišao je da se pozdravimo i naravno najsrdačnije se pozdravismo sa Ratkom. Njegov dolazak je kao mađioničaskom rukom jednostavno smirio grupu momaka za okruglim stolom. Ratko im je očito nešto rekao tako da su prestali da pilje u našem pravcu. Ratko je bio legenda među svim tim žešćim momcima u Jugoslaviji. Kolale su priče da je nekrunisani kralj jugoslovenskog podzemlja.

Napokon se pojavio i vlasnik diskoteke. Miško i ja smo željno iščekivali da napravimo tonsku probu. Htjeli smo da vidimo kako će naš nastup da zvuči, jer ja sam pjevala na matricu, a Miško je svirao na udaraljkama, odnosno dairama. Nije bilo šanse da probamo, vlasnik diskoteke je imao drugi plan.

1) Pod hitno da se riješi Miška.

2) Da me provoza kroz Titograd u svom Porscheu tako da ga mogu znanci vidjeti u društvu sa pjevačicom.

Non-stop mi je govorio: "Ti si ka Brigitte Nielsen. Taka se đevojka ne nađe svuđe!" I zato bih baš trebala da sjednem s njim u kola da uradimo par đirova po Titogradu. Htio je da mi pokaže svoju kuću, svoju majku. Toliko je bio uporan da sam na kraju popustila. I zaista, upoznao me sa svojom majkom. Nosio je svileno Armani odijelo, zlatni lančić oko vrata. Primijetila sam ogroman sat na ruci, ali i njegovu frizuru. Obično su fudbaleri osamdesetih imali takve frizure. Naprijed išišano, a pozada su ostavljeni repovi koji su padali sve do ispod vrata. Zato se ta frizura zvala "ošišan na repove".

Kad smo navečer napokon nastupili i kad sam se pojavila na bini diskoteke koja je bila zaista krcata, nijedne žene nisam vidjela u publici. Sala je bila puna muškaraca. Izašao je na binu vlasnik diskoteke, zavladao je muk.

Uzeo je mikrofon i predstavio me dok je mikrofonija ječala iz mikrofona: "A sada će pjevačica Amila da nam otpjeva pjesmu ´Frka´!"

Izašla sam na binu i krenula da pjevam. Miško i ja smo đuskali na sceni kad iznenada u pola pjesme, nakon treće numere, usred pjesme "Igre slobode" isključiše nas iz razglasa. Čula sam čupanje kablova iz razglasa.

Koji blam, pomislih! Ostadosmo tako na sceni u čudu, Miško i ja. Nekako smo pokušali da se ponašamo da je sve normalno i pod kontrolom, a u stvari ništa, ama baš ništa nije bilo normalno.

Miško mi je samo rekao da je sva sreća da je sa mnom jer kada je išao u Cetinje sa Bebi, također su doživjeli nešto slično. Ne znam tačno šta se desilo u Cetinju.

Sada sam vidjela u kom grmu leži zec. Vlasnik diskoteke nije uopšte želio da ja pjevam, on je htio mene striktno za sebe. Kao što je običaj nakon nastupa ja sam kurtoazno morala sjesti sa njim za njegov sto. Međutim, za njegovim stolom je već sjedio buljuk muškaraca. Pridružismo im se Miško i ja.

Momci za stolom, svi skupa na kamari, možda imaju hiljadu godina zatvora, pomislih. Likovi iz podzemlja. Treba se sada vješto iščupati iz ove situacije i pobjeći nazad kući. Inače sam nadrljala.

Ja sam se navila k'o vergl te noći. Kao prazna vodenica! Nisam jezika uvukla, nasmijavala sam momke i simultano razmišljala kako se iščupati iz ove situacije. Jedino mi je padala na pamet priča "Aska i vuk". Vlasnik diskoteke zamalo da nije stavio moju stolicu sa mnom u svoje krilo. Približavao se meni i gardom svoga tijela ukazivao drugima da sam njegova. Mislili su da sam garant povaljena te noći.

Miško i ja smo kovali plan kako da uteknemo od stola, a pritom nas je mučilo što još nismo bili isplaćeni za naš noćašnji nastup. Kad god bismo se mi digli od stola i rekli da idemo na spavanje, oni bi nas zadržavali da sjednemo. Međutim, izbrojao nam je novac teatralno pred svima za stolom te tako stavismo tačku na tu dilemu Miško i ja. Ostalo je sada da se kao dvije velike dive neprimjetno povučemo u hotelsku sobu na spavanje.

Vlasnik diskoteke mi je otvoreno rekao da to tako ne ide.

Pitam zašto.

Platio sam nastup! (Treba svi da vide da je on sa pjevačicom.)

Morali smo ga povesti sa sobom u sobu.

Bilo mi je bitno da je Miško sa mnom jer nisam htjela sa njim nasamo ostati.

"Nisi bre normalna", šapće mi Miško, ali jednostavno boljeg rješenja nisam imala.

Pala mi je po hiljadu puta na pamet priča koju sam čula, tipa rekla-kazala na estradi, o tome kako je tata Nede Ukraden na početku njene karijere sa pištoljem išao sa njom na tezge. Ako je to i istina, ja sam joj uistinu zavidjela zbog tog detalja. Pjevanje je ok, ali tezgarenje i pjevanje po diskotekama je više nego opasno. Žene sa izuzetnim mudima su u stanju da se nose sa balkanskim muškarcem. Tako još jednom dođoh do spoznaje da u tezgarenju nema ama baš ništa glamurozno.

Kad smo otišli u sobu, Miško je predložio da zapalimo džoint. Zabavljali smo vlasnika diskoteke do jutarnjih sati, ali kada je otišao ujutro da se istušira izvadio je ogroman pištolj na sto na što smo se Miško i ja u panici zgledali.

To je već bila ekstra kap u prepunoj čaši vode, pokupili smo malo stvari koje smo imali i utekli iz hotela dok se vlasnik diskoteke tuširao. Imali smo let za Beograd ujutro na svu sreću.

Pobjegli smo glavom bez obzira u Beograd. Miško i ja smo pali u tešku paranoju da će nas sustići. U avionu smo držali jedno drugo grčevito za ruke.

Onaj zadnji džoint nas je bacio u bedak i u svemu smo sada vidjeli opasnost! Bili smo u blagom stanju paranoje. Kad smo sletjeli u Beograd, prva osoba koju sam vidjela bio je Gile iz Električnog orgazma. Prosto me je sunce bilo obasjalo. Samo da zaboravim na nemile događaje iz diskoteke.

Kad sam se vratila u Sarajevo, prva stvar je bila da nađem bilo kakav posao. Odlasci i nastupi po diskotekama, kao što sam se mogla uvjeriti, su opasni. Zaposlila sam se u slovenačkoj prodavnici "Novoteks" koja se nalazila u Skenderiji. Kupci su bili zadovoljni mojom uslugom.

Radila sam sa jednim mladim momkom Draženom i predlagala da treba da radimo sa walkmanom na ušima. Dražen je rekao da je super ideja, ali da bih ja kao uvažena estradna ličnost trebala našem menadžeru butika da predložim tu famoznu ideju.

Jednog dana sretoh u "Estradi" Gorana Bregovića. Ispričala sam mu o raskidu veze sa njegovim bubnjarem. Odmah sam mu rekla da će moj sljedeći momak sigurno biti siroće iz "Ljubice Ivezić", doma za napuštenu djecu. Ispričala sam mu cijelu sagu sa Ipetom, koliko me njegova mama nije podnosila i o Goranu Kovačeviću koji se non-stop miješao u našu vezu. Međutim, Goran je imao mnogo bolji plan. Predložio je da mi osmisli treći album.

Bila sam naravno oduševljena. Imao je odličnu ideju i koncept. Predložio je da obradimo neke starije kompozicije. kao recimo pjesmu Arsena Dedića "Čovjek kao ja", samo što bih ja preinačila tekst za sebe, pa bi pjesma bila "Žena kao ja". Predložio je također da uvrstimo i od Idola pjesmu "Retko te viđam sa devojkama", a za producenta mi je predložio njegovog druga Mišu Radića. Mišo je napravio sa Oliverom Mandićem hit "Pitaju me, pitaju". Ustvari, Mišo je imao jako interesantne pjesme za koje je Goran Bregović mislio da bi bile dobre za mene. Goran je htio da bude izvršni producent na mom novom albumu. Također je predložio da snimamo novi material u novom studiju Zorana Redžića.

Bože, pomislila sam, pa bog i na izgubljene slučajeve ponekad pogleda, kao recimo na slučaj koji sam ja sama sebi bila.

Nisu stvari štimale u mom životu odavno. Zadnja ploča "Igre Slodode" prošla je takoreći nezapamćeno. Finansijski nisam bila ništa bolja, kao na početku. Imala sam medijsku popularnost, ali popularnost bez love je besmislena. Što dobiješ na drumu, izgubiš na ćupriji. Popularnošću dobiješ da te svaka budala prepozna, da ne mozeš da baciš smeće u kontejner pored zgrade, a da nisi primijećen. Lično me je gušilo što me dosta ljudi zna. Koliko god sam ekstrovertna i spremna da pjevam na bini, toliko sam i introvertna. Jako čudna kombinacija, ali vjerujem dosta normalna, jer su i mnogi drugi izvođači slični.

Najveća tragedija od svega je da sam fakultet totalno zanemarila. Stekla sam neobično iskustvo, ali mi ono nije pomoglo da završim fakultet. Vrsta iskustva koje nisam znala unovčiti. U drugu ruku, ja sam već po tom iskustvu prerasla svoje vršnjake. Osjećala sam raskorak između onoga što je moglo da bude i onoga što je na terenu. Mislim da sam bila vrsta kolateralne štete koja je prihvatila teoriju Timothy Learyja "Tune in, drop out". I sam Ipe mi je stalno govorio da je fakultet nepotrebno završavati. Bila sam buntovnik bez razloga. Razmišljala sam o tipu prava koje sam studirala i sistemu kojem ono služi. Bila mi je neshvatljiva politička ekonomija, jedan od predmeta na fakultetu kao i sva marksistička ideologija i terminologija koju smo koristili. Htjela sam nešto "američki", a pojma nisam imala o sistemu, vremenu i prostoru! Vukla sam jedan pogrešan korak za drugim. Moje veliko razočarenje je nastalo kada sam jednom uhvatila profesora sa Pravnog fakulteta kako se u svom kabinetu ljubi sa svojom studenticom. Kad me je ugledao, poskočio je i nastala je strašna afera. S obzirom na to da sam ga našla u kompromitirajućoj situaciji, stavio me je na crnu listu. Nije bilo šanse da taj ispit položim! Univerzum je slao čudne prepreke u mom pravcu. Ako su planeta zemlja i ovaj život test za duše koje žive iskustvo jednog ljudskog bića, mislim da sam imala i previše domaćeg zadatka na rukama. Pravila sam greške, padala, ali se i dizala.

Dok sam čekala susret sa Mišom, prihvatila sam tezgu sa grupom muzičara iz Sarajeva. Trajala je samo mjesec dana, tezga je bila u Hotelu "Koran" na Palama. Svirali smo samo vikendom, mislila sam da ću moći uskladiti sa mojim poslom u "Novoteksu", međutim sve do jednom. U "Novoteksu" smo jedne subote radili godišnju inventuru od ranog jutra do kasno uvečer. Na kraju dana bila sam kao mrtvo tijelo, nisam mogla da odem u "Koran". Momci su me iz benda non-stop u toku noći zvali. Izuzetno bijesni. Nisam imala snage da se spremim i odem da pjevam.

Bili su toliko bijesni da su za nadolazeće novogodišnje praznike striktno dali ultimatum direktoru hotela da ne žele sa mnom nastupati. Međutim, direktor Hotela me je pozvao jednog dana i predložio da se ja njih riješim i nađem drugi bend.

Uskoro sam morala da prekinem sa "Koranom", kao i sa "Novoteksom". Trebalo je da vježbam material za svoju treću ploču, Goran je ugovorio termin sa Zokom Redžićem za snimanje. I Mišo koji je živio između Njemačke i

Beograda je došao u Sarajevo i već smo krenuli da radimo na novom materijalu.

Goran i Dženana su te jeseni kretali kao dio regate na put preko Atlanskog okeana. Put je trajao šest mjeseci. Goran je imao jahtu koja se zvala "Kamarad", bila je ukotvljena u Splitskoj marini. Njihova putanja kojom su krstarili bila je od Gibraltara do Floride.

Pozdravila sam se sa Dženi i zaželjla joj mirno more. Pratila sam preko Rake šta se dešava sa njima. Raka je preko neke amaterske radiostanice uspostavljao kontakt sa Goranom na brodu. Tako sam saznala da su imali užasno nevrijeme dok su jedrili. Jahta je, takoreći, plovila nakrivljena na jednu stranu mjesec dana. Iskreno, brinula sam se i Dženana mi je jako nedostajala.

Još uvijek sam patila za Ipetom i njena podrška mi je bila jako važna. Ona bi me jedina shvatila u Sarajevu.

I sama zna kako ljudi mogu biti zli, posebno ako si u vezi sa nekim poznatim. Taj raskid mi je bio velika škola da uvidim kakvi su ljudi. Ljudi, za koje nikada ne bi sumnjao iz bliskog okruženja, su sa velikim guštom propratili raskid naše veze.

U međuvremenu sam čula da je Ipe prodao svoj četvorosobni stan na aerodromu za mramorne ploče. Bila sam zaprepaštena.

Tu vijest mi je Raka prenio. Pitala sam dva puta misleći da nisam dobro čula. Po nagovoru Gorana Kovačevića, Ipe je prodao stan za mramorne ploče, a ne za novac.

Od arhitekata koji su projektovali njegov restoran u Novalji na Pagu saznala sam da planira da cijeli restoran izgradi u mramoru. Kao i ja, i sami arhitekti su bili šokirani ovim potezom. Pitala sam se ima li Ipe dvije čiste u glavi.

Ima neka tajna veza između snimatelja i kablova... i Zoka Redžić je pričao sa svojim kablovima.

Pjesme koje su nastajale u studiju Zorana Redžića su poprimile interesantan zvuk. Kao i kod Paše, kablovi su zadavali glavobolju Zoki. Odnosio se prema njima kao prema živim bićima. Često je pričao sa njima, a i magnetofon se kvario svakih pet minuta. Prva pjesma koja je urađena bila je pjesma od Arsena Dedića "Čovjek kao ja", a mi smo promijenili tekst da bude ženski: "Žena kao ja". Mišo je odlučio da je obradi u stilu brazilijanske bossa nove. Trebao nam je vrstan bubnjar da odsvira ovakvu vrstu ritma na bubnjevima i Zoka je doveo Đorđa Kisića, bubnjara Indeksa. Jako komplikovan ritam, koji je Đorđe odsvirao sa metlicama na dobošu, zvučao je izuzetno moderno i svježe. Tekst pjesme kao da govori o raskidu sa Goranom Ivandićem. Dok sam snimala glas, svaka otpjevana riječ je bila upućena njemu.

Ne za te nije žena kao ja
što ljubav tužnu samo može da ti da
u ovom stanu ne postoji ništa
što bi moglo zadržati tebe
ničeg nemam da dam osim sebe
a dala bih sve.

Pitali smo Vladu Divljana iz Idola da li možemo da obradimo pjesmu "Retko te viđam sa devojkama" i on je dopustio da napravimo obradu. Pozvali smo jazz muzičara Slobodana Sokola koji je svirao u Revijskom orkestru Radija Sarajevo. Soko je ritmički markirao pjesmu trubom i dao takav jedan avangardan ton trombonom da je zvučala izvan prostora i vremena. Obrada Idola „Retko te viđam sa devojkama" je zvučala avangardno i progresivno.

Ruku na srce, nisu zvučale onako kako je Goran bio zamislio, odnosno kako nam je rekao da radimo i ostavio u amanet. Mi smo se kreativno i slobodno izražavali i pjesme su zvučale odlično, ali za inostrano alternativno tržište. Nisu zvučale u pop maniru kao recimo pjesme koje su bile pop hitovi tada. Jedna od najslušanijih mladih pjevačica je bila Sanja Doležal iz grupe Novi fosili. To su bili muzički parametri u Jugoslaviji tada koje je trebalo slijediti. Slatkaste pop pjesmice. Pjesme koje smo mi kuhali, Zoran, Mišo i ja u Sarajevu te jeseni i zime 1987. zvučale su milion godina ispred vremena jugoslovenskih pop standarda. Par pjesama koje su bile Mišine kao „Vukovi i lisice", a i „Dragi Ivane" tekst je napisao sarajevski pravnik Gari - Gavrilo Gunjak. Gari je bio prijatelj Goranov i Dženanin. Napisao je jedan predivan ali maltene biografski tekst za moj novi repertoar: „Dragi Ivane, mene tvoji ne vole". Pogodio je k'o prstom u oko tragiku moje izgubljene ljubavi. Međutim, taj arhetip „Mene tvoji ne vole" na Balkanu je dosta učestao i ponekad neizbiježan za dvoje mladih ljudi koji se vole.

Dok je Mišo miksao ploču, ja sam nakon svih otpjevanih dionica otišla na Jahorinu jer sam imala ugovoren nastup u diskoteci Hotela „Jahorina". Ovoga puta sam povela sa sobom mlađeg brata Nebojše Jarića, moga druga koji je otišao kod Lide u Los Anđeles. Zoran je bio moj komšija, student. Predložila sam da me odveze na Jahorinu kolima, a ja ću mu platiti prevoz i boravak.

U međuvremenu ja sam počela da primam jako neobične telefonske pozive od vlasnika diskoteke iz Titograda. Onaj kod koga smo nastupali Miško i ja. Kada me je prvi put pozvao i izjavio ljubav preko telefona, ja sam mu morala slagati da imam u planu da se pomirim sa momkom Goranom Ipetom Ivandićem, tako da sam mu na taj način htjela dati do znanja da nema šanse. Mislila sam da ću na taj način da ga zauvijek otkačim. Nažalost, ono što sam ja mislila je u praksi ispalo sasvim drugačije. Zvao me je s vremena na vrijeme i samo bi me pitao sljedeće:

„Jesi li se predomislila?"

Kada bih ja rekla odlučno „NE", mogla sam da čujem kako mu slušalica od potrešenog muškog ega ispada iz ruke.

Klang, klang, klang (slušalica spuštena) i kraj konverzacije.

Mislila sam, o bože, koji slučaj.

U toku zime Jahorina postane centar svih šminkera iz Sarajeva. Kao da se na jednom mjestu objedini raja iz svih poznatih sarajevskih kafana. Od estradnih radnika do studenata, Jahorina je epicentar za maksimalno foliranje.

Jednog predivnog sunčanog dana vraćamo se Zoran i ja kroz prtine bijelog snijega nazad iz Hotela „Bistrica" u Hotel „Jahorina".

Išli smo da se vidimo sa Đurom iz Bombaj štampe i mnoštvom drugih interesantnih likova iz Sarajeva. Raja iz „Bistrice" dolazila je na dernek u hotel Jahorinu te noći. Kako otvorih vrata recepcije Hotela „Jahorina", od situacije koju sam zatekla, bukvalno mi se sledila krv u žilama.

Na recepciji sa još jednim momkom stoji vlasnik diskoteke iz Titograda, ni manje, ni više!

Kako sam otvorila vrata, tako se iste sekunde okrenem za sto osamdeset stepeni i krenem prema toaletu. Mislim, ako tu provedem izvjesno vrijeme, vlasnik diskoteke će da ode sa Jahorine.

Pod apsolutnim uskličnikom razmišljam šta mi je činiti. Stojim tako ispred lavaboa u ženskom toaletu i gledam kap po kap vode koja teče sa savršeno uglancane pipe. Čujem blago kucanje na vratima.

Zoka: „Šta se dešava?"

Pitala sam se otkud ovaj lik zna da sam na Jahorini, lupala sam glavom k'o po rebusu, izvlačila iz glave razna scenarija.

Bože, ko mu je rekao?

Ovaj njegov dolazak zaista izgleda kao da smo u ljubavnoj vezi. Nisam htjela da bilo ko, ali ni Ipe, pomisli da se zabavljam sa vlasnikom diskoteke.

Napokon odlučih da je najbolje da ga konfrontiram, odnosno da popričam s njim i objasnim sve za sva vremena. Koji dio rečenice „Ne želim biti stobom!" ne razumije.

Našla sam ga kako sjedi u foajeu kod recepcije. Putovao je cijelu noć od Titograda do Jahorine. Nosio je tamno odijelo i preko sakoa Armanijev kaput od skupocjenog kašmira do ispod koljena, talijanske cipele ispolirane da se mogu u njima ogledati. Izgledao je zabrinuto i, što je bilo za očekivati, malo umorno.

Skupim hrabrosti i odlučim da nastupim vedro i cool. S obzirom na to da recepcioner registruje svaku riječ ja predložim da odemo u pravcu iz kojeg sam ja došla. Iznenada, vrijeme je počelo da se komeša i kroz ogromne prozore vidim kako se snijeg kovitla. Sprema se manja oluja. Stojimo tako u hodniku on i ja i pored nas su Zoka i njegov pratilac.

Vlasnik diskoteke pogleda svog pratioca koji je također bio obučen kao on, pogužvan doduše, zbog dugih sati vožnje.

„Aj, ti, Mito, malo prošetaj", kaže on njemu.

Nema Mito nigdje da prošeta osim u sniježnu oluju koja je postala već očevidna, pomislim ja. Izgubi se Mito iza lavine snijega na parkingu i sada ja krećem u akciju.

Osjetio je da će popiti nogu i nije htio da Mito bude svjedok jedne propale ljubavne moguće veze. Što ti je "tvrd orah biljka čudnovata", citiram ja Njegoša i pravim se pametna.

To što sam tada slagala ni pas s maslom ne bi pojeo. Mislim da sam Gorana Ipeta Ivandića spomenula jedno tristo pedeset puta u konverzaciji. On je razlog zašto ja ne mogu biti s njim. Jednostavno sam rekla da bi me Ipe namlatio da zna da smo skupa na Jahorini.

Na svu sreću imao je puno razumijevanje.

„I ja bih to isto uradio kako Ipe, jer taka đevojka se ne nađe svuđe, ti si ka Brigitte Nielsen!"

Htio je da bude siguran da se nisam predomislila. Zato je došao na Jahorinu. Možda, ako ga vidim fizički, da bih pristala da budem njegova djevojka.

Pitam ga kako zna da sam na Jahorini i baš u ovom hotelu.

Zvao je moju kuću i mama je rekla gdje sam. Pomislila sam, pa mama, za ime božije!

Uspjela sam da ga razuvjerim da zaista nema šanse da ikada budemo skupa. Pitao me je koje kafiće da posjeti dok je u Sarajevu. Dala sam mu spisak svih lijevih kafića u koje ja nikada nisam išla, a također ni Ipe: „Charly" na Baščaršiji, „Bel Ami" na Dolac Malti i mnoštvo drugih.

Sjedoše Mito i moj Romeo iz Titograda u crni Porsche i nestadoše u sniježnoj oluji jednog zimskog januarskog dana 1988 godine. Toliko sam tada zvučala uvjerljivo da ga više nikada u životu nisam ni vidjela ni čula.

KLJUČ 21

Jer više ništa nije kao što je nekad bilo

Nakon završenog miksa preslušavali smo album „Vukovi i lisice", Mišo i ja, u društvu mnogih muzičara, svih onih koji su sarađivali s nama na albumu i svih ostalih do čijeg smo mišljenja držali. Bilo nam je drago kad smo čuli od Vlade Divljana iz Idola da mu se dopala verzija pjesme "Retko te viđam sa devojkama" koju smo obradili. Mišo je otišao u Beograd i dao je kasetu Vladi da je presluša. Od svih koji su učestvovali na ploči nismo nikakvu lošu kritiku čuli. Mišo me je podsjetio da se i Miliću Vukašinoviću dopalo ono što smo napravili. Takvi komentari su mi dali vjetar u leđa, značila mi je podrška puno. Naravno, Mišo i ja smo preslušavali kasetu do besvijesti.

Dolazile su kod mene i moje drugarice na seansu preslušavanja. Jedan dan preslušavam ploču sa mojom prijateljicom Milom i dok slušamo čujem da telefon zvoni li zvoni. Kvarilo mi je to zvono koncept slušanja. Nakon izvjesnog vremena digoh se da vidim ko je to tako uporan.

Ja: „Halo."

Ipe: „To sam ja, Goran."

Nakon mjeseci i mjeseci ovo je bila naša prva konverzacija. Mislila sam da ću pasti u nesvijest, ali ostala sam pribrana.

„Oh, kojim dobrom?", pitam ja. Ali već u sljedećoj rečenici sam se rascvrkutala. Sjetio se da su kod mene ostale njegove čizme iz Rusije. Jednom smo išli davno na neko snimanje od moje kuće i te su vojničke čizme ostale godinama da stoje u našoj ostavi. Bile su crne, visoke čizme za jahanje. Eto, sjetio se tih čizama, pa kad bih mogla da dođem do njega da ih donesem.

Rekla sam OK.

„Javim ti koji dan cu doći do tebe!"

Spustim slušalicu i krenem Milu da maltretiram da mi ponovi svaku riječ koju sam ja njemu rekla. Bilo mi je drago da čujem od Mile da sam zvučala cool. Dakle, nikakvo suludo ushićenje nije se moglo čuti u mome glasu. Rastezala sam joj mozak oko te konverzacije kao da je žena na policijskom saslušanju.

„Savršena glumica definitivno, dobila bi Oskara za savršeno izgovoreni tekst", Mila je zaključila.

Mila: "Ma to je čista šatrologija, Amilice, ti si mu sigurno naumpala."

„Ma ne", kažem ja, "sigurno želi te čizme". Ali njene riječi su zvučale kao melem u svakom slučaju.

Bila je susnježica, kraj januara u Sarajevu. Siva bljuzgavica po kojoj ne bi izašao van, osim ako razlog nije zaista monumentalan. Penjem se uz strmu ulicu Džidžikovca i osjećam da će srce da mi iskoči od uzbuđenja. Kad je Ipe otvorio vrata, stajali smo tako kao ukopani par sekundi. Nisam znala da li da ostavim čizme i da se okrenem i odem ili da uđem.

Međutim, Ipe je insistirao da svakako uđem unutra. Sjela sam .

Nisam se pretjerano dotjerala za ovaj susret. Imala sam plavu mornarsku majicu i farmerke, dapače, jako skromno sam izgledala. Nisam glumila veliku zavodnicu nego sam skrušeno sjela na sofu. Sjela sam na drugi kraj sobe, što dalje od njega. Čuo je da sam snimala album kod Zoke Redžića i htio je da čuje kako to zvuči.

Naravno, izvadila sam kasetu iz torbe i stavila u njegov kasetofon. Sjedio je na stolici preko puta mene tri metra udaljen, a iznad njega stajao je na ormaru onaj nesrećni Samsonite kofer.

Ispričao mi je kako napreduju radovi u vezi s restoranom na Pagu. Po njegovoj priči Kovačević je bio izvršni direktor. Vodio je finansije i brinuo se oko administracije i rashoda građenja objekta, odnosno restorana. Spremali su da otvore restoran u ljeto 1988. godine. Bez obzira na sve, ipak mi je bilo drago da čujem da postoji svjetlost na kraju njegovog tunela, a to je restoran u Novalji na Pagu.

Sa velikom pažnjom je saslušao svaku pjesmu bez ikakvog prenemaganja. Kad je sve preslušao, onda je rekao: "Ovo je fenomenalno".

Bilo mi je drago to da čujem baš iz njegovih usta. Stalo mi je bilo do njegovog mišljenja. Malo sam se otkravila.

Nasmijala me je bila njegova primjedba da sjedim k'o drvena Marija. Ustao je i sjeo pored mene. Svidjela mu se moja majica! Da mi je neko rekao da se može dobiti kompliment za običnu mornarsku majicu, ja bih to primila sa nevjericom. Međutim, tog popodneva ja sam Goranu Ipetu Ivandiću bila savršena.

Zagrlili smo se i teško je bilo kontrolisati osjećanja, ruke, noge. Ipe, gromada od čovjeka, kad krene da šapuće, čovjek bi ga kao melem na ranu privio. Prosto je nemoguće odoljeti. Sve što je poslije toga slijedilo bilo je vjerovatno u zvijezdama zapisano. Uronuli smo u njegov krevet i ispod gomile jastuka ponovo tražili put do srca jedno drugog. Sve je bilo kao nekad, ni dani, ni sati, ni mjeseci što smo bili razdvojeni nisu mogli da ohlade vrstu žara koju smo imali za jedno drugo. Nisam tada znala šta je tantra ili tantrički seks, ali sam osjetila da se naš seksualni odnos zasniva na kultu ekstaze. Osjećala sam naš odnos kao ličnu religiju zasnovanu na mističnom iskustvu. Sati su se kotrljali i još nismo bili dovoljni jedno drugom. Noć je odavno pala i bilo je dosta kasno možda već ponoć.

Ustala sam i krenula da se spremam. Imala sam obavezu da se vratim kući i da održim obećanje koje sam dala mami.

Ipe je pokušavao da me zaustavi i molio da razmislim. Gnijezdo iz koga sam kao ptić ispala, ostat će mi u sjećanju, jastuk, krevet, jorgan razvrgnut i pogužvan.

Mnogo godina nakon toga ja sam u Londonu gledala i analizirala na slikama eksponat koji se zvao Krevet, a bio je izložen u galeriji Kraljevske akademije umjetnosti na

Pikadiliju. Uradila ga je savremena engleska umjetnica Tracey Emin.

Analizirala sam njen krevet jer sam se sjećala Ipetovog kreveta. Njen krevet je bio zatrpan smećem, cigaretama, tamponima. Njen krevet je svjedok njene drame, ali naš krevet je bio kao oltar! Da je bilo pustiti srce da odluči, zoru bismo dočekali, ali racio je prevladao ovoga puta.

Prvi put da sam donijela svjesnu odluku, a da nisam bila vođena emocijom. U životu biramo puteve, sudbine, svjesno i nesvjesno. Put koji sam izabrala tada nisam znala kuda vodi. Bilo je prosto iracionalno u jednu ruku da odem. Nije bilo logično. On je muzičar i ne samo ljubavno, nego i po uzlaznoj putanji karijere koju sam imala možda bi bilo bolje da budem s njim. Ali, instinkt mi je govorio da ustanem i odem. To su bitna životna raskršća na kojima, ako kreneš lijevo ideš jednom putanjom, ako kreneš desno ideš drugom putanjom i ko zna gdje ćeš završiti.

Da sam izabrala put sa Ipetom, gdje bih završila?

Često sam poslije ovog događaja pratila instinkt u mnogim životnim odlukama. Univerzum ima veliki plan za nas i potrebno je znati slušati taj mali glas iz dubine duše koji svi imamo. Možda je tako najbolje za oboje, pomislila sam. Jer ja sam Gorana Ivandića još uvijek voljela, a sa Ipetom sam imala problem. Nekad je potreban hirurški rez, jer od te strasti samo će ostati duborez od Amile Sulejmanović, kao kolateralne štete jedne ljubavi. Stisnula sam petlju i otišla.

Pokušala sam danima poslije toga da svarim naš susret. Nema nikakve logike, dva i dva nisu četiri nego su sada devet.

Međutim, pomislila sam, klin se klinom izbija.

Kad se Goran Bregović vratio sa svog krstarenja po okeanu, Mišo i ja smo otišli do Gorana. Interesovalo ga je šta smo uradili. Naravno njegovo mišljenje je najbitnije u ovom slučaju. Goranu Bregoviću su se sviđale neke pjesme, posebno jedna koja je bila snimljena u maniru pjesme Paula Simona „You can call me Al". Goran je rekao da ploča nije komercijalna, ali mu se sviđa. Na svu sreću nije ništa negativno rekao, konstatovao je da je neobična ploča, ali vidjet ćemo šta će biti kada je izdamo.

Zadužio je Raku Marića kao menadžera. On je trebao da se dogovori sa Zoranom Redžićem oko isplate snimanja ploče i da mi pronađe diskografsku kuću koja će izdati album.

Raka je pokušao prvo da objavi ploču u sarajevskom Diskotonu. To je bilo sasvim logično. Ja sam iz Bosne i Hercegovine i lakše je nešto napraviti na domaćem terenu. Međutim, ostala sam frapirana kada mi je Raka, odnosno nama svima, rekao da Nenad Bilić ne želi da čuje da objavi album „Vukovi i lisice" u Diskotonu.

Ruku na srce, ni do dan danas mi nije jasno zašto to nije htio. Zašto je kategorički odbio. Nenad je rekao Raki da smo mi, kada su oni bili zagrijani u Diskotonu da objave moj prvi album, objavili u Jugotonu – Hrvatska, drugi album „Igre slobode" u Beogradu i sada ovaj album iz nekog inata nije htio da objavi u Diskotonu.

Bez obzira što se na mom albumu pojavila plejada nevjerovatnih izvođača, producenata koji su duvali vjetar u leđa ovom projektu, on nije htio da pristane i objavi ploču. Više je u tome bio neki inat nego bilo koji profesionalni razlog na koji bih ja mogla da pomislim. Čudno, zaista čudno! Kategorično NE Nenada Bilića je bilo veliko k'o monolitna kocka Bosanske piramide u Visokom! Ni sva ekspertiza Semira Osmanagića ne bi mogla da ga razuvjeri, da ga natjera da razmisli i promijeni mišljenje.

Međutim, Raka je rekao da se ništa ne brinem, pokušat ćemo sa Jugotonom. Kopkalo me je to oko Diskotona kao crv sumnje, nije mi baš lako palo, ali mislila sam: Ako vi nećete mene, neću ni ja vas i tačka.

Dok sam čekala da se razriješi situacija ko će biti izdavač ploče „Vukovi i lisice", često sam puštala materijal po kafićima, diskotekama. Nosila sam svoju kasetu u diskoteku „Beograd" i puštala je tamo, interesovala me je reakcija publike. Diskoteka „Beograd" je 1988. bila najpopularnije mjesto skupljanja sarajevske raje. Nalazila se u Hotelu „Beograd" koji je bio prekoputa Pozorišta mladih i direktno prekoputa kafane „Pošta". Đuro iz Bombaj štampe me je upoznao sa mladim momkom koji se zvao Savo. On je uvijek bio u DJ kabini. Bio je iz Beograda i došao je u Sarajevo da bude menadžer Bombaj štampe. Savo je bio najljepši momak kojeg sam do tada vidjela. Crnokos, sa najmodernijom pank frizurom, obučen u punu punk memorabiliju, bio je oličenje jednog mladog rokera. Ispostavilo se da je imao izuzetno profinjene manire. Iako je bio sav nabrijan kao buntovnik, kada bismo ga gledali po tom njegovom stilu oblačenja, međutim, Savo je bio jedna profinjena duša.

Zapao mi je za oko i često bih bacala pogled na kabinu DJ–a, međutim, ja sam često gledala i u odraz stakla na kabini koje je bilo savršeno ogledalo. Nisam prošla u životu pored ogledala, a da se nisam pogledala. Ta moja narcisoidnost je malo zbunila Savu i on je mislio da ja konstantno buljim u njega. Mislim, gdje ima dima, tu ima i vatre. Zabacivala sam pogled prema njemu, ali 50% je bila i samozaljubljenost!

Često su puštali moju kasetu u diskoteci i tako smo počeli da komuniciramo. Jako brzo su se probudile simpatije među nama, tako da je to kulminiralo u jednoj vezi.

Bio je idealan momak, onaj o kome bi mnoge djevojke sanjale. Često sam išla kod šnajderice, tete Enise Sarajlić, i satima bi Savo sjedio sa nama dok sam ja probavala haljine koje mi je ova zaista vrsna šnajderica šila. Ova gospođa je bila i diplomirani ekonomista, radila je dugo u Energoinvestu i kad je otišla u penziju posvetila se šivanju. Savo je imao osjećaj za detalj, tako da je sa mnom kreirao haljine koje su izlazile iz studija tete Enise Sarajlić.

Njena kuhinja je bila studio. Kuhinjski sto prekrivali su šabloni za šivanje koje je teta Enisa vadila iz Burde. Razne vrste igala, iglica zabodenih u ježeve. Kutijice konaca i specijalnih makaza koje su bile kupljene u Njemačkoj. Seanse šivanja trajale su satima jer je teta Enisa odlično gledala u kafu.

Pili smo kafu iz malih fildžana i prevrtali ih na tacnu. Kad ne bi bila zadovoljna gledanjem u kafu iz jedne šoljice, onda bismo kuhali drugu kafu i čitali budućnost iz novih šoljica, tako da su na stolu između šivaćeg pribora stajale i šoljice koje smo odbacili zajedno sa novim svježim, izvrnutim šoljicama. Teta Enisa bi me često bodrila da ja njoj "pogledam u kafu".

Vjerovala je da imam razvijeno treće oko i da sam vidovita. Kroz simbole u kafi koje smo vidjeli i jezikom gledanja u kafu to bi zvucalo ovako:

Ima neka žena, vidim neki put koji ti stoji, ključ, muška glava sa lijeve strane pri vrhu ti stoji, muške stope. Onda bismo definisali koja muška glava, je li pored glave stoji knjiga ili srce. Ako je knjiga, onda je to posao, a ako je srce, onda je to ljubav.

Pokušavali smo naći smisao i odgovor u našim svakodnevnim životima. Ocjenjivale smo, kroz simbole vuka koji bi se ukazao u kafi, potencijalne opasnosti koje dolaze. Ja sam priželjkivala stope i neki znak da će moja karijera krenuti uzlaznim putem.

U kafi je uvijek stajao neki put i „bogami stope, Amila", govorila je teta Enisa dok je u ruci držala fildžan. "Može ovo na dobro izaći! Nešto veliko te čeka!"

Onda bi teta Enisa zatražila da još jednom pritisnem prstom i poželim želju, obično se pritisne kažiprstom na simbol koji je vidjela u tozu. Taj kažiprst i posljednji stisak određuje hoće li se želja ispuniti. Da ili ne.

Davale su mi ove seanse samopouzdanje jer sam se nadala da će moja nova ploča razvaliti tržište.

Pragmatičnom čovjeku te gromuljice toza od kafe nisu ništa značile, ali nama su bile od velike važnosti. Sin tete Enise bio je budista. Sa Mirsom sam išla na tezgu u Sveti Stefan u Crnoj Gori. Svirao je i na mom albumu „Igre slobode". Kad bi svirao, zvučalo je kao da je ljepotu svemira, koju mu je njegov Guru poslao, pretočio u muziku koja je izlazila iz njegove gitare. Mirso je naučio svoju mamu kako da čita i Ching – ili Knjigu promjena, kineska drevna tehnika gledanja u budućnost i sadašnjost tako da su probe kod tete Enise više ličile na spiritualne seanse nego probe kod šnajderice. Jedinu stvar koju nismo prakticirali bilo je prizivanje duhova.

Cijeli mikrokosmos se odvijao u kuhinji na Grbavici kod moje šnajderice. Teta Enisa je bila starija od moje mame, ali smo imale slična interesovanja. U kuhinji se uvijek krčkala hrana, radili smo probe, šivali i rašivali haljine, a sve kroz jednu maratonsku spiritualnu seansu.

Savo je satima mirno sjedio sa mnom i učestvovao u našim druženjima, malo koji momak bi tako strpljivo čekao svoju djevojku i pravio joj društvo. Ono što me najviše privuklo kod Save je da je bio baletan. Godinu prije nego što će doći u Sarajevo dobio je ponudu da ide u London i bude član Kraljevskog baleta koji se nalazi na Covent Gardenu. Nikada mi neće biti jasno zašto je to odbio i došao u Sarajevo 1988. da se okuša kao menadžer Bombaj Štampe.

Često, kad bismo ostali sami, slušali smo Čajkovskog i Savo me je kao baletan iz „Labuđeg jezera" nosio na rukama preko cijelog stana u kome je stanovao dok je bio u Sarajevu. S obzirom na činjenicu da sam bila jako mršava, Savo mi je govorio da se slobodno opustim, jer sam lagana kao pero. Neće me ispustiti na zemlju!

Interesantna je simbolika Labuđeg jezera. Bijeli labud predstavlja pozitivnu energiju, a crni labud negativnu energiju. Univerzum mi je slao subliminalne poruke da ne postoji samo crno ili bijelo nego da kosmos radi na principu Yin i Yang. Ta vrsta simbolike Karl Jung je nazvao sinhronizam u psihologiji, kada se događaji u životu smisleno podudaraju.

Često su nam kod tete Enise nedostajala dugmad koja bi bila adekvatna onome što smo iskreirale. Savo je često molio svoga tatu Ljupka Neškovića da nam pogleda po prodavnicama u Beogradu ako ima nešto što bi mogla sašiti i finalizirati kreaciju. Čika Ljupko je slao poštom koverte pune raznih vrsta dugmića, drikera i dugmadi raznih oblika i veličina. Dugmići su ustvari bili jako bitni jer su davali posebnost mojoj kreaciji, davali su final touch odjevnom predmetu.

Savin tata je bio pratilac guvernera Jugoslovnske Banke i lični ađutant Maršala Tita.

I tako smo svi skupa, Savo, njegov ćale Ljupko i ja kreirali kod tete Enise garderobu za moje scenske nastupe.

Tkanina sakoa koji smo kreirali bila je bijele boje sa crnim tačkicama, bio je ukrojeni sako u struku i spuštao se sve do ispod struka. Izgledao je kao kreacija Vivienne Westwood sa izraženim bokovima. Toliko je bio dobro napravljen, da je imao formu korzeta.

Bijeli materijal sa tačkicama sam imala na metre i metre jer sam ga kupila na sniženju kada sam radila u „Novoteksu". Poslije sam od tog materijala napravila zastore, jastučnice i tapacirala svoj krevet u stanu u Sarajevu. To sam sve sama sašila na mojoj mašini u kući.

Moj život ne samo da je bio crno-bijeli svijet, nego je bio crno-bijeli svijet na tačkice.

Tezge nisam tražila ja, već su tezge tražile mene. Nažalost, Savo je morao da ode u Beograd hitno, a ja sam otišla u Split.

Dobila sam ponudu da pjevam u diskoteci „Hollywood" čiji je vlasnik bio Nenad Teklić - Bare, prvi suprug Ane Sasso. Ana Sasso je 1982. u Banjoj Luci bila izabrana za Miss Jugoslavije. Kad sam stigla u Split pozvana sam na ručak u restoran sa njima.

Svaki put bih se iznenadila kada bih uživo vidjela da je Anna još ljepša, nego na slikama. Upoznala sam je na „Vašem šlageru sezone" 1987. u Sarajevu na kome smo obje učestvovale. Za takvu osebujnu ljepotu mi u Sarajevu imamo običaj reći: „ne može se gledati u nju od ljepote." Međutim, pitala sam se otkud ona u ovoj priči sa Barom. Jer mi je ona bila mnogo bolja. On je bio snažan, krupan čovjek, robustan. Nakon pet minuta što sam sjela za sto prisustvovala sam sceni kad se izderao na Anu ni zbog čega. Bio je neko čije bih se naravi rado klonila. Ona je sjedila mirno i nije ništa govorila. Nije joj spala kruna princeze koja joj je bila dodijeljena 1982. godine. Meni nije bilo do hrane nakon ove scene, mislila sam samo da završim ovaj nastup i da se "uhvatim noge prema Sarajevu".

Diskoteka „Hollywood" je bila poluprazna i jedini gosti koji su bili u diskoteci su bili članovi ragbi tima iz Engleske. Nisam ni izašla na scenu, mene su već počeli da spopadaju ragbisti. Bareta nisam vidjela te noći, ali imao je svoga asistenta koji me je doveo do diskoteke i koji bi mi trebao izvršiti isplatu za ovaj nastup.

Ukratko, do isplate nije došlo. Trebalo je to da učini odmah poslje nastupa. Za mene se zakačio jedan od igrača ragbi tima i htio je da on ide sa mnom do hotela. Međutim, Baretov asistent se umiješao u našu konverzaciju i predložio da me on povede nazad. Mislim da je vozio 100 km na sat jer je iza nas vozio ragbi igrač. Baretov asistent se natjecao sa njim u vožnji, pokušavo je da nam zametne put. Meni se stomak prevrtao od muke jer je put po kome je vozio bio vrludav i uzak. Mislila sam da ćemo poginuti na putu.

Naravno, kad smo stigli u lobi hotela, od para ni traga ni glasa. Imao je čudne izgovore, a htio je da provede ostatak noći sa mnom. Otkačila sam ga. Navodno, sutra ujutro će doći da mi donese novac.

Ja sam od svog novca već platila avionsku kartu do Splita i hotel. Odsjela sam bila u hotelu na samoj obali u centru Splita. Nisam više imala novaca da se vratim kući.

Međutim, na moje veliko oduševljenje, otvoriše se vrata hotela i ušetaše članovi Zabranjenog pušenja - Kusta, Đuro i Zenit. Zabranjeno pušenje je imalo koncert u Splitu. Pozdravila sam se s njima i odmah „izvezla" šta se desilo sa mnom.

Nazvala sam mamu da joj kažem šta se desilo i neka mi pošalje pare da se vratim kući. Tada su se pare slale preko poštanske uplate.

„Amila draga, ko pjeva - ti ili ja?", bilo je pitanje moje mame.

Naravno, poslat će mi novac poštom ujutro. Ali, na veliku sreću, momci iz Sarjeva su kao pravi kavaljeri predložili da me povedu nazad u Sarajevo jer su došli kombijem. Na što je Emir Kusturica sa Neletom dodao: "Vozimo te, ali pod jednim uslovom."

Ja – Kojim?

Kusta/Nele - Da nam budeš golman kad budemo igrali na male.

Ja – Eki to?

Nele/Kusta – Naravno!

O fudbalu mogu samo ovo reći: Kada bih na televiziji vidjela zelenu fudbalsku površinu, hvatao bi me uvijek osjećaj blage dosade. Obavezno bih preskočila TV kanal iste sekunde. Moje poznavanje fudbala je bilo jako tanko. Za ovu pasioniranu grupu fudbalskih fanatika, ja sam bila zadnja osoba koju treba staviti na gol.

Međutim, vraćajući se kući od Splita do Sarajeva otkrila sam nevjerovatan kuriozitet bivše Jugoslavije. Na svakih sto metara bilo je izgrađeno igralište za mali fudbal. Momci su zaustavljali kombi i igrali na svakom terenu na koji smo naišli. Niti jedan teren sa malim golovima nisu propustili, tako da smo putovali jedan cijeli dan od Splita do Sarajeva.

Na nesreću, bila sam golman u timu Emira Kusturice. Čupao je kosu Kusta kada bi hladno lopta pored mene pala, jer sam ja bila zagledana u svoje svježe nalakirane nokte. Stajala sam kao ovaploćenje šminkera, svega što je ova grupa fudbalskih entuzijasta prezirala iz petnih žila.

Derao se preko terena na mene kao kapiten svoje momčadi: „Daj malo budi golman, Amila!"

Oni su se između sebe muški makljali da meni nije padalo na pamet da stanem ispred lopte koja je letjela brzinom sunčane svijetlosti.

Pred sami ulazak u Sarajevo, Đuro se prisjetio kako su jednom nakon snimanja „Top liste nadrealista" na Alipašinom pokupili jednu drugaricu sa kojom je neko od njih išao na fakultet. Odvezli su curu pred njen ulaz. Dok je izlazila, onako iz zajebancije, još kao glumci u ulogama čaršijanera iz „Top liste nadrealista", oni su se derali: „Mrš kurvo, droljo,..." naravno, sa karikiranim glasom su urlali za njom. Cura se prenerazila, ali se istovremeno i valjala od šege.

Simpatično jako, pomislih, ali iste sekunde sam skontala. To isto spremaju meni da urade kao malu osvetu za loše igranje fudbala. Odmah sam im rekla, "nemojte slučajno da biste to meni uradili kad me dovedete do zgrade". Stanovala sam na prvom spratu i možda bi to moja mama čula.

Apsolutno su me razuvjerili. "Ma kakvi, bože sačuvaj."

Međutim, kad smo stigli u ponoć ispred moga stana i kad sam otvorila vrata kombija, kao pod dirigentskom palicom počeli su da bacaju konzerve za mnom koje su odzvanjale u mirnoj sarajevskoj noći. Klang, kling, klang - kotrljale su se konzerve po cesti. "Mrš, bona, izlazi mi iz kombija".

Raka mi je jednog dana ispred „Estrade" rekao da je ugovorio sastanak sa urednikom iz Jugotona. On je bio jako zauzet oko Dugmeta, ali koliko sam razumjela, ja samo treba da odnesem matricu u Zagreb.

Planirala sam da se za jedan dan i vratim iz Zagreba, jer sam letjela jutarnjim letom. Uzela sam taksi i otišla u Dubravu gdje se nalazilo sjedište Jugotona. Došla sam rano ujutro, bio je divan sunčan dan. Nisam vidjela nigdje sekretarice kojoj bih se obratila da potraži Sinišu Škaricu. Raka je rekao da se obratim Siniši Škarici. Nisam zaista do dan danas svjesna, niti se mogu sjetiti koga sam srela tražeći i tumarajući po hodnicima. Tu situaciju sam zablokirala i duboko u podsvijest potisnula jer je jedan od mučnijih trenutaka u životu. Mislim da me to slomilo. Nije bila mala kap, bio je to bazen pun fekalija koje su se sručile na mene.

U hodniku sam naišla na jednog autoritativnog čovjeka, koliko sam mogla da zapazim. Da li je bio Vojno Kundić, Veljko Despot ili Siniša Škarica, ja do dan danas ne mogu da se sjetim.

Predstavila sam se. Dotični gospodin mi je odgovorio da nemam nikakav zakazan sastanak. Niti da je sa Rakom pričao. Skinuo me je kao vašku s kaputa.

Međutim, bila sam uporna. Platila sam avionsku kartu, nisam imala para za razbacivanje. Mislila sam, ako sam već došla, zašto ne preslušati traku. Najumilnijim i najservilnijim glasom sam molila urednika da odvoji par minuta i sašluša materijal.

Nije mu se dalo.

Bukvalno, preko neke stvari, što bi se reklo, sjeo je, stavio kasetu u kasetofon, zapalio cigaretu i krenuo da sluša. Od prvog takta kako je krenula muzika počeo je da odmahuje glavom.

Urednik Jugotona - Ovo se meni ništa ne sviđa, ovo ništa ne valja!

Pronalazio je milion mana. Ja sam sjedila strpljivo i slušala. Na ivici suza, ali sam se suzdržavala da ne pokažem šupku koliko mi je stalo.

Urednik Jugotona – Čujte, gospodična, ovaj projekat objavite negdje drugdje. Meni se ovo ne sviđa.

Vrlo dobro sam znala da nemam nigdje više objaviti ploču. PGP, Jugoton i Diskoton samo tih par diskografskih kuća su i postojale u Jugoslaviji.

Urednik me je išutao kao staru ofucanu loptu niz prašnjavu ulicu svojim komentarima. Ovo sranje Jugoton neće nikada objaviti i tako smo se rastali. Podvukla sam rep kao pas, izvadila kasetu iz kasetofona, pokupila jaknu i izašla kao omađijana. Čula sam iza sebe njegov glas. Zatvorite vrata za sobom, gospođice, za ime božije.

Osjećala sam se tog trenutka kao provincijalac, uljez u kancelariji Jugotona. Poklopio me osjećaj manje vrijednosti, dok je urednik triumfalno završavao svoju spiku, ja sam se osjećala bijedno, jeftino.

Ovako sam to doživjela. Mogu si to u dupe zabiti. Ne baš tim riječima, ali poruka je ta.

Vratila sam se u Sarajevo slomljena. Više ništa nije imalo veze. Sva su se vrata zatvorila ispred mene. Nisam niti korak, niti prst mogla da pružim ispred sebe. Prostor se smanjivao i sužavao. Kiseonik koji sam trebala da primim je polako isticao.

Osjećala sam se odbačeno.

Otišla sam do Rake i rekla mu šta je bilo.

Ni Raka nije mogao da shvati zašto je tako bilo. Ponekad sam mislila da Raka zaista nikada nije zakazao ovaj sastanak. Dobro sam čula kada sam bila u Zagrebu da dotični urednik pojma nema o bilo kakvom sastanku sa pjevačicom Amilom Sulejmanović iz Sarajeva. Ali, u isto vrijeme zaista tu nema logike jer je on trebao da isplati Zorana Redžića za ovaj album.

Zašto bi Raka sabotirao ovaj projekat, naravno da mu je u cilju da se objavi.

Mišo, moj producent, skoro je objasnio razlog neobjavljivanja ploče „Vukovi i lisice„ za Jugoton komentarom „bila su to čudna vremena, Amila". Mogu reći da ni ja nemam nikakvog drugačijeg objašnjenja nego da su vremena 1988. zaista bila jako čudna. Nažalost, ja sam zadnja koja je znala da su vremena čudna. Niko mi nije rekao.

Zatvorila sam se kući. Danima sam cvilila i moja mama je to sve propratila. Vidjela je da sam bila duboko uzdrmana. Ništa mi nije išlo. U trenucima očaja, povrh svega, imala sam ugovorenu tezgu u Rovinju tog ljeta. Kad je došao dan da treba da imamo probe, pozvala sam muzičare i saznala da su oni već odavno otišli u Njemačku. Kud koji, mili moji. Raspršili su se po raznim tezgama. Niko mi nije bio javio. Muzičari su ko građevinski radnici ponekad, bez ikakvog poštovanja prema dogovoru.

Sjedila sam danima u svojoj sobi, sama. Nisam imala snage da pričam ni s kim. Bila sam otvorena rana. Bolio me je mozak od napora koji sam osjećala. Gušila sam se i osjećala ako izađem van, da će se ulica Ferhadija, odnosno bivša ulica Vase Miskina, srušiti na mene i zatrpati me. Plakala bih satima, jecala.

Moja mama je lomila ruke i pokušavala da mi pomogne. Ali, kad se uđe u taj tamni bunar teško je prihvatiti pomoć.

Nisam mogla da spavam. Mama mi je dala tablete za spavanje jer sam nakon par dana nespavanja bila izmučena. Spavala sam satima poslije toga.

Sanjam Sarajevo, moju ulicu prekrivenu mrtvim ljudima. Na desetine ljudi mrtvih, tako leže na ulici. Metalni kamioneti puni mrtvih ljudi. Vrsta kamioneta koja se može vidjeti na kopovima uglja u Bosni. Sanjala sam jedan te isti san šest noći.

Jedan dan me je Dženana nazavala da pita kako sam i kada sam joj ispričala šta sam sanjala ona se užasnula. Nisam bila neko ko je u crnjaku, dapače ja sam uvijek bila pozitivna, ali da sanjam takve stvari, to joj je bilo čudno. Pet godina nakon toga sarajevske ulice su ličile na moj košmar.

Da li je sve kroz šta sam prošla po dolasku u Sarajevo bio nervni slom, ja ni sama ne znam adekvatnu medicinsku dijagnozu za stanje u kojem sam bila. Srce mi se slomilo i u tom lomu ja sam zajedno sa njim umirala.

Nisam ništa jela niti pila danima. Jedina stvar koju sam mogla da jedem bio je Podravkin puding. Gnjecava masa nije iziskivala nikakav napor tokom žvakanja. Nisam imala snage ni da žvačem. Mama bi ih po deset nakuhala nadajući se da ću makar to početi da jedem.

Onaj strašni san je bio katarza stanja u kome sam se našla. Prošla sam kroz čistilište. Odjedanput mi se javila snažna želja da odem.

Izašla sam jedan dan iz sobe i saopštila mami da ja moram da idem. Željela sam da odem u Englesku. Složile smo se obje da je tako najbolje.

Možda će negdje drugdje sunce tuđeg neba imati više milosti i prema meni.

Mama mi je ponudila novac za put i kupila kartu za London. Dan odlaska je bio 28. august 1988. godine. Letjela sam Jatovim avionom. Sarajevo–Ljubljana i iz Ljubljane imala sam let za London Heathrow aeroderom.

Bio je kraj proljeća kad sam primijetila cvrkut ptica u Sarajevu. Počela sam da se spremam studiozno za svoj odlazak.

Ljudi nisu vjerovali kad sam im rekla da odlazim. Sa podozrenjem bi propratili kada bih kategorički rekla da se neću nikada vratiti. Tada, daleke 1988. nije se išlo u inostranstvo tek tako jer ko bi tražio hljeba preko pogače.

Imala sam petlju - ili kako se to kaže sarajevskim žargonom - imala sam dovoljno muda za ovaj korak. Imala sam 24 godine, ali već sam bila stekla iskustvo nekoga od šezdeset godina.

Željela sam da budem niko i ništa. Iz dubine srca sam željela da nestanem i utonem u londonskim ulicama. Okusila sam ono što nazivaju biti slavan. Koncept slave mi se nije sviđao. Zavidila sam običnim ljudima koji se nisu eksponirani i željela sam da budem obična kao oni. Htjela sam da se sakrijem iza tog kišobrana običnosti jer sam tada shvatila da je to najbolja pozicija za opstanak u životu.

Učila sam engleski užurbano, vježbala sam sa mamom jer je mama bila profesor engleskog jezika.

Jednog popodneva u samoposluzi na Dolac malti stojim u redu da platim čokoladu od višanja Zvečevo. Čujem glas iza sebe koji se obraća kasirki.

„Gospođo, obračunajte ovu čokoladu na moj račun". Okrenem se i iza mene stoji Ipe.

Bilo mi je drago da sam ga vidjela. To je bio naš posljednji susret. Prošetali smo do kafane hotela „Bristol". Htio je da mi ispriča šta se desilo sa njegovim restoranom i biznisom na Pagu.

Bio je slomljen, izgubio je sav novac. Utvrdio je da je Goran Kovačević spiskao sav novac koji je imao. Ispričao mi je da je u strašnoj depresiji. Stanovao je kod mame na Alipašinom.

„Strašno", rekla sam. Bio je utučen i, ruku na srce, bilo mi ga je žao. Ja lično krivim ovaj financijski krah za krajnji ishod, odnosno njegovu smrt. Mislim da je pronevjera koju je Kovačević Ipetu napravio izvor sveg jada koji će slijediti poslije toga. Opet je morao da krene od nule. I opet je tragao gdje da posudi novac.

Sjedili smo tako u kafani hotela „Bristol" jedno naspram drugog. I on i ja smo opet kretali od nule. Kroz slične emocije smo prolazili proljeća 1988. godine. Nisam imala srca da se žalim i da mu objašnjavam kako je meni. Zaključila sam da nije vrijeme ni mjesto da se žalim. Znala sam Ipeta u dušu i vidjela sam sve!

Samo sam rekla da mi Jugoton nije htio objaviti ploču i da odlazim u London.

Ipe - Pametno!

28. augusta 1988. sletjela sam u London i bukvalno kao iz kostima za kupanje izašla iz Amile Sulejmanović. Rijetko, gotovo nikada nisam pričala o svojoj pop karijeri u Jugoslaviji. U početku sam to krila kao zmija noge jer sam htjela da budem obična i bila sam obična. Prošlost mi je bila teret.

Međutim, nikada se ne zna zašto je nešto tako loše u životu ustvari prozor u nešto dobro. Spiritualni učitelji od Istoka do Zapada često govore baš o tome. Da bi nešto novo započeo i da bi se osvijestio, čovjek mora proći kroz teškoću. U Engleskoj postoji uzrečica „Ono što me ne slomi, učini me jačim.“

Sada sam beskrajno zahvalna uredniku Jugotona, kome se nažalost ne mogu sjetiti imena, što je odbio izdavanje ploče „Vukovi i lisice“. Dobila sam veliku lekciju života od njega. Jer, da on to nije uradio, pitam se, gdje bih završila. Ja ne bih otkrila da posjedujem veliku snagu. Da sam neko ko može da prihvati promjene. Život je konstantni ciklus promjena, ništa nikada nije isto. Što brže to naučimo lakše nam je živjeti u vlastitoj koži.

KLJUČ 22

Život poslije života

Godinama poslije toga nisam ništa čula o Ipetu. Dženana mi je na samom početku poslala jedno pismo u kome je rekla da je vidjela Ipeta i da je tražio moj broj telefona da mi se javi. Ja sam ionako često mijenjala stanove tako da se nikada nismo uspjeli čuti. Bila sam zaokupljena sobom. Radila sam na početku u restoranu „Confette" na Beauchamp Placeu kao konobarica, a menadžer mi je bio jedan Sarajlija, Igor Stepanović. Igor je bio DJ u „Dedanu" i mi smo bili raja još iz Sarajeva. Bilo je samo par Sarajlija u Londonu tada, krajem osamdesetih. Igor i ja smo na poslu prepričavali događaje iz Sarajeva. Kad je Igor čuo za pismo od Dženane i da je Ipe htio da me kontaktira, savjetovao me je kao stariji brat.

Igor - Druže moj (tako mi se obraćao), gledaj svoja posla.

I zaista sam gledala svoja posla. Ovoga puta slušala sam jako pažljivo, ako neko ima nešto interesantno da kaže ili da me posavjetuje.

Jedne godine, kao da sam izronila iz svog začaranog kruga, od jednog Sarajlije sam izmolila da mi posudi video traku koncerta Bijelog dugmeta. Bio je Januar 1994. godine.

Gledala sam koncert Dugmeta preko VHS kasete i kamera je uvijek brzo prelazila preko Ipeta. Do kasno u noć pritiskala sam pauzu da se kaseta zadrži na njemu, ali slika je samo titrala i bježala.

U pet sati ujutro nazvala me je Dženana.

Dženana - Halo, imam nešto da ti kažem.

Ja – Šta?

Dženana - Raka nam je javio da su Ipeta našli mrtvog ispred hotela „Metropol". Ubio se.

Ja - Znala sam.

Kad sam se probudila imala sam ogrebotinu na obrvi. Cijelu noć sam se borila sa njim. Ni slika na ekranu nije mogla da zastane kada je Goran Ipe Ivandić napuštao ovu dimenziju!

PS

Jedne kišne noći 1995. godine u Parizu moj momak Matthew je iznosio stvari iz gepeka. Radio je kao model u Parizu i ponio je moj mali kofer sa kasetama u svoj novi stan. Koferčić sa kasetama mu se iznenada otvorio i sve kasete koje su se nalazile unutra propale su u ulični šaht pun vode. Tako je te noči sa svim kasetama i moj zadnji primjerak trake „Vukovi i lisice" zauvijek progutao šaht u Parizu.

Ipe Ivandić, Amila, Goran Kovačević, Damir Misirlić
Rostov Na Donu, Rusija (1983)

Alek Rudenščenko i Amila
Odesa, Ukrajina (1983)

Goran Ipe Ivandić - Zatvorenik 2343a Kazneno-popravni dom Foča
(1981)Kada smo 1983 Ipe i ja slagali slike u njegov foto album naišli
smo i na ovu sliku. Bez obzira na zatvoreničku uniformu bio mi je
jako zgodan na ovoj fotografiji.

Snimanje ploče Bijelog dugmeta sa Tifom. Promatram
Ipetovo sviranje iza stakla. Studio 1 - RTV Sarajevo (1984)

Ipe Ivandić i ja u jeku naše ljubavi.
Dom Kulture Stolac, BiH (1984)

Težim i dočaravam...
Fotografija: Zlatan Cico (1984)

Ipe, Damir i ja. Jedan od mnogobrojnih TV nastupa povodom
izdavanja ploče Kakav Divan Dan. Jugoslovenska Radio Televizija (1985)

Okruženi platinastim pločama Bijelog dugmeta
u Ipetovom stanu.Sarajevo (1985)

Ipe i ja u studiju pred TV snimanje šou programa
ploče Kakav Divan Dan (Ipe sa obrvama kapetana
Spoka iz filma Rat Zvijezda). (1985)

Ispred galerije u Baškoj Vodi
Ipe I ja utekli odcAmira Latića nakon ponovnog
debakla. (1985)

Moja draga ZU i ja (Dugmete).
Proba pred snimanje spota i koncert
Bijelog dugmeta.
Ledena Dvorana – Dom Sportova Zagreb. (1987)

Turneja Bijelo dugme "Pljuni i zapjevaj moja Jugoslavijo"
Zagreb (1987)

Turneja Bijelo dugme "Pljuni i zapjevaj moja Jugoslavijo"Sajmište,
Beograd (1987)

Ipe i ja na aerodromu. Sarajevo (1985)

Sanjarim... (1987)

Lightning Source UK Ltd.
Milton Keynes UK
UKHW02f0630230218
318377UK00007B/187/P